金蝶 ERP – K/3

初级会计电算化
实用教程

（金蝶ERP – K/3版）

金蝶软件（中国）有限公司 主编

龚中华 何亮 编著

人民邮电出版社

北京

图书在版编目（CIP）数据

初级会计电算化实用教程 : 金蝶ERP—K/3版 / 金蝶
软件（中国）有限公司主编 ; 龚中华，何亮编著. -- 北
京 : 人民邮电出版社，2012.8（2018.2重印）
ISBN 978-7-115-28017-6

Ⅰ. ①初… Ⅱ. ①金… ②龚… ③何… Ⅲ. ①会计电
算化－应用软件，金蝶K/3－教材 Ⅳ. ①F232

中国版本图书馆CIP数据核字(2012)第068471号

内 容 提 要

本书以初级会计电算化考试大纲为主线，结合各种业务实例，从实际操作出发，以金蝶 ERP-K/3
软件为蓝本，讲解初级会计电算化的理论与操作。本书内容包括会计核算软件（金蝶 ERP-K/3）的安装、
初始化设置、日常单据处理和各种账簿报表查询方法等。

本书采用实例教学模式，图文结合，讲解细致，既可以作为财经类教学的专业教材，也可以作为
账务人员岗位培训教材以及会计从业资格考试辅导教材。

初级会计电算化实用教程（金蝶 ERP-K/3 版）

◆ 主　　编　金蝶软件（中国）有限公司
　　编　　著　龚中华　何亮
　　责任编辑　张　涛
◆ 人民邮电出版社出版发行　　北京市丰台区成寿寺路 11 号
　　邮编　100164　　电子邮件　315@ptpress.com.cn
　　网址　http://www.ptpress.com.cn
　　固安县铭成印刷有限公司印刷
◆ 开本：787×1092　1/16
　　印张：16
　　字数：387 千字　　　　　　　　2012 年 8 月第 1 版
　　印数：6 771 - 7 070 册　　　　2018 年 2 月河北第 11 次印刷
　　　　　　　　ISBN 978-7-115-28017-6

定价：39.00 元（附光盘）

读者服务热线：(010)81055410　印装质量热线：(010)81055316
反盗版热线：(010)81055315
广告经营许可证：京东工商广登字 20170147 号

前　言

21世纪是信息技术时代，企业纷纷借助信息化技术来提高企业管理水平。"会计电算化"一词出现于1981年，距今已有30多年。随着信息化技术的不断发展，会计电算化已经成为财务工作中不可缺少的工具之一。它可以提高企业的财务核算水平和管理水平，使企业具备更强的市场竞争能力。

会计核算软件作为信息化软件之一率先在我国企业管理软件市场获得巨大的发展，会计核算软件的应用已经成为每一个财务人员的必修课程。

会计核算软件是一门实操性非常强的课程，很多人感到无从下手或力不从心。本书以"金蝶K/3系统"为蓝本，依据教育部颁发的教学大纲，结合企业实际业务，以"**理论联系实际、实操提升能力**"为写作思想，让读者能够**轻松、快速和灵活**地掌握并提高会计电算化应用的能力。

金蝶ERP-K/3是为大中型企业开发的会计核算软件，不仅具备了企业日常财务管理工作所需要的基本功能，而且融合了新的会计制度和准则，吸收并内嵌了现代企业的财务管理实践，改善了企业会计核算和财务管理的业务流程。因此本书使用金蝶ERP-K/3进行讲解，以便读者能更好地理解会计核算软件及其操作。本书内容包括金蝶K/3的安装、初始设置、日常单据处理和各种账簿报表查询方法，以及会计电算化基础知识、财务模块应用方法和业务模块使用方法等。本书在编写上具有以下特点。

1. 内容全面。本书讲述了会计电算化基本知识、财务模块和业务模块应用。财务模块包括，账务处理、报表与分析、固定资产、工资管理和现金管理系统的应用；业务模块包括，销售管理、采购管理、仓存管理、应收应付和存货核算系统的应用。

2. 实战性强。本书模拟"深圳市成功飞越有限公司"的业务数据，详细讲述金蝶ERP-K/3系统的安装、日常单据处理和各种报表查询等操作。通过实例练习，学生可以早日理解企业部门部署和企业所涉及的业务单据内容，更好地学习会计核算软件；已踏入社会，并参加工作的读者，通过实例练习，结合自身企业情况，可以融会贯通地学习会计核算软件，以提高财务核算水平和管理水平。

3. 便于自学。书中在介绍模拟实例数据时，步骤清晰，并配以操作图片，使读者在实操时能更快速掌握会计核算软件，因此非常适合于读者自学。

在学习过程中，读者可以根据书中操作实例，先学习操作方法，以对软件有所认识，然后进行第二遍学习，详细理解其中的理论知识和具体功能应用。

本书附金蝶ERP-K/3安装光盘，安装方法请参照"第3章"。

由于编写水平有限，书中难免存在不足，殷切希望读者批评指正，可发邮件至book_better@sina.com。

编者

目　　录

第1章　会计电算化概论

通过本章学习，了解会计电算化的发展历史，理解会计电算化的含义，了解国内外会计电算化的发展历程。熟悉手工会计信息系统与电算化会计信息系统的联系与区别；掌握会计电算化信息系统的总体结构，为学习会计电算化这门课程奠定理论基础。

1.1　会计电算化概念

1.1.1　会计电算化含义

"会计电算化"一词，是 1981 年中国会计学会在长春市召开的"财务、会计成本应用计算机问题研讨会"上提出的。它是指将计算机技术应用到会计业务处理工作中，用计算机来辅助进行会计核算和管理，通过会计软件指挥计算机替代手工完成会计工作，或完成一些手工很难完成的会计工作，即计算机在会计工作中应用的统称。会计电算化是现代社会化大生产和新技术革命的必然产物，也是会计工作不断进步与发展的需要。现在所指的会计电算化含义已有所拓展——它包括了与计算机在会计工作应用中有关的所有工作。

随着世界经济的快速发展，会计电算化事业的发展也异常迅速。"会计电算化"的含义得到了进一步的引申和发展，与计算机技术在会计工作应用中有关的所有工作也都称为会计电算化的内容，包括会计电算化人才培训、会计电算化制度、会计电算化的宏观管理、会计电算化档案管理和电算化审计等一系列活动。

目前，会计电算化已成为一门融会计学、管理学、计算机技术、信息技术为一体的边缘学科。人们把会计学这一新兴分支称为计算机会计学，它与成本会计学，管理会计学等相提并论。其主要任务是研究在会计实务中如何应用计算机及其对会计理论的影响，以便更好地发挥会计的积极作用。会计电算化的研究对象是如何利用计算机信息处理技术进行会计核算、会计管理、会计辅助决策及相关的所有工作。从会计电算化的研究对象和开展会计电算化的任务来看，会计电算化不仅研究如何通过计算机及相关技术获取会计信息的全过程，而且也研究如何按管理的需要对现行会计工作进行改革。它的目的是通过核算手段的现代化，更好地发挥会计参与管理、参与决策的职能，为提高现代化管理水平和提高经济效益服务。

综上所述，"会计电算化"的含义有广义和狭义之分。从狭义上讲，会计电算化是指计算机技术在会计工作中的应用过程；从广义上讲，会计电算化是指与计算机在会计工作应用中有关的所有工作，可称为"会计电算化工作"或"会计电算化活动"。

1.1.2 会计电算化的现实意义

会计电算化是会计发展史上又一次重大的革命。它不仅是会计发展的需要，而且还是经济与科技发展对会计工作提出的要求。会计电算化并非简单地把手工会计核算的内容放入计算机中，它将对传统财务会计的处理程序、会计职能、会计内部控制制度、会计岗位分工等产生影响，而且将会引起会计核算方式的重大变革与会计理论的突破。会计电算化对于提高工作效率、促进会计职能转变、提高会计核算的质量等都有十分重要的意义。

1．可以及时、准确、完整地提供会计信息

实现会计电算化后，可以利用计算机快速、准确等特点来处理会计业务，大量的会计信息得以及时地记录、汇总、分析，并通过网络系统迅速传递。企业经营者能够及时掌握经济活动的最新动态，对于存在的问题及时采取相应的措施，从而保证企业持续、稳定、协调地经营发展。

2．可以减轻会计人员的工作强度，提高会计工作效率

手工会计的工作强度很大，实现会计电算化后，只要将记账凭证输入计算机，大量数据的计算、分类、汇总、存储和传输等工作，都可由计算机自动完成。这不仅可以把广大会计人员从繁杂的记账、算账和报账中解脱出来，而且由于计算机极高的运算速度和精度，可以快速、准确地进行数据处理，从而大大提高会计工作效率。

3．可以提高会计工作质量

手工会计核算过程中，需要进行大量重复的抄写、计算，财会人员在抄写、计算时经常会发生错误。实现会计电算化后，对会计数据来源提出了一系列规范化要求，解决了手工操作中不规范、易出错以及易疏漏等问题，并且输出的凭证、账簿、报表更加清晰、美观。

4．可以提高会计人员素质，促进会计职能转变

使用会计电算化以后，由于计算机替代会计人员的手工记账、算账和报账，因此会计人员可以腾出更多的时间和精力参与经营管理，减少核算的时间，从而促进了会计职能的转变。财会人员的主要工作从传统的记账、算账、报账转变为有效的事前预测、事中控制、事后分析，更好地发挥了会计参与管理、参与决策的职能。会计电算化的实现，提高了现代化管理水平，促进了会计职能由核算型向管理型转变。

5．促进会计理论和技术的发展

会计工作的信息化，对会计工作提出了更高的要求，促进了会计理论和技术的发展，对会计管理制度也提出了新的改革要求，从而推动了会计理论与实践的进一步发展。

6．可以有效防止造假作弊现象的发生

符合国家规定的会计软件，都具有可靠性、安全性、保密性的特点。在使用过程中，根据工作性质设置相应权限，增设密码，相互牵制，财务人员只能使用，不能篡改其程序，确保了会计信息系统真实、准确、安全、可靠。

1.1.3 电算化会计与手工会计信息系统的区别

会计信息系统有手工会计信息系统和基于计算机的会计信息系统之别。现就手工会计信息系统和基于计算机的会计信息系统两部分内容分别说明会计信息系统的特点，以比较不同处理手段给会计信息系统带来的区别。

1. 手工会计信息系统的特点

（1）数据量大。会计信息系统以货币作为主要计量单位，对生产经营活动进行系统、连续、全面、综合的核算和监督。一个企业的生产经营活动涉及货币资金、债权债务的收支增减变动，品种规格的材料物资和机器设备、工具器具的增减变动，这些都要归入会计信息系统，经过加工处理，最后得出反映单位财务状况和经营成果的综合性数据。会计数据核算详细，存储时间长，数据量大，占整个企业管理信息量的 70% 左右。

（2）数据结构复杂。会计信息必须反映企业的整体的经济活动，主要从资产、负债、所有者权益、成本费用和损益五个方面进行核算，核算时表现为五大分支体系。这些数据不仅结构层次较多，而且数据处理流程也比较复杂，一项经济业务的发生，可能引起各方面的变化，数据处理比其他信息处理系统都要错综复杂。

（3）数据加工处理方法要求严格。会计信息系统对各项经济业务的处理都必须遵守一套严格的准则和方法，如存货计价、成本计算等从内容到范围、方法，在会计法规和财经制度中都作了明确的规定，必须严格按规定执行，不得随意更改。

（4）数据的及时性、真实性、准确性、完整性和全面性等要求严格。会计信息的及时性是对经济活动有效核算和监督的基础。会计信息系统应该及时地向有关部门及个人提供数据，及时将有关资金运动、成本消耗的信息反馈给管理部门，以利于管理者能够及时作出正确的决策。为全面反映经济活动情况，会计信息系统的数据必须齐全，不允许有疏漏，保证资料的连续、完整；数据加工的过程要有高度的准确性，不能有任何差错。只有全面、完整、真实、准确地处理会计数据，才能正确反映单位的经营成果和财务状况，准确处理国家、企业及个人之间的财务关系。

（5）安全可靠性要求高。会计信息系统的有关资料包含了企业单位的财务状况和经营成果的全部信息，是重要的历史档案材料，不能随意泄露、破坏和丢失。应采取有效措施加强管理，保证系统数据的安全、可靠。

2. 计算机方式下会计信息系统的特点

计算机方式下的会计信息系统，不仅具有电子数据处理系统的共性，而且具有以下特征。

（1）及时性与准确性。计算机方式下的会计信息系统，数据处理更及时、准确。计算机运算速度决定了对会计数据的分类、汇总、计算、传递及报告等处理几乎是在瞬时完成的。并且计算机运用正确的处理程序可以避免手工处理出现的错误。计算机可以采用手工条件下不宜采用或无法采用的复杂的、精确的计算方法，如材料收发的移动加权平均法等，使会计核算工作更细、更深，更好地发挥其参与管理的职能。

（2）集中化与自动化。计算机方式下的会计信息系统，各种核算工作都由计算机集中处理。在网络环境中信息可以被不同的用户分享，数据处理更具有集中化的特点。对于大的系统，如大型集团，规模越大，数据越复杂，数据处理就要求越集中。网络中每台计算机只能作为一个用户完成特定的任务，使数据处理具有相对分散的特点。计算机方式下会计信息系统，在会计信息的处理过程中，人工干预较少，由程序按照指令进行管理，具有自动化的特点。集中化与自动化将会取得更好的效益。

（3）人机结合系统。会计工作人员是计算机方式下会计信息系统的组成部分，不仅要进行日常的业务处理，还要进行计算机软、硬件故障的排除。会计数据的输入、处理及输出是手工处理和计算机处理两方面的结合。原始资料的收集是计算机化的关键性环节，原始数据必须经过手工收集、处理后才能输入计算机，由计算机按照一定的指令进行加工和处理，并将结果通过一定的方式存入硬盘，打印在纸张上或通过显示器显示出来。

（4）内部控制更加严格。计算机方式下的会计信息系统，内部控制制度有了明显的变化。新的内部控制制度更强调手工与计算机结合的控制形式，控制要求更严格，控制内容更广泛。

3. 电算化会计与手工会计的相同点

（1）目标一致。无论是电算化会计还是手工会计，其最终目标都是为了提供会计信息，参与经营决策，提高经济效益。

（2）遵循相同的会计法规和会计准则。电算化的应用，不能置财经法规和财经纪律于不顾，必须严格地执行会计法规与会计准则。

（3）会计数据处理步骤相似。无论是手工会计还是电算化会计，会计数据处理的流程都包括四个方面，即会计数据收集与输入、会计数据存储、会计数据处理、会计信息报告。

4. 手工会计与电算化会计的区别

（1）所用的计算工具不同。手工会计使用的工具是算盘，而电算化会计是用电子计算机来进行处理的。

（2）信息载体不同。手工会计中所有信息都是以纸张为载体，而会计电算化则主要使用磁性介质为信息的载体。

（3）簿记规则不同。手工系统规定日记账、总账要用订本式账册，明细账可用订本或活页式账册；账簿记录的错误要用画线法或红字冲销法、补充登记法更正；账页中的空行、空页用红线画销。

电算化系统打印输出的账面是折叠或卷带状的，与手工的账簿明显不同。电算化系统不可能完全采用手工系统改错的方法。为了保证审计的追踪线索不致中断，电算化系统规定，凡是已经记账的凭证数据不能更改，只能采用红字冲销法和补充登记法更正，以便留下改动痕迹。

（4）总账程序（会计核算形式）不同。手工系统的总账程序主要有四种，但是都避免不了重复转抄与重复计算的根本弱点，随之而来的是人员与环节的增多和差错的增多。

电算化系统的总账程序有两种方案。按目前的经济状况与开发水平，可采取第一方案，即基本上按手工系统的方式进行系统移植，但过程却发生了变化，且允许同时采用多种核算形式。第二方案为理想化的全自动总账程序，即会计凭证磁性化（或条形码），在规格化的会计凭证上用磁性墨水书写（或打上条形码），由阅读机识别后将数据输送到计算机；由用户定义数据存储形式和加工方法，由计算机对数据进行加工处理；由用户定义输出形式与结果，通过输出设备（显示器、打印机）进行查询与打印。

（5）会计工作组织体制不同。在手工系统下，会计部门一般分为若干会计工作岗位，如工资、材料、固定资产、成本等岗位，进行专门的业务核算，设专人负责记账、编制报表工作。在会计电算化系统中，会计工作岗位的划分已经发生了变化，如设置了数据录入、审核、维护等岗位。

（6）人员构成不同。手工系统中的人员均是会计专业人员。电算化系统中的人员将由会计专业人员，电子计算机软件、硬件维护及操作人员等组成。

（7）内部控制方式不同。在电算化系统中，原来的内部控制方式部分地被取消或改变。如原来账证核对、账账核对、账表核对的控制方式，基本上已经不复存在，代之以更加严密的输入控制；又如除保留了签字、盖章等控制外，还增设了权限控制、时序控制等。

1.2　会计电算化发展概况

1.2.1　我国会计电算化发展

我国会计电算化工作始于 1979 年，其代表项目是 1979 年财政部支持并直接参与的长春第一汽车制造厂进行的会计电算化试点工作。1981 年在财政部、一机部和中国会计学会的支持下，在长春召开了"财务、会计成本应用计算机问题研讨会"，以总结这一工作的经验和成果。在这次会议上提出，计算机在会计工作中的应用统称为"会计电算化"。随着 20 世纪 80 年代计算机在全国各个领域的应用推广和普及，计算机在会计领域的应用也得以迅速发展。概括起来，我国 30 多年来会计电算化的发展大体可分为以下 3 个阶段。

1．起步阶段（1983 年以前）

起步阶段起始于 20 世纪 70 年代少数企事业单位单项会计业务的电算化，计算机技术应用到会计领域的范围十分狭窄，涉及的业务内容十分单一，最为普遍的是工资核算的电算化。在这个阶段，由于会计电算化人员缺乏，计算机硬件比较昂贵，软件汉化不理想，会计电算化没有得到高度重视，因此，会计电算化发展比较缓慢。这一阶段中，主要是进行一些探索和试验。

2．自发发展阶段（1983—1986 年）

自发发展阶段，全国掀起了计算机应用的热潮，加上微机在国内市场上大量出现，企业也有了开展电算化工作的愿望，纷纷组织力量开发财务软件。但是这一时期由于会计电算化工作在宏观上缺乏统一的规范、指导和相应的管理制度，加之我国计算机在经济管理领域的应用处于发展的初级阶段，开展会计电算化的单位也没有建立相应的组织管理制度和控制措施，因此，各个单位会计电算化工作和会计软件的开发，多是各自为政，盲目自行组织，低水平重复开发现象严重。会计软件的通用性、适用性差。一家一户地开发财务软件，投资大，周期长，见效慢，造成大量的人力、物力和财力的浪费。针对这种情况，我国开始了对会计电算化实践经验的总结和理论研究工作，并开始培养既懂会计又懂计算机的复合型人才。

3. 稳步发展阶段（1987 年至今）

稳步发展阶段，财政部和中国会计学会在全国大力推广会计电算化，并加强了会计电算化的管理工作。各地区财政部门以及企业管理部门也逐步开始对会计电算化工作进行组织和管理，使会计电算化工作走上了有组织、有计划的发展轨道，并得到了蓬勃的发展。这个阶段的主要标志是：商品化财务软件市场从幼年走向成熟，初步形成了财务软件市场和财务软件产业；一部分企事业单位逐步认识到开展会计电算化的重要性，纷纷购买商品化财务软件或自行开发软件，甩掉了手工操作，实现了会计核算业务的电算化处理；在会计电算化人才培养方面，许多中等或专科院校开设了会计电算化专业，在大学本科教育中，会计学及相关专业也开设了会计电算化课程，在对在职财会人员的培训中，加大了会计电算化的培训力度；与单位会计电算化工作的开发相配套的各种组织管理制度及其控制措施逐步建立和成熟起来；会计电算化的理论研究工作开始取得成效。行业主管部门组织开发通用会计软件，一些商品化会计软件公司也纷纷建立，逐步形成了商品化会计软件市场，加快了会计电算化的进程。会计电算化由此走向高速发展阶段。

1.2.2 国外会计电算化的发展

会计电算化在国外起步于 20 世纪 50 年代，1954 年美国通用电气公司第一次利用计算机计算职工工资，开创了电子数据处理会计的新起点。这个时期计算机在会计领域的应用主要是核算业务的处理，其目的主要是用计算机代替手工操作，减轻日常烦琐的手工登录与计算强度，减少差错，提高会计工作效率。

从 20 世纪 50 年代到 60 年代，会计电算化发展到了建立会计信息系统阶段。在会计处理中，人们开始利用计算机对会计数据从单项处理向综合数据处理转变，除了完成基本账务处理外，还带有一定的管理和分析功能，为经济分析、经济决策提供会计信息。

到了 20 世纪 70 年代，计算机技术迅猛发展，随着计算机网络技术的出现和数据系统的广泛应用，形成了网络化的电子计算机会计信息系统。电子计算机的全面使用，使各个功能系统可以共享存储在计算机上的整个企业生产经营成果数据库，从而极大地提高了工作效率和管理水平。

20 世纪 80 年代和 90 年代，微电子技术蓬勃发展，微型计算机大批涌现，使会计信息系统得到迅速发展。特别是微型机通过通信电路形成计算机网络，提高了计算和处理数据的能力，微型机开始走入中小企业的会计业务处理领域，并得到迅速普及，财会人员不再视电子计算机为高深莫测的计算工具。时至今日，美国、日本、德国等西方发达国家的会计信息系统已经发展到较为完善的程度。

1.2.3 会计电算化的发展趋势

1. 会计电算化进一步得到普及和推广

近几年来，我国财务软件水平提高很快，一些国产软件产品深受欢迎，为基层单位开展会计电算化工作提供了前提条件。尤其在各级政府的支持下，在社会各界的努力下，不断掀起会计电算化知识培训的热潮，为全面普及会计电算化奠定了人才基础，推动了会计电算化的普及。

2. 会计电算化的开展与管理将更加规范和标准

为搞好会计电算化管理制度的建设，应不断完善会计电算化管理制度，运用新的管理手段，进一步组织实施已有的管理办法。目前财政部门已制定颁发了会计电算化的管理规章，随着这些规章的贯彻实施，会计电算化管理工作将更加规范。

3. 会计软件的开发向着工程化和商品化发展

会计软件商品化加速了我国商品化会计软件市场的形成。目前会计软件的开发已从以往的经验开发转向科学化、工程化开发。一些会计软件公司集中了各方面的软件技术专家，来开发通用性强、规范化的会计软件，并通过提高软件的实用性、功能性和可靠性以及良好的售后服务进行竞争。随着商品化会计软件的日益增多、日益成熟，我国商品化的会计软件市场不断成熟和完善。

4. 会计软件更加注重功能上的综合化和技术上的集成化

企业的生产经营活动是一个相互联系、相互制约的有机整体，会计不仅要综合反映和监督企业的财务状况和经营成果，而且要参与和支持企业的生产经营和管理活动。企业的供、产、销各个环节的经营好坏，人、财和物各项消耗的节约与消费，都直接影响企业的财务状况和经营成果。为此，要开展预测、决策、控制和分析等工作，不仅需要财会数据，而且还必须有供、产、销等方面的经济信息。这就要求会计电算化系统应首先具备综合组织管理这些数据的能力，并在对这些数据综合处理的基础上，能够进一步利用系统数据进行统计、分析、预测等处理，使原来单一的会计核算发展为集核算、监督、管理、控制、分析、预测和决策支持为一体的综合系统。

5. 会计数据处理的大量化和多维化

预测、决策、控制、管理和分析，不仅需要企业内部数据，也需要企业外部数据，而且需要历史数据；不仅需要反映企业生产经营活动的会计数据，而且需要市场物价、金融、政策和投资等经济数据，系统数据量明显加大。另外，为了有效支持预测、决策的实施，需要对各项数据进行多维分析与观察。目前新推出的数据仓库、联机分析处理、数据挖掘等技术，将有力地支持大量数据的处理和存储，支持数据的多维分析和多维观察。

6. 会计信息系统的网络化与智能化

计算机网络技术，特别是局域网已广泛应用于会计电算化系统，使会计电算化系统实现了各个工作站的并发操作、统一管理和数据共享。随着集团公司的发展和全国各地分支机构的建立，一些企业提出了更高的要求，如中远程数据传输、中远程数据查询、中远程数据维护和合并会计报表的编制等。计算机网络技术的发展，为会计电算化系统满足企业的需求提供了强大的技术支持。另一方面，随着市场经济的发展，影响经济变化的因素越来越复杂，预测、决策、管理、控制和分析的难度越来越大，除了要不断提高工作人员的信息处理水平，加大数据量的采集和运用，还要逐步实现信息系统的智能化，利用人工智能的研究成果，采集专家的经验和智慧，以辅助企业的经营管理决策等。所有这些对软件智能化的要求同样是会计电算化软件今后的努力目标。

7. 会计电算化专门人才队伍的形成

会计电算化人才的培养一直是会计电算化的重点工作之一。在财政部门和有关教育部门的领导支持和大力推动下，目前我国已培养了一部分会计电算化的专业人员，但是与会计信息系统的发展相比，与企业和市场的需求相比，财会人员的会计电算化水平还相差很远，专业的会计电算化人员特别是具有中高级技术水平的人才仍很匮乏。人才的缺乏必定会阻碍会计电算化的发展。可见，加强对会计电算化专门人才的培养，从而形成和壮大会计电算化专门人才队伍是会计电算化发展的必然趋势。

1.3 电算化会计信息系统

1.3.1 会计信息系统

1. 会计数据与会计信息

（1）数据。数据是对客观事物属性的描述。它是反映客观事物的性质、形态、结构和特征的符号。数据可以用具体的数字，也可以用字符、文字、图形等形式表现。

（2）会计数据。在会计工作中记录下来的会计事实称为会计数据。它是指从不同的来源、渠道获得的，记录在"单"、"证"、"账"、"表"上的各种原始会计资料。

（3）信息。信息是数据加工后的结果，它也是用数字、符号、文字、图表等形式表达。信息必然是数据，但是数据未必是信息。

（4）会计信息。按一定要求经过加工处理后的会计数据称为会计信息。会计数据来源于供应商、客户、政府机构、企业员工、企业内部各部门等，经过收集、审核、记录、分类、计算、汇总、编表、存储和传送等会计业务处理，最后输出会计信息，供企业内部各层次的管理人员和企业外部各利益关系人管理和决策使用。只有将会计数据通过加工生成会计信息后才能满足管理的需要，为管理者所用。

2. 系统与会计信息系统

（1）系统。系统是指由一系列彼此相关、相互联系、相互区别的若干要素为实现特定的目的而建立起来的有机整体。

（2）信息系统。信息系统是把输入数据经过加工处理，生成输出信息的人机系统。它是以信息为处理对象，进行信息的收集、传递、存储、加工、输出的系统。

（3）会计信息系统。会计信息系统是指利用信息技术，对会计信息进行收集、传递、存储、处理、输出，完成会计核算、监督、管理和辅助决策的信息系统。会计信息系统是企业管理信息系统中的一个重要子系统，其目的是向企业内、外部提供会计信息，对经济活动进行控制，满足经营管理的需要。

1.3.2 电算化会计信息系统

电算化会计信息系统是以计算机信息处理技术为手段的会计信息系统。会计信息系统不一定是计算机化的会计信息系统才称为电算化会计信息系统。

电算化会计信息系统由硬件、软件、人员、制度四个要素组成。

1. 硬件

计算机的硬件是计算机系统中各种设备的总称，包括 5 个基本部分，即运算器、控制器、存储器、输入设备、输出设备。计算机的硬件是会计电算化的物质基础，其设备选择和配置的好坏直接影响到会计电算化工作的质量与效率。计算机的硬件设备用不同的方式配置，构成了具有不同特点的计算机工作方式，目前，主要有单机结构、多用户结构、网络结构。

（1）单机结构。单机结构主要指整个系统使用一台或几台计算机，每台计算机独立完成不同的任务。该结构投资小、见效快，主要适用于小型企业。

（2）多用户结构。多用户结构主要指整个系统配置一台主机、多台终端，用通信线路将它们连接而成，多个用户在不同的终端上同时使用一台主机。该结构提高了输入、输出数据的速度，主要适用于资金雄厚、业务量较大的中小型企业。

（3）网络结构。网络结构主要指将地理上分散的、具有独立功能的多台计算机通过通信设备和线路连接起来，在配有相应的网络软件（网络协议、网络操作系统等）的情况下实现资源共享的系统。该结构能实现资源共享，与会计数据处理的特点相吻合，是会计信息系统理想的硬件结构，也是会计电算化发展的方向。

2. 软件

软件是计算机的灵魂，它是指计算机系统中的程序及其文档，分为两大类，即系统软件和应用软件。

（1）系统软件。系统软件是指那些能够直接控制和协调计算机硬件、维护和管理计算机的软件。有代表性的系统软件有，操作系统、数据管理系统等。

（2）应用软件。应用软件是专门为某一应用目的而编制的软件，如文字处理软件、信息管理软件等。本书所介绍的财务软件就属于应用软件。

3. 人员

人员是指在会计信息系统中从事管理、操作、维护的会计人员。在实现会计电算化后，会计人员不仅要熟练掌握会计知识，还要掌握计算机知识、网络知识、信息知识和管理知识，最终成为复合型人才。

4. 制度

制度是指为保证会计信息系统安全、正常的运行而制定的一系列管理制度，如政府颁布的法令、条例，基层单位在会计电算化工作中制定的岗位责任制、软件操作管理制度、会计档案管理制度等。

1.4 会计核算软件

会计软件的应用是电算化会计信息系统建设和管理的一个重要环节，正确、有效地应用会计软件有利于发挥会计电算化的职能，实现会计工作目标，提高企业会计核算的能力。

1.4.1 会计核算软件的概念与分类

1. 会计软件的概念

会计软件是以会计理论和会计方法为核心，以会计法规和会计制度为依据，以计算机技术和通信技术为技术基础，以会计数据为处理对象，以会计核算、财务管理、为经营提供财务信息为目标，用计算机处理会计业务的计算机应用软件。

2. 会计软件的分类

（1）按功能划分，可以分为核算型、管理型和一体化会计软件。

核算型会计软件主要是面向事后核算，采用一系列专门的会计方法，完成会计核算工作。

管理型会计软件是以核算型会计软件为基础，增加辅助核算与管理功能而形成的软件。从20世纪90年代中后期以后，随着会计电算化的不断普及和各单位对管理工作的不断加强，管理型会计软件的开发与实施成为会计电算化发展的热点，会计软件也从核算型向管理型转变。

一体化会计软件由财务会计、管理会计、供应链管理、集团财务管理、Web应用、商务智能和行业解决方案多个产品组成，各个产品间相互联系、共享数据，从而实现业务、财务一体化管理。一体化会计软件各部分既相对独立，分别有着较为完善和细致的功能，又可以根据企业各部门的需要选择某些模块组合起来整体应用，突破单一财务软件的局限，实现业务和财务的一体化。

近几年，软件市场已经开始重视一体化会计软件的开发和上市，一体化会计软件目前在我国应用已经相当广泛。

（2）按硬件结构划分，可以分为单用户财务软件和网络财务软件。

单用户财务软件适用于硬件系统的构成模式为单机结构的计算机。

网络财务软件适用于硬件系统的构成模式为网络结构的计算机。

（3）按适用范围划分，可以分为通用会计软件和专用会计软件。

通用会计软件又称为商品化会计软件，它由专业的软件公司开发并面向社会销售。其特点是不含或含有较少的限制规则，用户可以根据会计工作的需要自己设定。其优点是成本低，见效快，保密性好，软件质量高，有维护保障。其缺点是软件越通用，企业初始化的工作量就越大，也越难兼顾不同企业会计核算的个性化需求，对会计人员综合素质要求也越高。

专用会计软件又称定点开发会计软件，它由单位自行组织技术人员开发，是仅适用于本单位会计业务处理的会计软件。其优点是能最大程度地减少初始化工作量，使用方便。其缺点是开发成本高，周期长，灵活性差，保密性差，软件的更新换代没有保障。

1.4.2　会计核算软件基本功能模块划分

电算化会计信息系统数据较多，处理流程复杂，要求相适应的会计软件能够根据各种会计业务的特点进行既相对独立又密切联系的数据处理。这就要求会计软件内部划分成若干功能相对独立的模块，它们有着各自具体的目标和任务，但最终又是为了达到会计软件的总体目标而服务。

根据企业单位会计核算业务的特点和会计工作组织的基础不同，各个功能模块的划分不是一成不变的。目前，我国会计软件一般划分为总账系统模块、会计报表管理子系统模块、工资管理子系统模块、固定资产管理子系统模块、应收应付账款核算子系统模块、购销存核算子系统模块等。

会计软件功能模块划分的原则如下。

1．适应性原则

一个适应性强的会计软件应允许用户方便地挂入或去掉某些功能模块，而无需进行大的修改；还要方便软件数据在相关业务单位间移植，而无需作大的结构变动。所以，功能模块的划分要尽量使整个会计软件能够适应核算单位内部、外部各种环境的变化。

2．可靠性原则

会计软件功能模块的划分应有助于软件可靠性的提高，减少软件系统出错，有助于提高会计软件系统排错、纠错和数据恢复能力。

3．高内聚低耦合原则

内聚度主要是指一个功能模块内部各个功能之间的联系程度。耦合度是指软件的各个功能模块之间的联系程度。会计软件应该尽量把联系紧密的功能放在一个模块中，一个功能模块中诸个功能越密切则内聚度越高；把联系不密切的功能划分在不同的功能模块中，尽量减少不同模块互相的限制，耦合度越低各个模块独立完成任务的效率越高。高内聚低耦合使得软件系统接口简单明了，有助于提高软件适用性。

4．符合会计核算基本要求的原则

会计软件功能模块的划分要严格遵循会计核算和财务管理工作的基本要求和工作习惯。否则，会计软件功能模块的划分将不具备现实意义。

1.4.3　商品化会计软件的选择

基于通用会计软件和专用会计软件的优缺点，用户单位使用通用会计软件，即商品化会

计软件应该是实现会计电算化的捷径，也是发展趋势。目前，即使是资金雄厚的大中型企业也不自行开发所有的会计软件。他们对于本单位比较通用的会计业务一般都使用商品化会计软件，而对于本单位特殊的需求，在商品化会计软件不能满足的情况下，再自行开发，然后通过会计软件提供的接口，将它们连接起来。

随着我国计算机应用的深入发展，商品化会计软件日益丰富，并且具有先进、实用的特点。财政部在推广商品化会计软件方面也做了大量的推动和管理工作。用户单位购买商品化会计软件一般要注意以下几个方面的问题。

1. 会计软件是否通过省级以上（含省级）财政部门的评审

评审是评价和审核会计软件是否符合国家的统一规定。因为会计工作要遵循全国统一的会计准则和其他财经制度的有关规定，那么对执行会计工作的商品化会计软件也不例外，只有经过评审的会计软件才安全可靠。

2. 会计软件是否满足本单位会计业务处理需求

这里的需求主要是指对系统的功能、性能、输入输出、故障处理、接口以及运行环境和软件的先进性、易使用性等方面提出的要求。通常情况下，电算化会计软件应达到以下要求。

（1）在功能方面，应考查商品化会计软件在本单位是否适用，软件所提供的处理功能是否满足本单位会计业务处理的要求。

（2）在性能方面，应考查商品化会计软件在数据处理精度、时间和适应需求变化能力等方面是否适应会计工作所提出的要求。

（3）在输入、输出方面，不仅需要满足会计工作提出的要求，而且还要有效地防止差错的发生和及时查出错误、纠正错误。

（4）在故障处理方面，能提供各种手段，保证会计数据的安全与完整。

（5）在接口方面，要为从其他子系统接收数据、输出数据，以及今后要开展的电算化项目提供方便的接口。

（6）在运行环境方面，主要是考查单位所提供的条件是否符合商品化会计软件的需要。商品化会计软件的运行环境主要包括硬件环境和软件环境两部分。

3. 会计软件的先进性

所谓软件的先进性是指该软件在同类产品中的先进程度，包括安全性、可靠性、功能的完备性、通用性、运行效率等。

4. 会计软件的易使用性

易使用性是指商品化会计软件易学、易操作的性能。

5. 考查生产厂商的信誉及售后服务如何

信誉的考查主要看软件生产厂商是否重信誉、守合同。

售后服务主要是指操作培训和软件的保修及版本更新。商品化会计软件有许多自定义功能不易学习，如果用户购买软件后得不到好的应用培训，或者在使用过程中的疑难问题得不到及时指导和解决，势必影响会计软件的应用效果。会计软件的保修是指当软件损坏时，厂商应及时修理与更换。版本更新主要是指开发研制单位根据会计制度的变化、计算机技术的发展和用户的具体问题及时更新软件。一般来说，版本越高，功能越强。版本一旦升级，应及时给用户更新。

1.4.4　会计核算软件——金蝶 ERP-K/3 介绍

金蝶 ERP-K/3 系统是一套财务与业务高度集成的会计核算软件，既可以管理财务业务，又可以与购销存和精益生产等业务集成使用，实现财务业务一体化的目标。

金蝶 ERP-K/3 财务功能模块和各模块之间数据流向如图 1-1 所示。

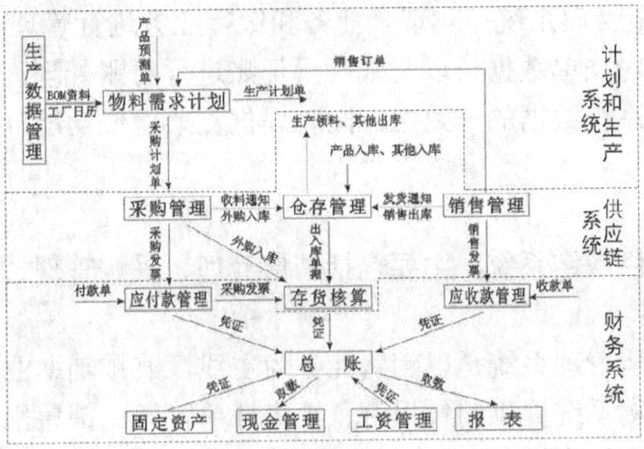

图 1-1

1. 财务系统

财务系统包括总账、报表与分析、应收款管理、应付款管理、工资管理、固定资产管理和现金管理系统。

（1）总账。总账系统是以凭证为原始数据，通过凭证输入和处理，完成记账和结账、账簿查询及打印输出等工作，同时提供往来款核算和管理、部门核算和管理、项目核算和管理等功能。总账系统与其他业务连接使用时，可以接收从业务传递过来的凭证进行会计核算，以达到财务业务一体化目的。

（2）报表与财务分析。报表与财务分析系统主要根据会计核算数据（如总账系统产生的总账及明细账等数据）完成各种会计报表的编制工作，如资产负债表、利润表等，同时可以自定义报表，如部门费用情况表等。分析功能可以根据报表数据生成各种分析表和分析图等。

（3）应收款和应付款管理。应收款系统主要管理销售发票、应收单、应收票据及销售收款单据的录入、审核，并进行应收款项与收款单的核销。应收款系统对企业的应收账款综合管理，生成相关单据和凭证并传递到"总账"系统，具有客户信用管理、现金折扣管理和坏账管理、抵销应付款及催收管理等功能，同时它还能生成应收账龄分析、欠款分析、回款分析、资金流入预测等销售业务的统计分析报表。应收款系统与销售系统联用时，能接收销售系统传递的销售发票并进行审核。本系统可单独使用，也可以与"总账"系统连接使用，所生成的凭证即时传递到"总账"系统，确保财务信息的一致性。

应付款系统的功能与应收款系统类似，但是数据为应收款的反向数据。

（4）固定资产。固定资产系统主要是对设备进行管理，即存储和管理固定资产卡片，灵活地进行增加、删除、修改、查询、打印、统计与汇总。进行固定资产的变动核算，输入固定资产增减变动或项目内容变化的原始凭证后，本系统可自动登记固定资产明细账，更新固定资产卡片；完成计提折旧和分配，费用分配转账凭证可自动转入"总账"系统，可灵活查询、统计和打印各种账表。

（5）工资管理。工资管理系统以职工个人的原始工资数据为基础，完成职工工资的计算，工资费用的汇总和分配，计算个人所得税，查询、统计和打印各种工资表，自动编制工资费用分配表，生成转账凭证传递给账务处理系统等功能。

（6）现金管理。现金管理系统是对现金业务和银行业务进行管理，可以登录现金日记账、银行日记账，录入银行对账单数据可以与银行日记账进行对账处理，随时可以与总账下科目进行对账，以保证双方系统数据的一致性，同时提供支票管理功能。

2. 工业会计系统

工业会计系统即为供应链系统，主要包括销售管理、采购管理、仓存管理和存货核算管理系统。

（1）销售管理。销售管理系统是以销售业务为主线，兼顾辅助业务管理，实现销售业务管理与核算一体化。销售系统提供销售报价、销售订单管理、销售出库和销售开票功能，可随时查询各种销售明细账等账簿。

（2）采购管理。采购管理系统可以实现对采购业务的全程管理。采购管理提供采购订单、采购入库和采购开票功能，可以从"生产管理"中生成采购建议后，直接生成采购订单传递到采购管理系统，随时查询各种采购订单执行情况明细账等账簿。

（3）仓存管理。仓存管理系统主要以物料流动为处理对象，做到账实相符。系统提供采购入库、产品入库、其他入库、盘盈入库、销售出库、生产领料、其他出库、调拨和组装业务处理等功能，可以随时查询即时库存和收发存汇总表等账簿。

（4）存货核算。存货核算系统主要针对企业存货的收、发、存业务进行成本核算。首先核算入库成本，再计算出库成本，从而即时掌握存货的耗用情况，及时、准确地把各类存货成本归集到各成本项目和成本对象上，为企业的成本核算提供基础数据；动态反映存货资金的增减变动，提供存货资金周转和占用的分析，为降低库存，减少资金积压，加速资金周转提供决策依据。各业务单据可以根据凭证模板生成凭证传递到账务处理系统进行财务核算，使业务与财务形成无缝连接。

由于计划和生产系统财务在实际使用过程中很少接触，本书中将不再讲述。

1.5 课后习题

（1）请解释"会计电算化"的含义。

（2）会计电算化有哪些现实意义？

（3）计算机方式下会计信息系统的特点有哪些？

（4）请解释会计软件概念。

（5）商品化会计软件的选择主要考虑哪几大点？

（6）请写出金蝶 ERP-K/3 财务功能模块，画出各模块之间数据流向图。

第2章 企业实施会计电算化的人员组织与制度维护

── 学习重点 ──

通过本章学习，了解会计电算化信息系统下的岗位分工，了解会计电算化信息系统的管理体制，掌握会计电算化下的日常管理与维护制度。

2.1 会计电算化的总体规划

2.1.1 会计电算化的目标

会计电算化的目标，即会计电算化工作所要完成的任务，就是通过现代化的手段，提高会计工作的地位、效率和质量，促进会计管理现代化，提高企业的经济效益。一类是近期所要达到的目标，另一类是远期所要达到的目标。企业应从长期目标出发，制定本企业的近期目标。

2.1.2 会计电算化的总体结构

会计电算化的总体结构是指一个完整的会计信息系统是由哪些子系统构成的，每个子系统能完成哪些功能，以及各个子系统之间的相互关系。会计信息系统的功能涵盖了企业生产的各个环节，因此应根据企业性质和核算要求的不同，再结合会计电算化系统的目标确定其总体结构。

2.1.3 会计电算化工作的管理体制

我国会计电算化的管理体制是：财政部管理全国的会计电算化工作，地方各级财政部门管理本地区的会计电算化工作，各单位在遵循国家统一的会计制度和财政部门会计电算化发展规划的前提下，结合本单位具体情况，组织实施本企业的会计电算化工作。

财政部门管理会计电算化的基本任务是：制定会计电算化发展规划并组织实施；制定会计电算化法规制度，对会计核算软件及生成的会计资料符合国家统一的会计制度情况实施监督；促进各单位逐步实现会计电算化，提高会计工作水平；组织开展会计电算化人才培训。

实施会计电算化必然会对会计工作及其组织结构产生一定的影响，为了适应会计电算化的要求，必须设置与之相适应的组织机构。目前我国有以下几种组织模式。

1. 集中管理模式

集中管理模式是在企业内部设置一个与财务部门同级的计算机管理中心，负责电算化软件的管理、开发和使用维护等。财务部门只需要定期按规定向计算机管理中心提供核算和管理数据，由该中心负责数据处理工作。

该方式财务部门的组织机构变化不大，有利于统一领导、规划和组织，有利于充分发挥计算机的特点，提高了数据的共享程度，避免了重复开发。但是，这种方式也有很大的缺点。首先，计算机中心和财务部门的人员不了解对方业务特点，不能很好地协作，从而导致系统效率低，实用性差；其次，各部门之间容易产生依赖思想，将电算化工作完全交给计算机中心，不能很好地配合和支持系统的实施和运行，从而影响了会计电算化工作的正常进行。

2．分散管理模式

分散管理模式是在企业的财会部门配备计算机等设备，并配置有一定能力的操作人员，实施工作完全交由财会部门负责进行。

采用管理模式，一方面能调动财会人员的积极性；另一方面也能根据财会部门的实际需要，及时解决电算化运行中的各种问题。但其缺点也是明显的，会计电算化工作由财务部门负责，缺乏整体考虑，不能兼顾业务部门的需要，数据共享性差，系统效率低。

3．集中管理下的分散组织模式

集中管理下的分散组织模式是在企业设立专门机构，统一负责企业的会计电算化系统应用实施工作。这种模式，既考虑了各业务部门的特点，又能实现统一管理，是目前一种较理想的组织形式。

在这种模式下，财务部门的内部组织机构、岗位与职能都发生了变化。各职能小组各司其职。管理维护组负责会计电算化工作的规划，参与系统开发，并负责系统的日常维护工作；数据准备组负责电算化系统运行前所需数据的收集、整理工作；电算化小组负责电算化会计信息系统的运行工作，包括输入、运行、输出等工作；财务管理组负责一些财务日常管理工作，并参与企业的管理工作。

2.2　会计电算化的岗位分工

2.2.1　岗位设置

企业根据会计电算化的特点和要求，按照"责、权、利相结合"的原则，对会计信息系统使用人员和维护人员的职责和权限作出明确规定。按照会计电算化工作的特点，会计电算化的工作岗位可分为基本会计岗位和电算化会计岗位。

基本会计岗位可分为会计主管、出纳、会计核算各岗、稽核、会计档案管理等工作岗位。电算化会计岗位是指直接管理、操作、维护计算机及会计核算软件的工作岗位。电算化会计岗位可分为软件操作、审核记账、电算维护、数据分析开发等工作岗位。

2.2.2　岗位职责

1．电算主管

电算主管又称为系统管理员，主要负责协调整个会计电算化系统的运行工作，应具备会计和计算机相应知识以及相关的会计电算化组织管理的经验。电算主管可以由会计主管兼任，采用中小型计算机和计算机网络会计软件的企业，应设立此岗位。

电算主管主要职责如下。

（1）领导本单位电算化工作，拟定会计电算化中长期发展规划，制定会计电算化日常管理制度。

（2）根据所用软件的特点和本企业会计核算的实际情况来建立本企业的会计电算化体系和核算方式。

（3）总体负责会计电算化系统的日常管理，包括计算机硬件和软件的运行工作。

（4）负责上机人员的使用权限，协调系统内各类人员之间的工作关系。定期或不定期地对会计电算化岗位工作进行检查考核。

（5）负责组织监督系统运行环境的建立和完善以及系统建立时的各项初始化工作。

2. 软件操作员

软件操作员是指有权进入当前运行的会计电算化系统的全部或部分功能的人员。软件操作员负责录入记账凭证和原始凭证等会计数据，输出记账凭证、报表、账簿等工作。软件操作员应具备会计核算软件操作知识，达到会计电算化初级水平，各企业鼓励基本会计岗位的人员兼任软件操作员的工作。操作员岗位可根据企业规模大小和业务量多少等情况，确定一人多岗，或者一岗多人。

软件操作员主要职责有以下两方面。

（1）严格按照系统管理分配权限和所培训软件操作知识，对本企业会计电算化软件操作运行，如记账凭证录入和原始凭证录入，查询、分析各种报表和账簿数据。

（2）严格遵守会计电算化有关制度。如遵守开关机制度、上下岗操作记录制度；操作过程中发现故障应及时报告系统管理员，并做好故障记录；遵守防病毒制度；遵守会计数据、会计信息检查审核制度和存储安全保密制度等。

3. 审核记账员

审核记账员负责对录入会计电算化系统的数据，如记账凭证和原始单据等进行审核，登记机内账簿，对打印的报表、账簿进行再次确认。此岗位要求具备会计和计算机知识，应达到会计电算化初级知识培训的水平，也可由会计主管兼任。

审核记账员主要职责有以下三方面。

（1）具体负责录入系统的各种会计数据的审核工作，可由基本会计岗位的稽核员兼任。

（2）审核员既要审核会计凭证，也要审核会计报表和账簿；既要审核内部数据，也要审核外来数据及网络数据；既要审核各类代码的合法性、正确性，也要审核摘要的规范性等。

（3）按照审核员的工作质量规定，必须严格检查审核各项会计数据，确保数据完整和准确无误。对于不符合要求的凭证和不正确的输出数据，审核人员应拒绝签字并及时报告有关人员。

4. 系统维护员

系统维护员负责保证计算机软件、硬件的正常运行，管理机内会计数据。此岗位要求具备计算机和会计知识，并超过会计电算化中级培训的水平。采用大中型计算机和计算机网络会计软件的企业，必须设立此岗位，此岗位在大中型企业应由专职人员担任。

系统维护员主要职责有以下五方面。

（1）负责会计电算化系统软、硬件的安装和调试工作，严格执行软、硬件维护保养制度，保证系统的正常运行。

（2）制订和维护规划方案和日常维护工作计划，履行硬件检查制度，定期或不定期检查硬件运行情况，进行维护保养工作，保证日常维护更换和使用需要。

（3）严格执行机房管理制度，对硬件的安全摆放、移动和运行进行监护，熟练掌握会计核算软件维护技能，做好临时性维护和技能性维护，保证系统在静态和动态环境下的安全性。

（4）系统维护员除实施数据维护外，不允许随意打开系统数据库进行操作，实施数据维护时不准修改数据库结构，其他上机人员一律不准直接对数据库操作。

（5）负责以磁盘、磁带等介质定期备份好程序文件和数据文件。

5．系统开发员

系统开发员包括系统分析、系统设计和程序设计。系统分析员、系统设计员是整个会计电算化系统的设计师，具有举足轻重的地位，系统程序员负责本企业会计核算软件的开发工作。在中小企业，系统分析员一般由会计电算化主管兼任或临时聘任专家担任。自行开发会计核算软件的企业须设置此岗位。

2.2.3　会计电算化的日常维护制度

1．操作管理制度

操作管理制度主要包括操作规程、操作权限、操作记录等管理制度。目的是要建立健全严格的上机管理制度。其内容主要包括以下几个方面。

（1）操作人员要严格按照操作规程进行操作，杜绝由于违规开、关机，违规登录系统造成的数据破坏、丢失现象。

（2）操作人员上机要有记录，包括姓名、上机时间、操作内容、运行状况等。

（3）操作人员必须按分配的操作权限操作，本人的密码不能泄露。

2．数据管理制度

数据管理制度主要包括数据输入、输出的管理，数据备份的管理，数据存档的管理。其内容包括以下方面。

（1）操作人员每次上机结束，为防止非法修改和意外删除，应及时做好数据备份工作。

（2）对电算化会计档案管理要做好防磁、防火、防潮和防尘工作，重要会计档案应准备双份，存放在两个不同的地点。

（3）采用磁性介质保存会计档案，要定期进行复制，防止由于磁性介质损坏，而使会计档案丢失。

（4）会计软件的全套文档资料以及会计软件程序，视同会计档案保管，保管期限截止到该软件停止使用或有重大更改之后的五年。

3．系统维护制度

系统维护制度主要包括系统硬件的维护、系统软件的维护、系统升级的规定、机房管理制度等，其内容包括以下几方面。

（1）保证机房设备安全和计算机正常运行是进行会计电算化的前提条件，要经常对有关设备进行保养，保持机房和设备的整洁，防止意外事故的发生。

（2）确保会计数据和会计软件的安全保密，防止对数据和软件的非法修改和删除。

（3）对正在使用的会计软件进行修改、版本升级或对计算机硬件设备进行更换等，要有一定的审批手续；要保证会计数据的连续性和安全性，并由有关人员进行监督。

（4）健全计算机硬件和软件出现故障时进行排除的管理制度，保证会计数据的完整性。

（5）对计算机病毒的防治要有相应的措施。

2.3　课后习题

（1）会计电算化工作的管理有哪几种模式？

（2）实施会计电算化应该设置哪些岗位？

（3）实施会计电算化应该配备哪些制度？

第3章 会计软件的安装与核算账套管理

学习重点

通过本章学习，掌握软件的安装步骤，掌握会计软件的登录方法，理解核算账套的建立方法和管理操作。

3.1 会计软件的安装

了解会计软件安装的硬件环境和软件环境，学习会计软件的安装步骤，是学习会计软件的第一步。

3.1.1 会计软件安装环境要求

为保证金蝶 ERP-K/3 的使用性能，金蝶公司为该软件提供一个最低硬件要求，并同时推荐一个配置。硬件和软件环境是金蝶软件运行的最基本条件，如果不能满足基本要求，则运行速度慢或根本无法使用，所以一定要注意金蝶所推荐的配置。

1. 硬件环境

（1）服务器端。

最低配置：CPU 1GHz Pentium4 处理器，512MB 内存，1GB 以上可用空间的硬盘，CD-ROM 或 DVD-ROM 驱动器，Super VGA（1024×768）或更高分辨率的显示器（颜色设置为 32 位真彩色），Microsoft 鼠标或兼容的指点设备。

推荐配置：CPU 1.7GHz Pentium4 处理器及以上，内存 1GB 及以上，其他要求同最低配置。

（2）客户端。

最低配置：CPU 600MHz Pentium III 处理器，256MB 内存，500MB 以上可用空间的硬盘，CD-ROM 或 DVD-ROM 驱动器，Super VGA（1024×768）或更高分辨率的显示器（颜色设置为 32 位真彩色），Microsoft 鼠标或兼容的指点设备。

推荐配置：CPU 1GHz Pentium4 处理器及以上，内存 512MB 及以上，其他要求同最低配置。

2. 软件环境

（1）服务器端，需要安装的软件有数据库系统（SQL Server2000 标准版/企业版，或者 MSDE 数据库系统）和 Windows 简体中文版操作系统（2000/XP/2003）。

（2）客户端需要安装 Windows 简体中文版操作系统（2000/XP/2003）。

说明　Windows 2000 Professional 和 Windows XP 不属于服务器类操作系统，网络使用金蝶 K/3 系统时，以上两个操作系统不能作为服务器，单机使用金蝶 K/3 系统时则无要求。

3.1.2 会计软件安装

金蝶 ERP-K/3 系统的安装方法与其他软件安装方法基本相同，只需按照安装向导层层递进即可。本书讲述单机（Windows XP）情况下安装金蝶 ERP-K/3 系统的方法。在其他操作系统上的安装方法基本类似。

安装金蝶 K/3 分两步，首先要安装数据库软件 SQL Server 2000/2005（或 MSDE），然后再安装金蝶 K/3。

1．安装数据库

安装金蝶 K/3 之前，首先要安装数据库软件 SQL Server 2000/2005，若没有 SQL Server 2000/2005 安装盘，可以使用光盘中附带的 "MSDE" 程序作为数据库。MSDE 是 "Microsoft SQLServer Desktop Edition" 的缩写，适用于桌面操作系统的版本，俗称为 "SQL 桌面版"。安装 "MSDE" 步骤如下。

（1）将本书所附光盘放入光驱，打开光盘中的 \MSDE\文件夹，如图 3-1 所示。

（2）双击 "SETUP.EXE" 应用程序文件，系统弹出安装配置窗口，稍后系统进入安装进度条显示窗口，可以查看到 MSDE 程序安装的剩余时间，如图 3-2 所示。

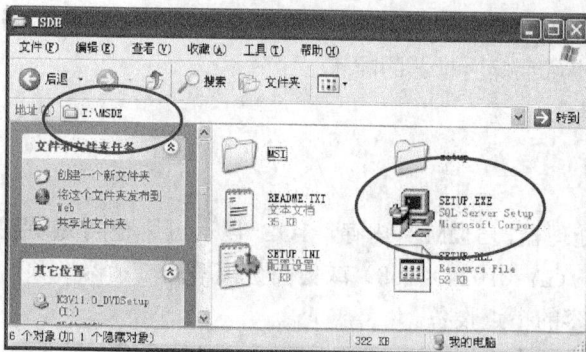

图 3-1

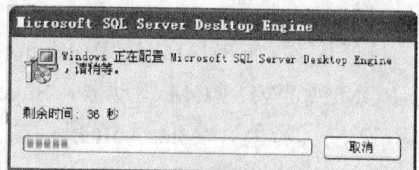

图 3-2

（3）MSDE 安装成功后，系统会自动将安装窗口隐藏，手动 "重启计算机"。重新启动好计算机后，会在桌面右下角显示 " " 图标，表示 MSDE 安装成功，如图 3-3 所示。

> 注
>
> （1）在具有可以安装 SQL Server 2000 数据库软件的条件下，建议安装 SQL Server 2000 数据库，这样才能保证数据的安全性和操作性能。
>
> （2）单机使用时，电脑上需要先安装数据库软件；使用网络版时，数据库软件只需安装在服务器上，各客户端不用安装。

2．安装金蝶 K/3

金蝶 K/3 的安装方法如下。

图标显示为"绿色三角形"表示正在运行。显示为"红色小方形",表示数据库停止运行,只要双击图标,在弹出窗口中单击"开始"按钮即可。

图 3-3

（1）将随书附带光盘放入光驱,进入光盘目录,选择"Setup.exe"文件,如图 3-4 所示。

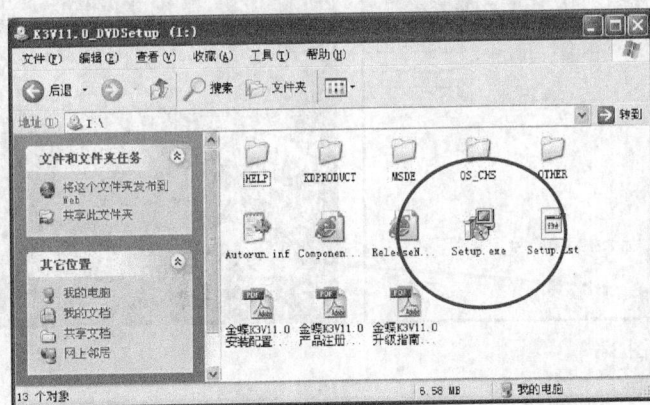

图 3-4

说明　（1）本书所附赠光盘为"K/3 V11.X　DVD 安装光盘",必须在 DVD 光驱中才能使用。
　（2）为确保金蝶 K/3 安装成功,在安装前先退出第三方软件,特别是杀毒软件和防火墙,然后再进行 K/3 安装,安装完成后再启用第三方软件。

（2）双击"Setup.exe"文件,系统弹出"金蝶 K/3 安装程序"选择界面,如图 3-5 所示。
（3）选择"环境检测"选项,系统弹出"金蝶 K/3 环境检测"选择窗口,如图 3-6 所示。
（4）同时选中客户端部件、中间层服务部件、数据库服务部件三个项目,单击"检测"按钮,系统开始检测,弹出"问题窗口",单击"确定"按钮,继续检测进程,系统弹出检测到缺少的组件,如图 3-7 所示。单击"确定"按钮,系统会将检测出缺少的组件进行安装,根据系统弹出的提示,层层向前即可完成缺少组件的安装工作,组件安装成功后,会显示"环境更新完毕"窗口。

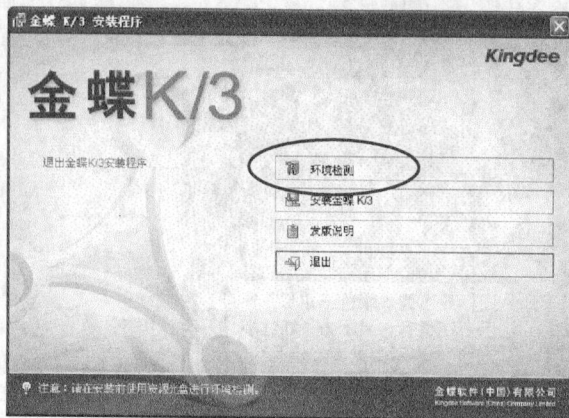

图 3-5

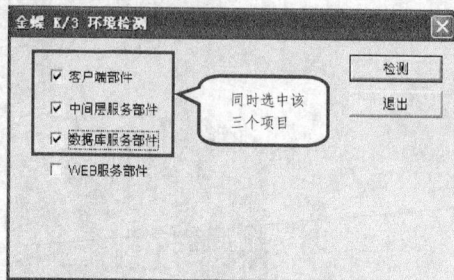

图 3-6

（5）在"金蝶 K/3 安装程序"选择界面，见图 3-5，选择"安装金蝶 K/3"，系统经过检测后进入安装向导窗口，如图 3-8 所示。

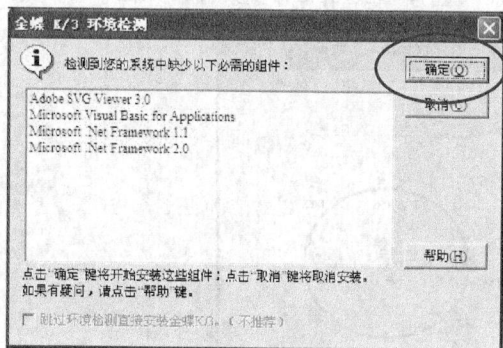

图 3-7

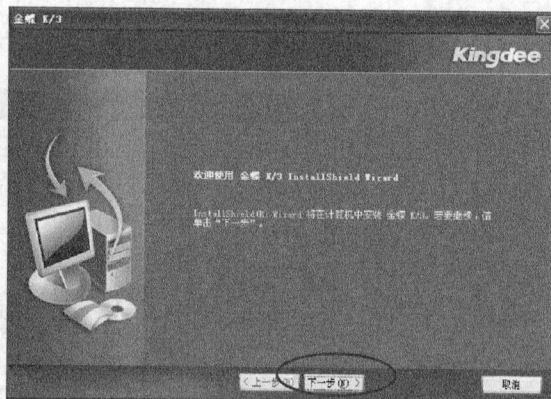

图 3-8

（6）单击"下一步"按钮，系统进入"许可证协议"窗口；单击"是"按钮，系统进入"自述文件"窗口；单击"下一步"按钮，系统进入"客户信息"窗口，在此窗口录入用户名和公司名称；单击"下一步"按钮，系统进入"选择目的地位置"窗口，单击"浏览"按钮可以修改"目的地文件夹"，若对电脑知识不熟悉，建议保持默认安装路径；单击"下一步"按钮，系统进入选择"安装类型"窗口，在此选择"自定义安装"类型；单击"下一步"按钮，系统进入"选择功能"窗口，如图 3-9 所示；打"√"表示选中，单击"+"可以展开更明细功能后进行选择。

（7）在此保持默认选择的客户端部件、中间层服务部件、数据库服务部件三个项目，单击"下一步"按钮，系统进入"安装状态"；安装完成后，显示"完成"窗口，单击"完成"按钮，系统进入"中间层组件安装"窗口，如图 3-10 所示。

（8）单击"确定"按钮，开始中间层安装工作，中间层安装完成后，自动隐藏进度条；稍后弹出"Web 系统配置工具"窗口，保持默认选择项目，单击"完成"按钮，系统会弹出错误提示窗口，这是由于操作系统原因，在此可以忽略；单击"确定"按钮继续配置；单击

"确定"按钮,结束金蝶 K/3 安装工作。安装成功后会在桌面上显示"金蝶 K/3 主控台"和"金蝶 K/3 HR 客户端平台"图标,如图 3-11 所示。

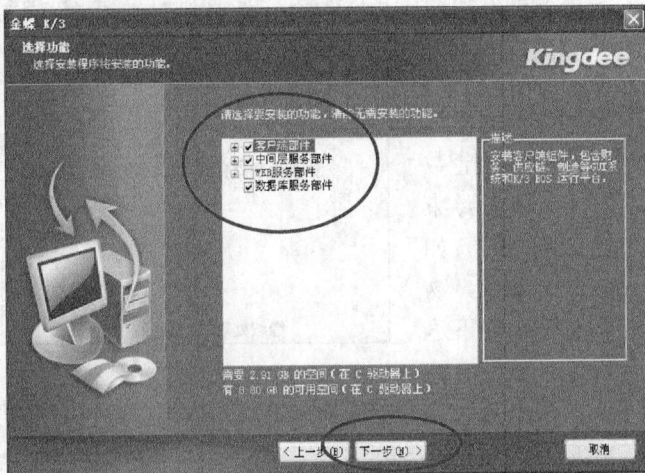

图 3-9

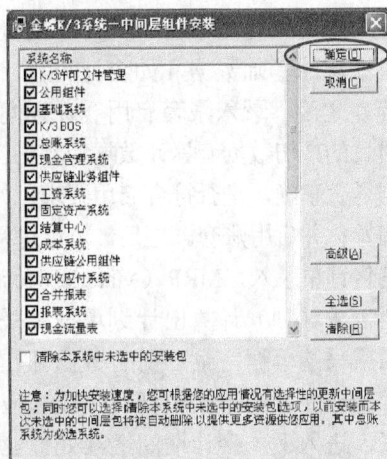

图 3-10

图 3-11

> 说明　在条件满足的情况下,建议在服务器操作系统上,安装 SQL Server 数据库。在安装 SQL 2000 时,打上 SP4 补丁,安装 SQL 2005 时,打上 SP2 补丁,以期获得更好的应用效果。

3.2　核算账套管理

3.2.1　会计软件操作流程图

在使用会计软件之前,首先需要了解它的操作流程,流程图如图 3-12 所示。

在使用金蝶 K/3 进行业务处理之前，首先要建立账套。账套建立成功后进行系统设置，系统设置包含系统参数设置、基础资料设置和初始数据录入。系统参数是与账套有关的信息，如账套的公司名称、地址、记账本位币等；基础资料是录入业务单据时要获取的基础数据，如会计科目、客户资料和物料资料等。之后，录入账套启用会计期间的初始数据，如会计科目的期初数据、累计数据和物料初始数据。然后检查数据是否正确，是否符合启用要求，如果符合，则可以结束初始化并启用账套。之后，可以进行日常的业务处理，如销售订单录入，MRP（Material Requirement Planning，物料需求计划）计算出计划单据，采购根据计划单据下达相应采购单据，最后所有数据都归纳到总账系统，系统根据已保存的单据数据可生成相应的报表。每个月的业务工作处理完成后，可以进行月末结账，进入下一会计期间继续处理业务。

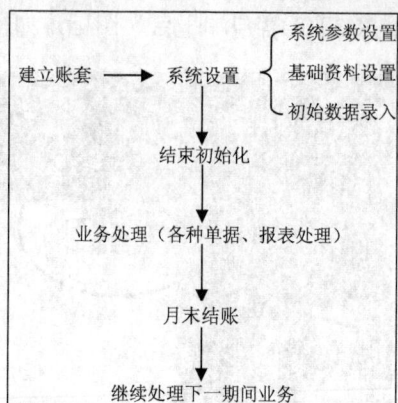

图 3-12

3.2.2 核算账套建立

会计电算化就是指用计算机代替人工进行财务、业务处理等工作。因此用户必须建立一个账套文件，存放公司的财务和业务资料，以便于使用计算机进行处理。

账套是一个数据库文件，存放所有的业务数据资料，包含会计科目、凭证、账簿、报表和出入库单据等内容，所有工作都需要登录账套后才能进行。一个账套只能做一个会计主体（公司）的业务，金蝶软件对账套的数量没有限制，也就是说一套金蝶 K/3 系统可以处理多家公司的账务。

注　若是使用网络版，账套管理功能在"服务器"电脑上使用。

例　深圳市成功飞越有限公司是一家专门开发、生产、销售各类礼品笔的公司，该公司于 2011 年 1 月开始使用金蝶 K/3 系统，记账本位币为"人民币"。建立该核算账套。

操作步骤如下。

（1）单击【开始】→【程序】→【金蝶 K/3】→【金蝶 K/3 服务器配置工具】→【账套管理】，系统弹出"账套管理登录"窗口，如图 3-13 所示。

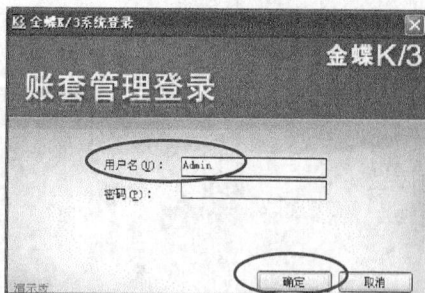

图 3-13

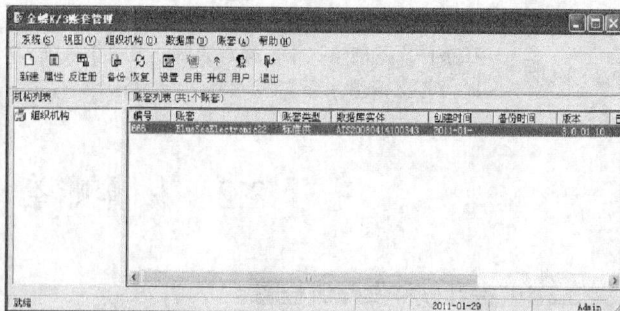

图 3-14

（2）用户名"Admin"是系统默认的账套管理员，"密码"默认为空，单击"确定"按钮，系统进入"金蝶 K/3 账套管理"窗口，如图 3-14 所示。在"金蝶 K/3 账套管理"窗口中有两个列表——机构列表和账套列表。

- 账套列表：显示当前电脑中已经建立的账套信息。
- 机构列表：很多集团型、连锁型公司下的各分公司既要财务数据独立核算又需要汇总，为了便于分类管理可以将其结构分层，然后在相应的组织结构下建立账套。

（3）单击菜单【数据库】→【建立账套】，或单击工具栏上的"新建"按钮，系统弹出"信息"窗口，请认真理解窗口中内容，以便建立账套时选择相应类型。在此单击"关闭"按钮，系统弹出"新建账套"窗口，如图 3-15 所示。

"新建账套"各项说明如表 3-1 所示。

表 3-1　　　　　　　　　　　　　"新建账套"窗口各项目解释

项　目	说　明	是否为必填项
账套号	账套在系统中的编号，手工录入，不能有重号	是
账套名称	账套的名称	是
账套类型	系统提供 7 种账套类型，系统类型会自动建立相关内容	是
数据库实体	账套在 SQL Server 数据库服务器中的唯一标识。新建账套时，系统会自动产生一个数据实体，可以手工修改	是
数据库文件路径	账套保存的路径	是
数据库日志文件路径	账套操作日志保存的路径	是
系统账号	新建账套所要登录的数据库服务器名称、登录数据库服务器方式、登录用户名和密码	是

（4）录入账套号"006"，账套名称录入"深圳市成功飞越有限公司"，单击"数据库文件路径"右侧">"按钮（浏览），选择数据库文件保存路径，保持默认值，同步设置"数据库日志文件路径"，设置完成如图 3-16 所示。

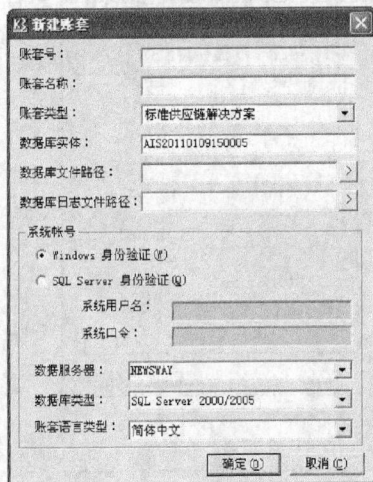

图 3-15

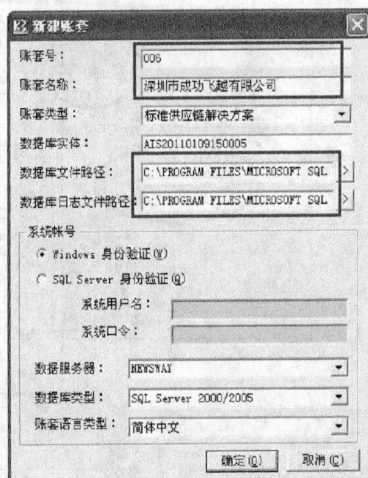

图 3-16

注　如果对电脑的维护不很熟练，建议保存路径采用系统默认值，以便日后维护。

（5）单击"确定"按钮，系统开始建账。账套建立成功后，账套信息会显示在"账套列表"中，如图 3-17 所示。

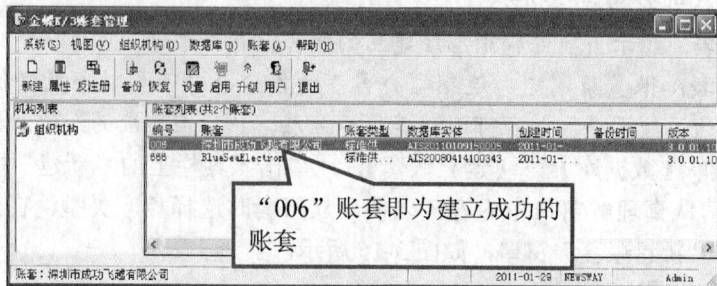

图 3-17

3.2.3 属性设置和启用账套

属性包括账套的机构名称、记账本位币和启用会计期间等内容，属性设置完成后才可以启用账套，设置步骤如下。

（1）在"账套列表"中选中"006"账套，单击菜单【账套】→【属性设置】，或单击工具栏上的"设置"按钮，系统弹出"属性设置"窗口。在"系统"选项卡中可以设置账套的基本信息，录入"深圳市成功飞越有限公司"、"深圳宝安区"、"0755-12345678"。在"总账"选项卡中可以设置记账时的基本信息，录入"RMB"、"人民币"，其他选项采用默认值。

（2）在"会计期间"选项卡中单击"更改"按钮，系统弹出"会计期间"设置窗口，启用会计年度录入"2011"，启用会计期间录入"1"，如图 3-18 所示。

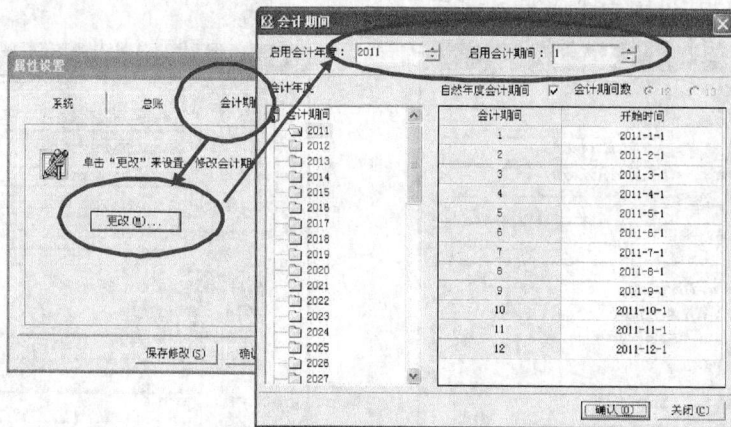

图 3-18

注
（1）启用会计年度为"2011 年"，启用会计期间为"1 月"，表示初始设置中的期初数据是 2010 年 12 月的期末数。读者在启用账套时一定要注意账套的期间启用，以便准备初始数据。
（2）如果会计期间需要特殊设置，可以取消勾选的"自然年度会计期间"的选中，这样读者可以设置"12"或"13"个会计期间，并且期间的"开始日期"可以自由修改。

（3）单击"确定"按钮保存会计期间设置，并返回"属性设置"窗口，单击"确认"按钮；系统弹出"确认启用当前账套吗？"窗口，单击"是"按钮；稍后系统弹出"成功启用"提示窗口，单击"确定"按钮，完成属性设置和账套启用工作。

> 注 该处的账套启用是指建立账套文件工作完成，而不是启用后可以录入业务单据。因初始数据还未录入，所以录入单据后的数据会与实际数据有出入。

3.2.4 备份账套

操作软件时，为预防数据出错或发生意外（如硬盘损坏、电脑中毒），需要随时备份数据，以便恢复时使用。

备份工作可以随时进行，笔者建议每周备份一次。在下列情况下必须做备份。

（1）每月结账前和账务处理结束后。

（2）更新软件版本前。

（3）进行会计年度结账时。

金蝶 K/3 提供 2 种备份方法——手工备份和自动批量备份（即一次备份多个账套，而且备份工作在后台定时执行，不用人工操作）。

1. 手工备份

（1）在"账套列表"中选中要备份的账套，如选中"深圳市成功飞越有限公司"账套，单击菜单【数据库】→【备份账套】，或单击工具栏中"备份"按钮，系统弹出"账套备份"窗口，如图 3-19 所示。

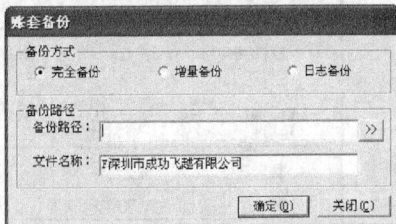
图 3-19

- **完全备份**：执行完整数据库的备份，也就是为账套中的所有数据建立一个副本。备份后，生成完全备份文件。
- **增量备份**：记录自上次完整数据库备份后对数据库所做的更改，也就是为上次完整数据库备份后发生变动的数据建立一个副本。备份后，生成增量备份文件。增量备份比完全备份工作量小而且备份速度快，因此可以更经常地备份，以减小丢失数据的危险。
- **日志备份**：事务日志是上次备份事务日志后，对数据库执行的所有操作的记录。一般情况下，事务日志备份比数据库备份使用的资源少，因此可以经常地创建事务日志备份。经常备份将减小丢失数据的危险。
- **备份路径**：备份所生成的*.DBB 和*.BAK 文件的保存位置，应尽量采用默认值。
- **文件名称**：备份时生成的文件名称可更改。

> 注 第一次备份一定用完全备份；备份生成的*.DBB 和*.BAK 文件，要定期拷贝到外部储存设备上。

（2）单击"备份路径"右侧的"》按钮（浏览)"，系统弹出"选择数据库文件路径"窗口，采用默认保存路径，单击"确定"按钮返回"账套备份"窗口；单击"确定"按钮，系统开始备份数据；稍后系统弹出提示窗口，如图 3-20 所示，单击"确定"按钮，备份完成。

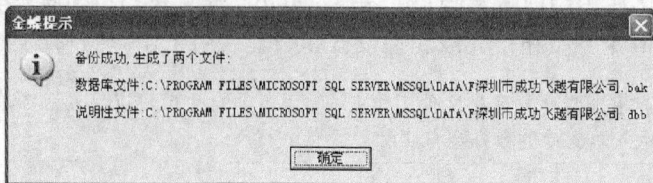

图 3-20

🐝 注　　一定要记住图 3-20 中的文件名和保存位置，这是要拷贝到外部存储设备上的文件。

2．自动批量备份

当系统中有多个账套时，一次备份一个账套会比较麻烦，金蝶 K/3 提供了账套自动批量备份工具。账套自动批量备份的设置步骤如下。

（1）单击菜单【数据库】→【账套自动批量备份】，系统弹出"账套自动批量备份工具"窗口，如图 3-21 所示。

图 3-21

（2）单击菜单【方案】→【新建】，设置"备份开始时间"为当前电脑系统时间；"备份结束时间"设置为"无限期"；"增量备份时间间隔（小时）"设为"5"；"完全备份时间间隔"

设为"100"；勾选"是否备份"；设置"备份路径"时单击右侧的"…"按钮，系统弹出"选择数据库文件路径"窗口，保存路径采用系统默认值，单击"确定"按钮返回工具窗口；单击菜单【方案】→【保存方案】，系统弹出"方案保存"窗口，录入"A 方案"，单击"确定"按钮，保存方案；单击菜单【方案】→【退出】，账套自动批量备份的方案设置完成。账套自动批量备份方案设置完成后，如果系统检测到系统时间已经符合间隔时间，则它会自动在后台备份数据。

3.2.5　恢复账套

如果账套出错，可利用"恢复账套"功能将备份文件恢复成账套文件，再继续进行账套处理。

单击菜单【数据库】→【恢复账套】，或单击工具栏上"恢复"按钮，系统弹出"选择数据库服务器"窗口，单击"确定"按钮进入"恢复账套"窗口，如图 3-22 所示。

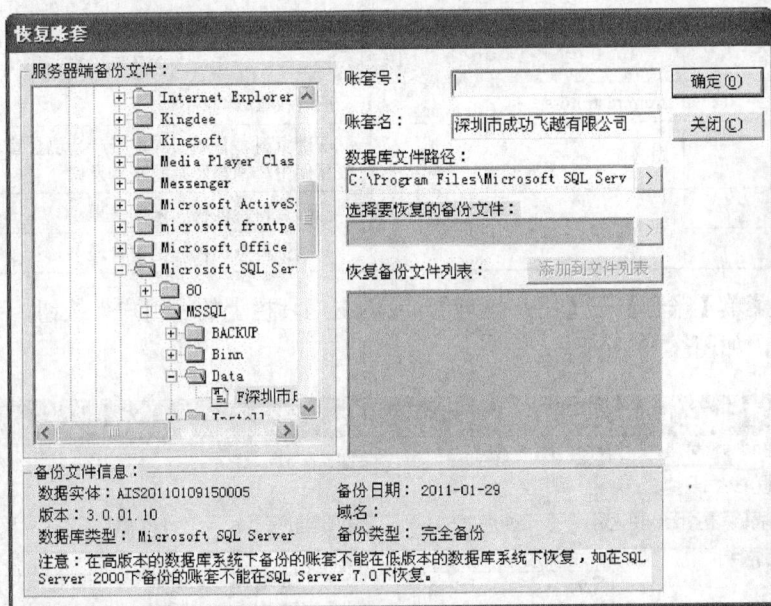

图 3-22

在"服务器端备份文件"列表下选择备份文件所保存的位置，选中备份文件；然后在右侧账套号中录入账套号，修改账套名，单击"确定"按钮即可开始恢复工作；完成恢复后，在"账套列表"窗口中可以看到已经恢复成功账套。

🐝 注　恢复账套时，"账套号"、"账套名"不能与系统内已存有的"账套号"、"账套名"相同。

3.2.6　删除账套

可以将不再使用的账套从系统中删除，以节约硬盘空间。选中要删除的账套，单击菜单【数据库】→【删除账套】，系统弹出信息提示窗口，单击"是"按钮，系统弹出提示是否备份的窗口，根据实际情况选择提示窗口上的按钮。单击"否"按钮，不备份该账套。如果稍后在"账套列表"窗口没有看到要删除的账套，则表示删除成功。

3.2.7　用户管理

用户管理是指对使用该账套的操作员进行管理，对用户使用账套的权限进行控制，可以控制哪些用户可以登录到指定的账套，可以使用账套中的哪些子系统或哪些模块等。系统中预设有 3 个用户和 2 个用户组，可以在系统中增加用户并进行相应的授权。下面以表 3-2 中数据为例讲述如何进行用户管理。

1．新增用户组

为了方便管理用户信息，可以将具有类似权限的用户分组。下面以新增表 3-2 中数据"财务组"为例，介绍具体的操作步骤。

表 3-2　　　　　　　　　　　　成功飞越公司账套的用户

用 户 名	用 户 组	权 限
陈静	Administrators	所有权限
何陈钰	财务组	基础资料、总账、固定资产、现金管理、工资和存货核算使用，销售发票和采购发票
张琴	业务组	基础资料查询权，采购管理
郝达		基础资料查询权，销售管理

（1）单击菜单【账套】→【用户管理】，或单击工具栏上的"用户"按钮，系统弹出"用户管理"窗口，如图 3-23 所示。

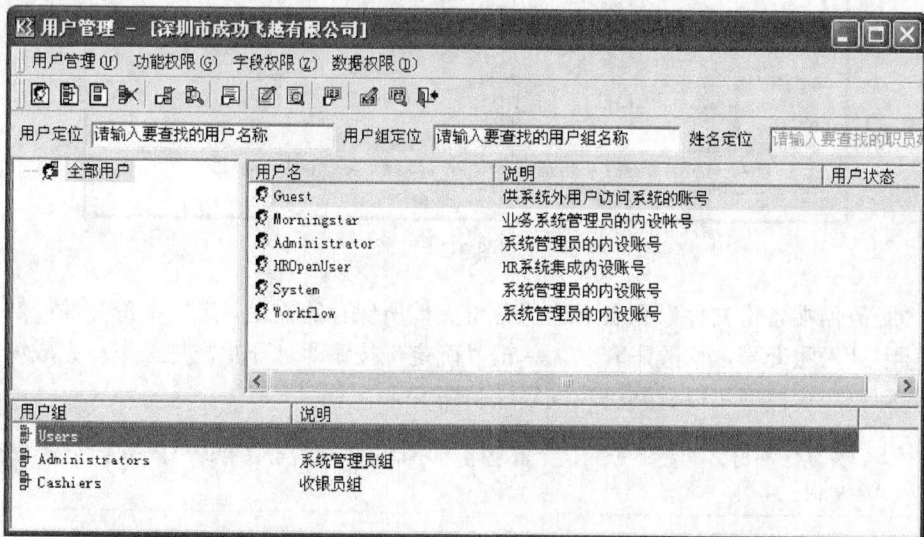

图 3-23

（2）单击菜单【用户管理】→【新建用户组】，系统弹出"新增用户组"窗口，录入"财务组"、"账务核算"，如图 3-24 所示。

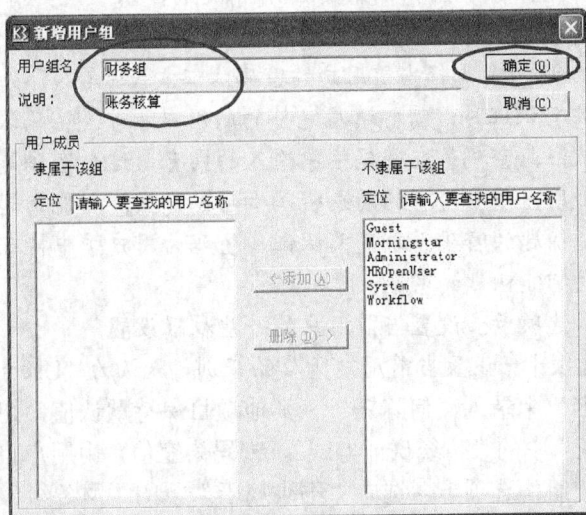

图 3-24

（3）设置完成后单击"确定"按钮，进行保存，这时在"用户管理"窗口下部可以看到已经新增好的"财务组"内容。其他组别，请读者自行添加。

2．新增用户

下面以新增用户"何陈钰"为例，讲述新增用户操作步骤。

（1）单击菜单【用户管理】→【新建用户】，系统弹出"新增用户"窗口，如图 3-25 所示。

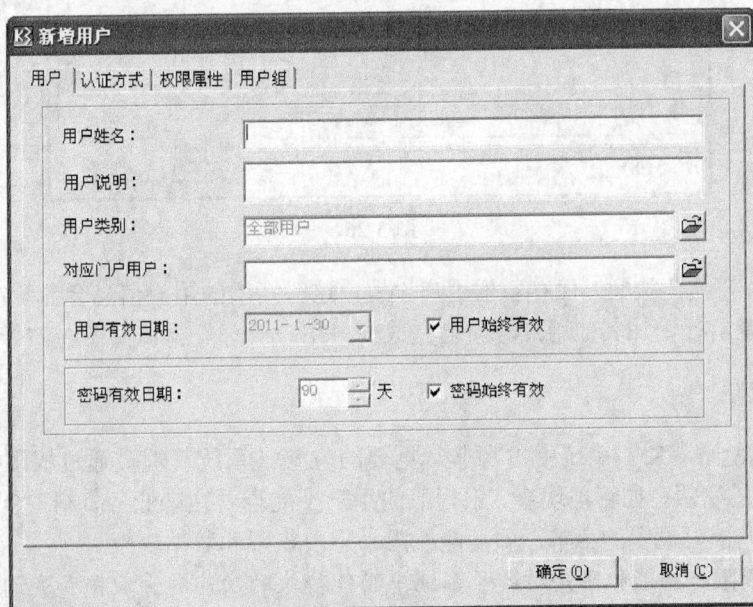

图 3-25

- "用户"选项卡：录入用户的名称、所属类别，以及用户有效期和密码有效期等内容。
- "认证方式"选项卡：选择当前用户的密码认证方式，是 NT 安全认证或者密码认证。当选择 NT 安全认证时，需要填写完整的域用户账号。密码认证方式具体分为以下四种。传统认证，密码是在密码框中输入的内容，这个密码是固定的；动态密码锁认证，密码由用户手中持有的动态密码卡动态产生；智能钥匙认证；密码为用户手中持有的智能钥匙的密码；自定义认证，密码为用户手中持有的动态密码卡动态产生或者持有的智能钥匙的密码。
- "权限属性"选项卡：设置当前用户的一些权限设置。
- "用户组"选项卡：设置当前用户所属的级别，默认为"Users组"，没有任何权限。

（2）在"用户姓名"中录入"何陈钰"，其他项目保持默认值，切换到"认证方式"选项卡，选择"密码认证"中的"传统认证方式"，密码为空值，由用户自行修改。权限属性保持默认值，单击"用户组"选项卡，选中"不隶属于"下的"财务组"，单击"添加"按钮，"何陈钰"即隶属于"财务组"，如图 3-26 所示。

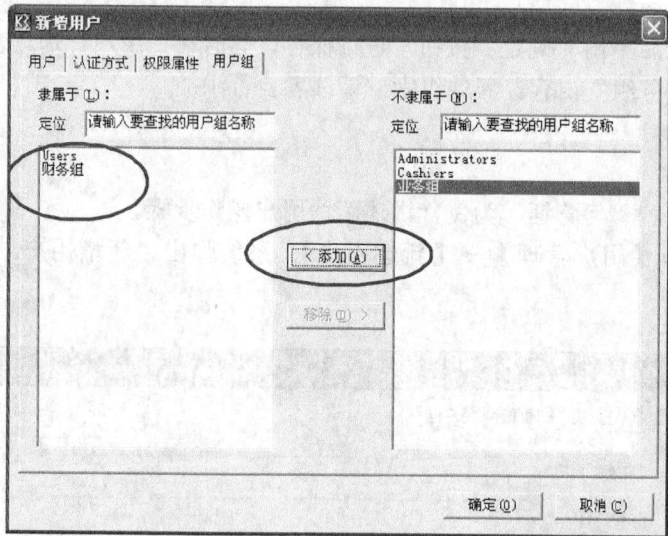

图 3-26

（3）单击"确定"按钮，保存新增用户设置，这时新增的用户信息会显示在"用户管理"窗口中。请读者自行增加其他用户。新增完成的"用户管理"窗口如图 3-27 所示。

3. 设置权限

权限设置在金蝶 K/3 系统中占有非常重要的位置。系统管理员通过权限控制可以有效控制 ERP 资料的密级，如管理现金、银行账的用户不能查看往来业务资料。金蝶 K/3 系统为用户提供了三大权限设置的菜单，即功能权限、字段权限和数据权限。

- **功能权限**：功能权限是对各子系统中功能模块的功能的管理权和查询权，当用户拥有该子系统的功能模块的功能权限时，才能进行对应模块的功能操作。
- **字段权限**：字段权限是指对各子系统中某数据类别的字段操作权限。只有当用户拥有了该字段的字段权限时，才能对该字段进行对应的操作。如对应收款管理中的"金额"进行字段权限控制时，若该用户具有该字段权限，则可以进行对应操作，如查询金额数据，反之，则查询不到金额，只可以看到其他信息。

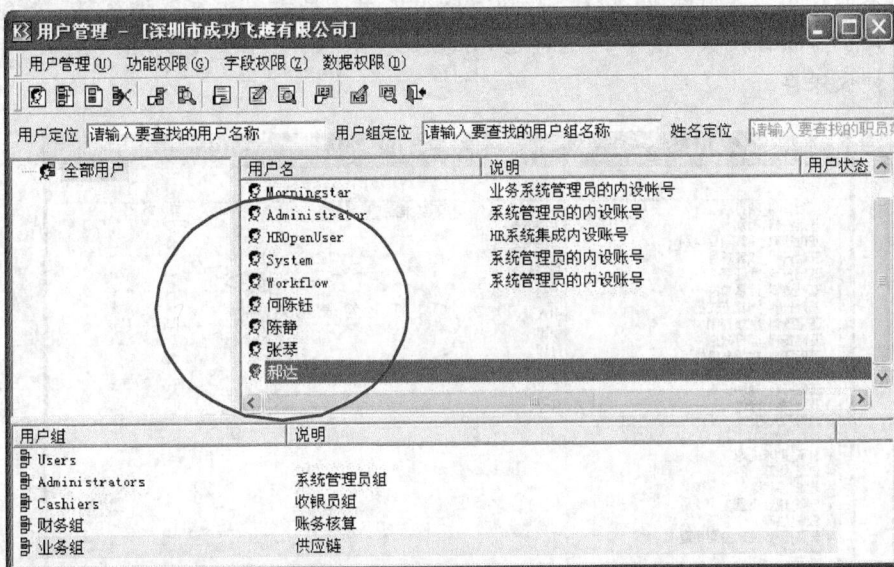

图 3-27

● **数据权限**：数据权限是指对系统中具体数据的操作权限。如对"客户"数据进行权限控制时，A 业务员只能看到 A 本人的客户资料，B 业务员只能看到 B 本人的客户资料，业务经理则设置为可以同时看到所有人的客户资料。

下面以设置"何陈钰"的"功能权限"为例，介绍用户权限设置的具体步骤。

（1）选中用户"何陈钰"，单击菜单【功能权限】→【功能权限管理】，系统弹出"权限管理"窗口，如图 3-28 所示。

● **权限组**：系统中所涉及的权限内容列表，在方框中打勾表示选中。查询权表示只能查看，管理权表示可以修改、删除等。

● **授权**：选中相应权限，单击该按钮表示授予所选中的权限。

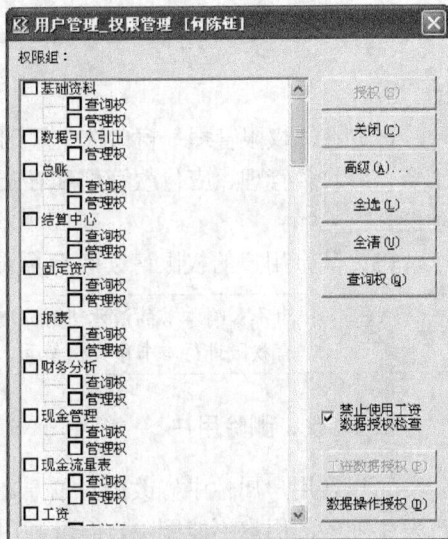

图 3-28

● **关闭**：退出"权限管理"窗口。

● **高级**：详细设置用户的权限。单击"高级"按钮，系统弹出"用户权限"窗口，如图 3-29 所示。

在"用户权限"窗口可以详细设置用户的权限，打上勾表示选中。单击"授权"按钮对所选中的功能进行授权，单击"关闭"按钮返回"权限管理"窗口。

- **全选**：选中"权限组"的所有内容。
- **全清**：不选择"权限组"的任一内容。
- **禁止使用工资数据授权检查和工资数据授权**：选中"禁止使用工资数据授权检查"项，不能使用"工资数据授权"按钮；取消选中，单击"工资数据授权"按钮，系统弹出"项目授权"窗口，打勾选中相应的查看权和修改权，单击"授权"按钮表示授权保存。

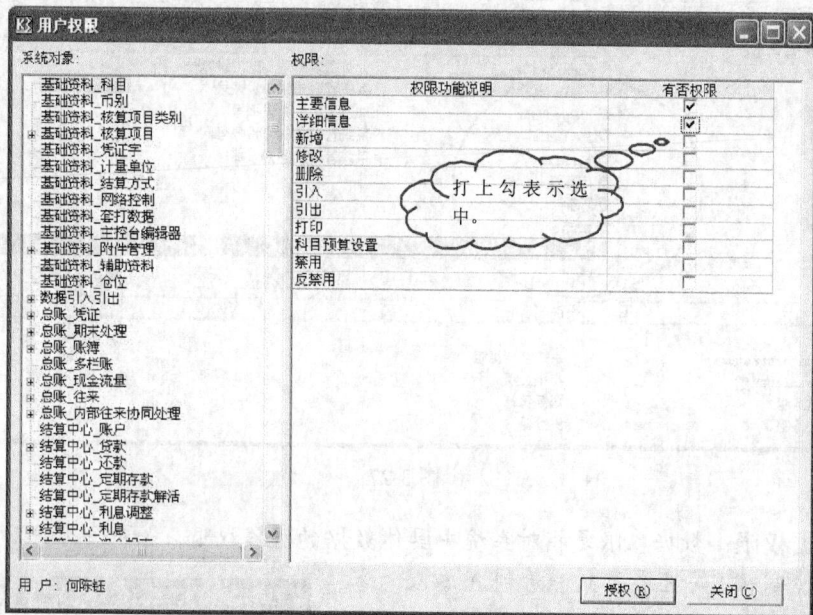

图 3-29

（2）在"权限管理"窗口选中基础资料、总账、固定资产、报表、财务分析、现金管理、工资、应收款管理、应付款管理和存货核算，如图 3-30 所示，单击"授权"按钮，保存权限功能。

（3）其余用户的权限请读者自行设置。

> **注** 为不影响本书的演示进程，建议读者将所有操作员都加入"Administrators"组，以授予所有权限进行本书中实例练习。

4. 修改、删除用户

可以在用户属性中修改用户信息。用户删除是指将未使用本账套的用户从系统中删除，已发生业务的用户不能删除，但可利用"用户属性"设置功能，勾选"此账号禁止使用"项，则不能再使用该账号登录本账套。

单击菜单【用户管理】→【属性】，系统弹出"用户属性"窗口，在"用户属性"窗口，可以修改该用户的名称、密码和隶属的组别，以及是否禁用。当某些用户未使用该账套时，为便于管理可以将该用户从系统删除，方法是在"用户管理"窗口选中要删除的用户，单击菜单【用户管理】→【删除】。

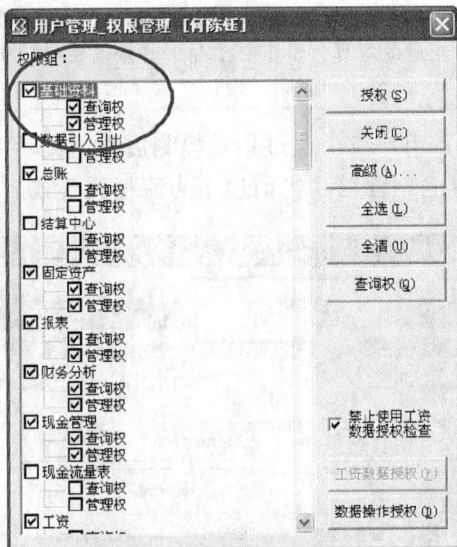

图 3-30

3.3　会计软件登录

建立好核算账套后，必须登录 K/3 系统才能进行业务处理，如系统基础设置、单据录入和查询相关报表等。系统确认用户身份的合法性后，用户才能进入系统，处理相关业务。以"Administrator"的身份登录"深圳市成功飞越有限公司"账套，操作步骤如下。

（1）双击桌面上的"金蝶 K/3 主控台"图标，或单击【开始】→【程序】→【金蝶 K/3】→【金蝶 K/3 主控台】。系统弹出"金蝶 K/3 系统登录"窗口，选择"当前账套"为"深圳市成功飞越有限公司"账套，以"命名用户身份登录"方式登录，选中该项目，在"用户名"处输入"Administrator"，"密码"为空，如图 3-31 所示。

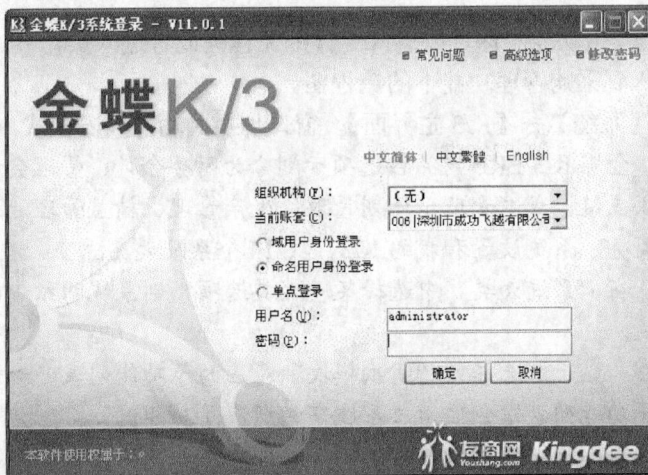

图 3-31

> 🐝 **注**　本书以后的所有练习都是在中文简体、组织机构为无下进行操作，具体要操作哪个账套，在"当前账套"处指定即可。单击右上角的"修改密码"项，可以修改当前用户的登录密码。

（2）单击"确定"按钮，用户身份通过系统检测后弹出提示"演示版"窗口，单击"确定"按钮，系统进入"主界面"窗口，当前显示为流程图模式，如图 3-32 所示。

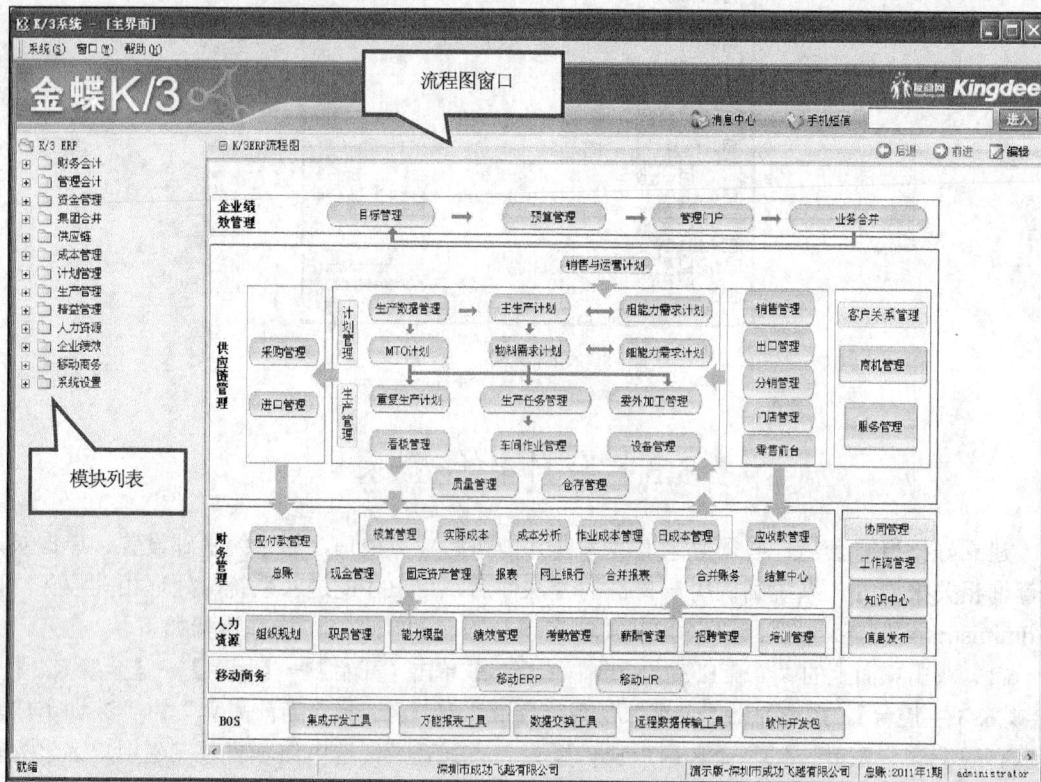

图 3-32

在流程图窗口，双击功能图标可以进入更详细流程图或者进入操作界面窗口，如双击"采购管理"图标，进入到采购管理功能下的流程图。

（3）单击菜单【系统】→【K/3 主界面】，窗口切换到功能列表模式，如图 3-33 所示。

- **系统大类**：金蝶 K/3 ERP 产品按选项卡划分为财务会计、管理会计、资金管理、集团合并、供应链、成本管理、计划管理、生产管理、精益管理、人力资源、企业绩效、移动商务、系统设置和我的 K/3，共 14 个系统大类。
- **明细模块**：在"系统大类"中选择某一大类选项，则系统明细中会显示所包含的明细模块系统。
- **子功能列表**：显示所选择的"明细模块"对应的子功能列表。如选择"仓存管理"系统，在子功能列表中会显示该系统下的所有子功能。
- **明细功能列表**：子功能下所对应的明细功能，双击"明细功能"即可出现相应的处理窗口。

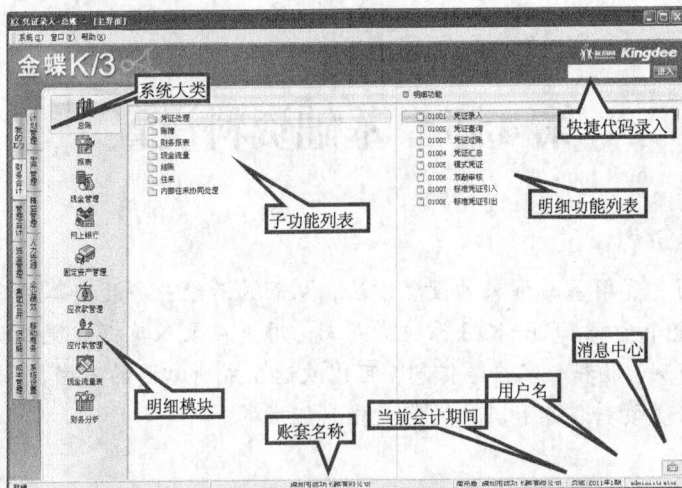

图 3-33

　　例如需要查询总分类账簿，则依次选择【财务会计】→【总账】→【账簿】→【总分类账】，系统将弹出对话框，录入查询条件后单击"确定"按钮，即可查询账簿。

　　为便于读者学习，本书将在 K/3 主界面功能列表模式下进行讲述。

3.4　课后习题

（1）安装金蝶 ERP-K/3 的硬件环境和软件环境分别是什么？

（2）请描述金蝶 ERP-K/3 操作流程。

（3）账套文件的定义是什么？金蝶 ERP-K/3 对账套数量有没有限制？

（4）备份的方法有几种？

第 4 章　基础资料设置

通过本章学习，了解基础资料的设置方法，从而为后继业务处理奠定基础。

基础资料是整个金蝶 ERP-K/3 系统的基础。用户在录入单据或凭证时，通过获取公共资料，如科目、币别、物料、客户等信息，可以快速生成所需要的单据，因此，所有的凭证、单据都是由一些公共资料信息和具体的数量信息组成的。

4.1　科　目

会计科目是填制会计凭证、登记会计账簿和编制会计报表的基础。会计科目是对会计对象具体内容分门别类进行核算所规定的项目。会计科目是一个完整的体系，是区别于流水账的标志，是复式记账和分类核算的基础。会计科目设置的完整性影响着会计过程的顺利实施，会计科目设置的层次深度直接影响会计核算的详细、准确程度。除此之外，电算化系统会计科目的设置还是用户应用系统的基础，它是实施各个会计手段的前提。

"科目"基础资料是对财务上使用的"会计科目"进行管理，如新增、修改、删除和科目禁用等操作。正确地对会计科目进行管理，是以后财务核算中进行有效核算的基础。会计科目设置的重点是明细科目和属性的设置。

4.1.1　引入会计科目

金蝶 K/3 系统为用户预设有相关行业的一级会计科目和部分二级明细科目，包括新会计准则、企业会计制度科目和小企业会计制度科目等行业的会计科目，需要用户先引入账套，更加详细的明细科目则由用户自行增加。

🌀 **4-1**　在"深圳市成功飞越有限公司"账套中引入"新会计准则科目"。

（1）以"陈静"身份登录账套，选择【系统设置】→【基础资料】→【公共资料】→【科目】，双击"科目"子功能，系统进入"会计科目"的设置窗口，如图 4-1 所示。

（2）单击菜单【文件】→【从模板引入科目】，系统弹出"科目模板"选择窗口，单击"行业"下的下拉按钮，可以自由选择所需要的行业科目；单击"查看科目"按钮，可以查看该行业下预设的会计科目，如图 4-2 所示。

（3）选择"新会计准则科目"，单击"引入"按钮，系统弹出"引入科目"窗口，单击"全选"按钮，再单击"确定"按钮，引入所有会计科目。稍后系统弹出"引入成功"的提示，单击"确定"按钮返回"会计科目"窗口，引入科目后的窗口如图 4-3 所示。

若屏幕上未显示所引入的会计科目，单击工具栏上的"刷新"按钮即可显示。查看相应类别下科目的方法是单击该类别前的"+"号，可层层展开后查看。如果不需要引入所有科目，在引入时则可以单独勾选需要引入的科目，再单击"确定"按钮。

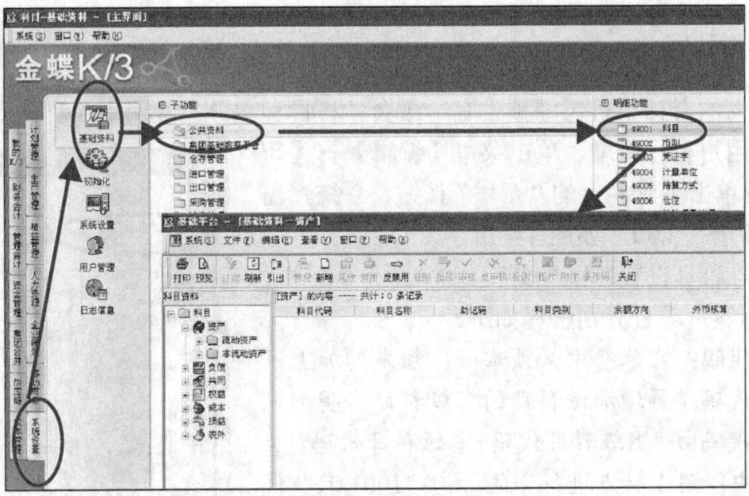

图 4-1

图 4-2

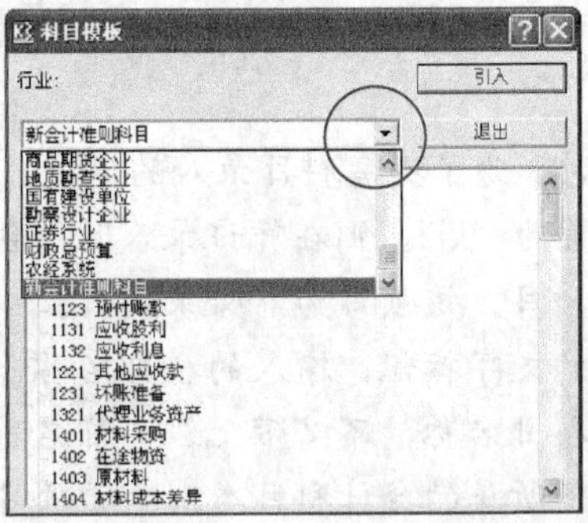

图 4-3

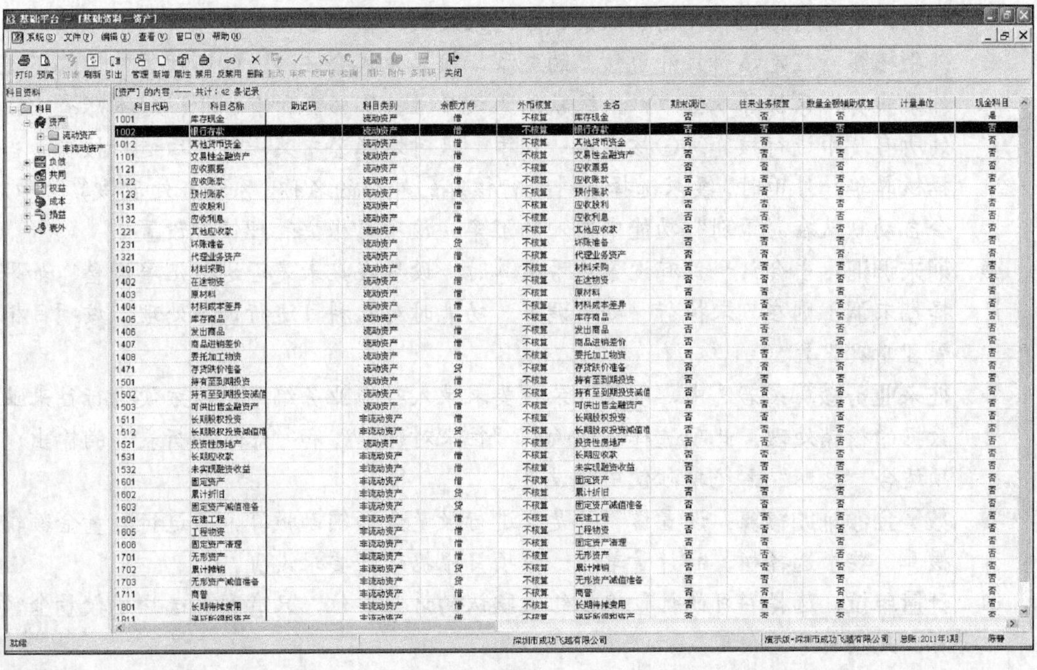

4.1.2　新增科目

从模板引入的会计科目已经预设有一级会计科目和部分二级明细科目，涉及更明细的核算科目需要由用户自行新增。单击菜单【编辑】→【新增科目】，或者单击工具栏上的"新增"按钮，系统弹出"会计科目—新增"窗口，如图4-4所示。

窗口共有"科目设置"和"核算项目"两个标签页，"科目设置"标签页项目分别解释如下。

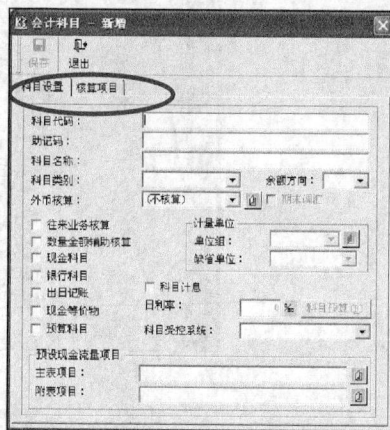

图 4-4

- **科目代码**：在账套中必须唯一，须先增加上级科目代码，再增加该科目的下级科目，明细级科目代码由"上级科目代码+本级科目代码"组成，中间用小数点进行分隔。例"1001.01"代码，表示一级代码是"1001"，二级代码是"01"，中间以".（小数点）"间隔。该项目为必录项目。

- **助记码**：在录入凭证时，为了提高科目录入的速度，帮助记忆科目的编码。例："现金"科目的助记码设置为"xj"，则在凭证录入时"会计科目"项输入"xj"，系统将会自动引用"现金"科目。该项目为非必录项目。

- **科目名称**：会计科目的文字标识，输入的科目名称一般为汉字和字符。在命名科目名称时只需录入本级科目名称，不必带上级科目名称。该项目为必录项目。

- **科目类别**：选择该科目所属的会计科目类别。该项目为必录项目。

- **余额方向**：选择该科目的余额默认方向。该属性对于账簿或报表输出的数据有直接影响，系统将根据科目的默认余额方向来反映输出的数值。该项目为必录项目。

- **外币核算**：指定该科目外币核算的类型，核算方式分三种。①不核算外币：不进行外币核算，只核算本位币，系统默认为该属性。②核算所有外币：对本账套中设定的所有货币进行核算。③核算单一外币：只对本账套中某一种外币进行核算，当选择核算单一外币时，要求选择一种进行核算的外币的名称，系统在处理核算外币时，会自动默认在"币别"功能中输入的汇率。该项目根据管理情况设置。

- **期末调汇**：当会计科目有设置外币核算时，设置在期末是否进行汇率调整，如果选择期末调汇则在期末执行"期末调汇"功能时对此科目进行调汇处理。该项目根据管理情况设置。

- **往来业务核算**：若选中，则凭证录入要求录入往来业务编号，以方便进行往来业务数据的核销处理。此项选择将影响到"往来对账单"和"账龄分析表"的输出。此项适合"总账"系统单独使用时设置。

- **数量金额辅助核算**：设置该科目是否进行数量金额辅助核算，若进行数量金额辅助核算，要求选择核算的计量单位。该项目根据管理要求设置。

- **计量单位**：选择科目的计量单位组及默认的计量单位。只有科目选择了数量金额核算，此项目才可使用。

- **现金科目**：选中此选项，指定为现金类科目。该项目在现金日记账和现金流量中使用。

- **银行科目**：选中此选项，指定为银行科目。该项目在银行日记账和现金流量中使用。
- **出日记账**：选中此选项，查询"明细分类账"时，可以按日统计金额。
- **现金等价物**：该选项供现金流量表取数使用。
- **预算科目**：选中此选项，对该科目进行预算管理。同时单击"科目预算"按钮，系统弹出"科目预算"窗口，可以设置本科目的本年最高预算余额、本年最低预算余额等数据。
- **科目计息**：选择此选项，则该科目参与利息的计算。
- **日利率**：输入科目的日利率。只有选择了科目计息，日利率才可用。
- **科目受控系统**：用户可以给明细的科目指定一个对应的受控系统。在用户录入应收应付模块中的收付款等单据时，系统将只允许使用那些被指定为受控于应收应付系统的科目。

金蝶 K/3 系统为用户提供多项目核算，可全方位、多角度地反映企业的财务信息，并且科目设置多项目核算比设置明细科目更直观，更简洁，处理速度更快。例如，企业的往来客户单位有 1 000 个以上，如果将往来客户设置成明细科目，那么，应收账款的二级明细科目至少达到 1 000 条，如果将往来客户设置成应收账款的核算项目，只要应收账款一个一级科目就可以了。每一科目可实现 1 024 个核算项目的处理。单击"核算项目"标签页，切换到"核算项目"窗口，如图 4-5 所示。

"核算项目"标签页各项目分别解释如下。

- **增加核算项目类别**：单击该按钮，系统弹出"核算项目类别"窗口，选择要进行的核算项目，如图 4-6 所示。该功能需要在本科目未使用情况下才能使用，所以一般在"初始化"时就对科目进行是否项目核算设置。
- **删除核算项目类别**：将不想进行项目核算的项目删除。必须在本科目未使用情况下才能使用此功能。

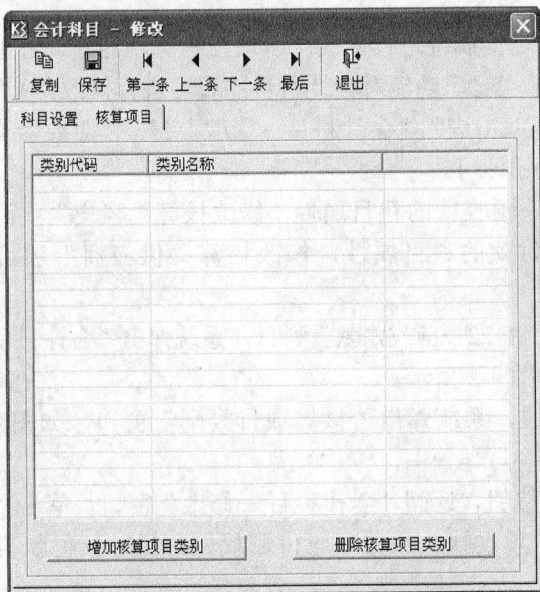

图 4-5

图 4-6

4-2 新增表 4-1 中所有会计科目。

表 4-1 新增会计科目

科目代码	科目名称	科目代码	科目名称	科目代码	科目名称
1001.01	人民币	5001.01.01	直接材料	6602.01	差旅费
1001.02	港币	5001.01.02	直接人工	6602.02	业务招待费
1002.01	工行东桥支行125	5001.01.03	制造费用转入	6602.03	办公费
1002.02	人行东桥支行128	5101.01	房租水电费	6602.04	管理员工资
1601.01	办公设备	5101.02	折旧费	6602.05	折旧费
1601.02	机械设备	5101.03	员工工资	6602.06	其他
1601.03	运输类	6601.01	差旅费	6602.07	坏账损失
4001.01	何成越	6601.02	业务招待费	6603.01	利息
4001.02	王成明	6601.03	折旧费	6603.02	银行手续费
5001.01	基本生产成本	6601.04	业务员工资	6603.03	调汇

提示

（1）录入"1001.02 港币"科目时，待"币别"管理中新增"港币"后再返回修改科目属性核算"单一外币"中的"港币"。

（2）当新增"6602.01"科目时，系统会弹出提示窗口，如图 4-7 所示，根据实际情况选择即可。

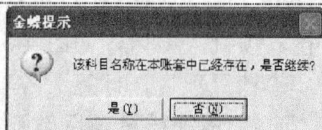

图 4-7

4.1.3 修改科目

在日常账务处理过程中，需要对会计科目的属性进行修改，以增强核算功能，或者由于会计科目属性设置错误需要修改，可以利用"修改"功能对会计科目的属性进行修改。在"科目"资料窗口，选中要修改的"会计科目"，双击进入"会计科目—修改"窗口，对要修改的属性进行修改后，单击窗口上的"保存"按钮即可。

4-3 修改 1122—应收账款，2203—预收款的科目属性，修改核算"客户"项目的功能；修改 2202—应付账款，1123—预付款的科目属性，修改核算"供应商"项目的功能。

（1）选中要修改属性的会计科目。双击"1122—应收账款"科目，系统弹出"会计科目—修改"窗口，单击"核算项目"标签页，如图 4-8 所示。

（2）再单击"增加核算项目类别"按钮，系统弹出"核算项目类别"窗口，如图 4-9 所示。

（3）选中"客户"项目，单击"确定"按钮，返回"会计科目—修改"窗口，单击"保存"按钮保存设置，同样方法修改 2203—预收款、2202—应付账款、1123—预付款科目属性。

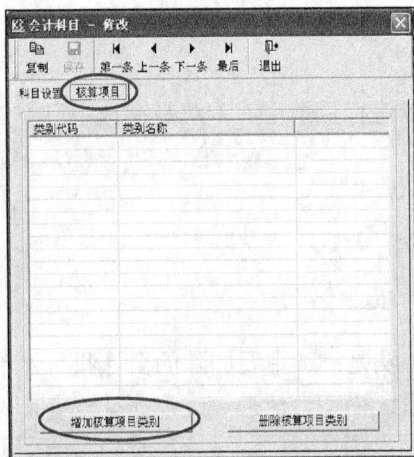

图 4-8

图 4-9

若总账系统与应收应付连接使用，所涉及的往来凭证从应收应付生成传递到总账，则以上往来科目必须设置"科目受控"，否则在应收应付下生成凭证时不能成功。

4.1.4　禁用、反禁用科目

1．禁用科目

当不想使用某个会计科目时，可以禁用该科目。禁用后的科目不能再使用，如不能录入涉及该科目的凭证，其他系统也不能使用该科目，并且不能修改、删除。要禁用某一科目，先选中该科目，然后单击工具栏上"禁用"按钮，或单击鼠标右键，系统弹出快捷菜单，选择"禁用"菜单。

提示　如果要在"科目"资料窗口看到已禁用科目，单击菜单【查看】→【选项】，系统弹出"基础资料查询选项"窗口，选中"显示禁用基础资料"项目，如图 4-10 所示，单击"确定"按钮，即可看到被禁用的基础资料。

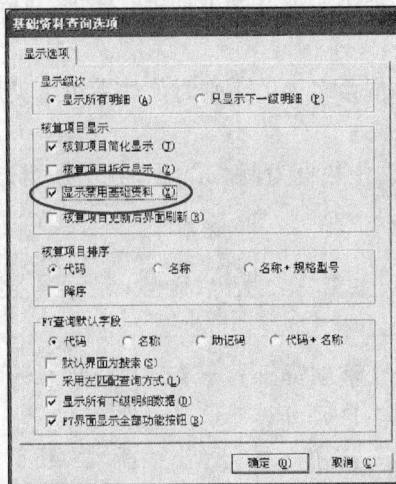

图 4-10

2．反禁用科目

若需要继续使用已"禁用"的会计科目，可以进行反禁用。方法是：选中已被"禁用"的会计科目，单击工具栏上"反禁用"按钮。

4.1.5　删除、引出、预览、打印科目

1．删除科目

当会计科目不使用时，可以从账套中删除。方法是：选中要删除的会计科目，单击工具栏上"删除"按钮。注：已使用的科目不能被删除。

> ♻ **建议**　系统引入的会计科目不要随意删除，因为这些科目与随后的资产负债表、利润表有关联，如果科目删除后，可能会在随后的报表中要重新设置公式，这样太繁琐。

2．引出科目

引出功能可以将会计科目资料从系统中引出为其他格式的文件，以供其他软件使用。可以引出的格式有 MS Excel、金蝶报表和 Text 等格式文件。操作方法是，单击工具栏上"引出"按钮，系统弹出"引出科目"窗口，选中要引出的"数据类型"，然后根据提示操作即可完成引出工作。

3．预览、打印科目

预览是对要打印的会计科目资料预览输出效果，如果不满意，可以随时进行格式和页面调整。打印是按照会计科目资料的预览效果进行输出。

4.2　币　　别

币别项是针对企业经营活动中所涉及的币种进行管理，功能有新增、修改、删除和禁用等功能。

当企业经营活动中涉及本位币以外的币别时，如港币、美元等币别则需要新增入系统，以后才能调用。

🔘 **4-4**　以新增"表 4-2"中数据为例，介绍币别的新增方法。

表 4-2　　　　　　　　　　　　　　　　　币别

币 别 代 码	币 别 名 称	记 账 汇 率
HKD	港币	0.85

（1）选择【系统设置】→【基础资料】→【公共资料】→【币别】，双击"币别"，系统弹出"币别"管理窗口，如图 4-11 所示。

（2）单击工具栏上"新增"按钮，系统弹出"新增"窗口，录入币别代码"HKD"、币别名称"港币"、记账汇率"0.85"，如图 4-12 所示。

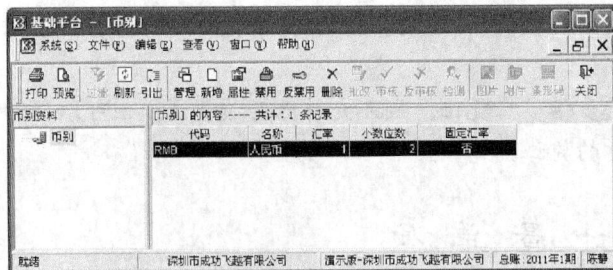
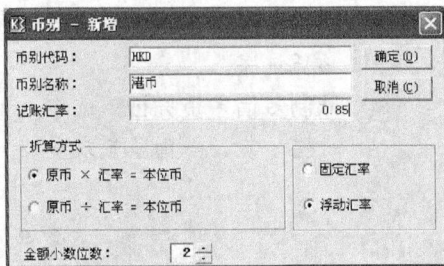

图 4-11　　　　　　　　　　　　　　　　　　图 4-12

- **币别代码**：货币币别的代码，系统使用 3 个字符表示。建议使用惯例编码，如 RMB、HKD 等。货币代码尽量不要使用 "$" 符号，因该符号在自定义报表中已有特殊含义，如果使用该符号，在自定义报表中定义取数公式时可能会遇到麻烦。
- **币别名称**：货币的名称，如人民币、港币等。
- **记账汇率**：在经济业务发生时的记账汇率，期末调整汇兑损益时，系统自动按对应期间的记账汇率折算，并调整汇兑损益额度。
- **折算方式**：系统提供两种折算公式。
- **金额小数位数**：指定币别的精确的小数位数，范围为 0～4。
- **固定/浮动汇率**：指定币别是固定汇率还是浮动汇率。

（3）单击"确定"按钮保存设置，这时在"币别"管理窗口可以看到已经新增的"港币"。

> 提示　请修改 1001.02 和 1002.02 科目属性核算"单一外币"中的"港币"，并且期末调汇。

4.3　凭　证　字

凭证字功能是管理凭证处理时使用的凭证字，如收、付、转、记等，可以对凭证字进行新增、修改、删除等操作。

例 4-5　新增"记"凭证字。

（1）选择【系统设置】→【基础资料】→【公共资料】→【凭证字】，双击"凭证字"，系统弹出"凭证字"管理窗口，如图 4-13 所示。

（2）单击工具栏上的"新增"按钮，系统弹出"新增"窗口，凭证字处录入"记"，其他选项保持默认值，如图 4-14 所示。单击"确定"按钮保存设置。

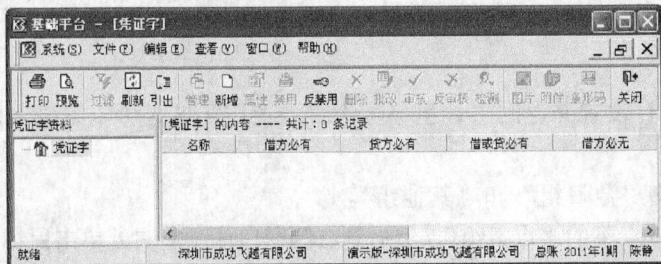
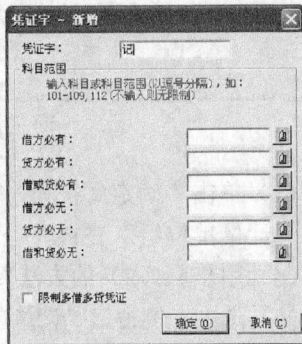

图 4-13　　　　　　　　　　　　　　　　　　图 4-14

- 　**科目范围**：可以设置该凭证字使用的会计科目范围，如借方有某个科目时才能使用该凭证字。
- 　**限制多借多贷凭证**：选中，如是多借多贷凭证，则不允许保存该凭证。但可以保存一借一贷、一借多贷或多借一贷的凭证。

4.4 计量单位

计量单位是在系统进行存货核算和固定资产资料录入时，为不同的存货、固定资产设置的计量标准，如公斤、台、张等。

> **注**　若账套不使用固定资产模块和进销存模块，计量单位可以不用设置。

例 4-6　以新增"表 4-3"中数据为例，介绍新增方法。

表 4-3　　　　　　　　　　　　　　计量单位

组　别	代　码	名　称	系　数
重量组	01	公斤	1
	02	克	0.001
数量组	11	支	1
	12	个	1
其他组	21	台	1
	22	辆	1

（1）选择【系统设置】→【基础资料】→【公共资料】→【计量单位】，双击"计量单位"，系统弹出"计量单位"管理窗口，如图 4-15 所示。

（2）需先新增一个组别。选中左侧"计量单位资料"下的"计量单位"，单击"新增"按钮，系统弹出"新增计量单位组"窗口，计量单位组录入"重量组"，如图 4-16 所示。

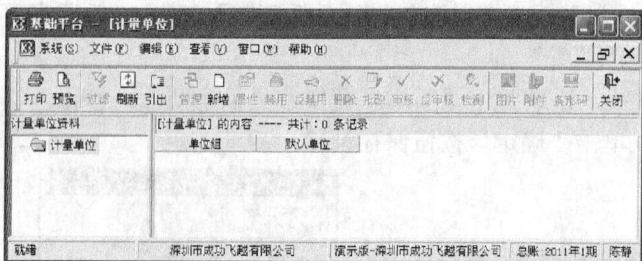

图 4-15

图 4-16

（3）单击"确定"按钮，保存设置并返回"计量单位"管理窗口，这时可以看到左侧新增的"计量单位组"资料。

（4）用步骤（2）的方法新增"数量组"和"其他组"。

（5）选中左侧窗口"计量单位"下的"重量组"，然后到右侧窗口任意空白处单击鼠标键，再单击工具栏上"新增"按钮，系统弹出"计量单位—新增"窗口，录入代码"01"，名称

"公斤", 系数 "1", 如图 4-17 所示。

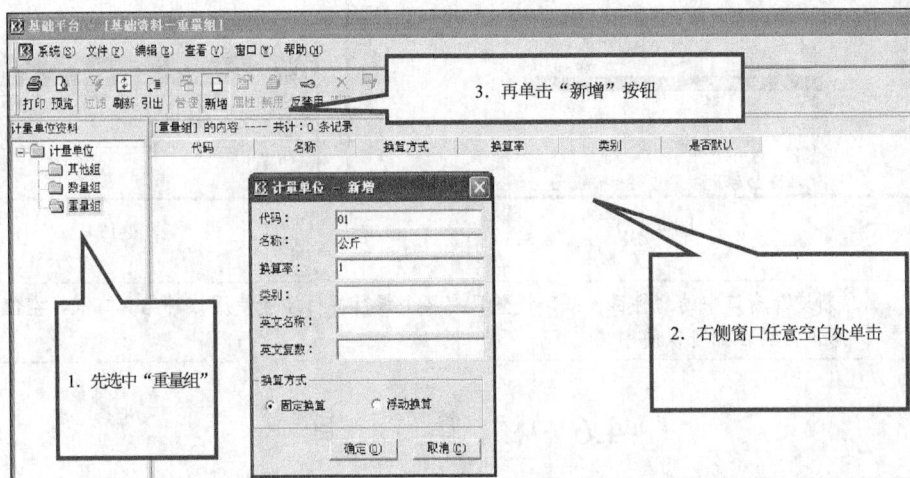

图 4-17

注

（1）系数是计量单位与默认计量单位的换算系数。非默认计量单位与默认计量单位的系数换算关系为乘的关系，即 1（默认计量单位系数）×非默认计量单位系数。一个单位组中只能有一个默认计量单位。

（2）英文名称和英文复数可以视管理要求决定是否录入。

（6）单击"确定"按钮，保存设置并返回"计量单位"管理窗口，这时可以看到新增的"计量单位"资料。用步骤（5）的方法将表中其他计量单位录入系统。

注　新增"克"时注意系数，新增"支"时注意选择的单位组是"数量组"。

4.5 结 算 方 式

结算方式是指管理往来业务中的结款方式，如现金结算、支票结算等。

例 4-7 以新增"表 4-4"中数据为例，介绍新增结算方式的方法。

表 4-4　　　　　　　　　　　　　　结算方式

代　　码	名　　称
JF06	支票

（1）选择【系统设置】→【基础资料】→【公共资料】→【结算方式】，双击"结算方式"，系统弹出"结算方式"管理窗口，如图 4-18 所示。

（2）单击工具栏上"新增"按钮，系统弹出"新增"窗口，录入代码"JF06"，名称"支票"，如图 4-19 所示。

（3）单击"确定"按钮，保存设置并返回"结算方式"管理窗口，这时可以看到窗口中已经新增的结算方式。

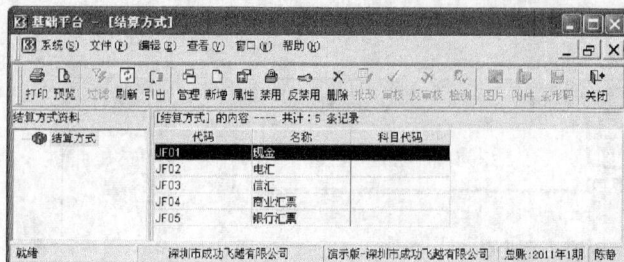

图 4-18

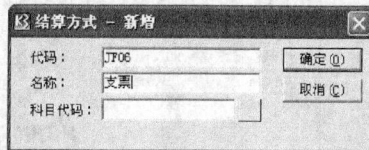

图 4-19

> **注** "新增"窗口中的"科目代码"设置只有某个银行科目才能使用该种结算方式，空值表示任意银行科目都可以使用。

4.6 核 算 项 目

在金蝶 K/3 中，核算项目是操作相同、作用类似的一类基础数据的统称。具有这些特征的数据把它们统一归到核算项目中，管理方便，操作也容易。

核算项目的特点如下。

（1）具有相同的操作，如新增、删改、禁用、条形码管理、保存附件和审核等，并可以在单据中通过 F7 键进行调用等；

（2）核算项目是构成单据的必要信息，如录入单据时需要录入客户、供应商、商品、部门和职员等信息；

（3）本身可以包含多个数据，并且这些数据需要以层级关系保存和显示。

双击【系统设置】→【基础资料】→【公共资料】→【核算项目管理】，系统弹出"核算项目"管理窗口，如图 4-20 所示。单击"核算项目"前的"+"号可层层查看该类别下的内容。

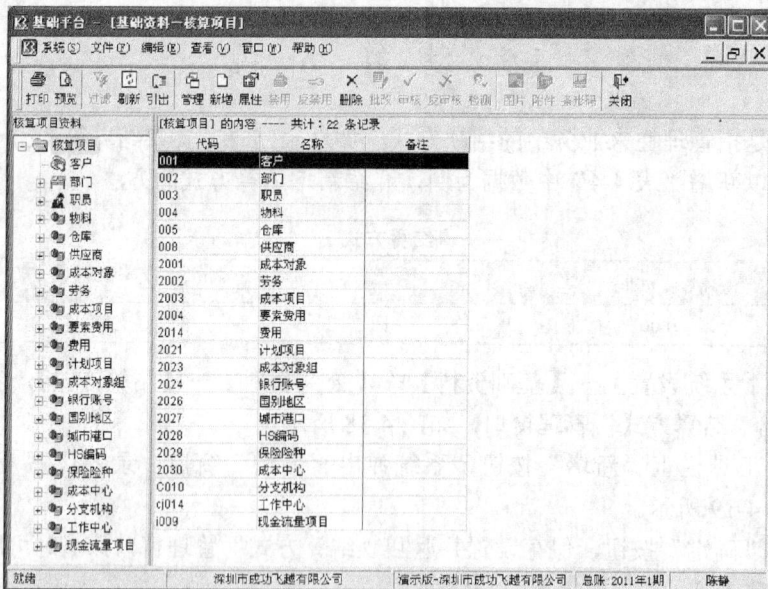

图 4-20

　　系统中预设有多种核算项目类型，如客户、部门、职员、物料、仓库、供应商和现金流量项目等。用户可以根据自身需要定义核算项目类型。核算项目不用全部都设置完整，根据所使用的模块设置相关核算项目即可。

4.6.1　客户、供应商

　　客户是企业生产经营的对象，准确地设置客户信息对往来账务管理非常有利。客户资料在以下情况需要设置。

　　（1）单独使用"总账"模块时，若会计科目中的属性有"核算项目"设置为"客户"，则客户资料需要设置。

　　（2）使用"应收款管理"模块时，需要设置客户资料，在录入发票、其他应收单据时，需要调用客户信息。

　　（3）使用"销售管理"模块时，需要设置客户资料，在录入销售订单、销售合同、销售发货等单据时需要调用客户信息。

1．新增

例 4-8　以新增表 4-5 中数据为例，介绍"客户"资料的新增方法，操作步骤如下。

表4-5	客户		表4-6	供应商
代　码	名　称		代　码	名　称
01	深圳科林		01	深圳东星文化用品公司
02	东莞丽明		02	深圳专一塑胶制造厂
03	深圳爱克		03	深圳东方货运公司
04	深圳永昌			

　　（1）在核算项目管理窗口，单击【核算项目】→【客户】，在右侧"内容"窗口的任意位置单击鼠标，再单击工具栏上的"新增"按钮，系统弹出"新增"窗口，如图 4-21 所示。

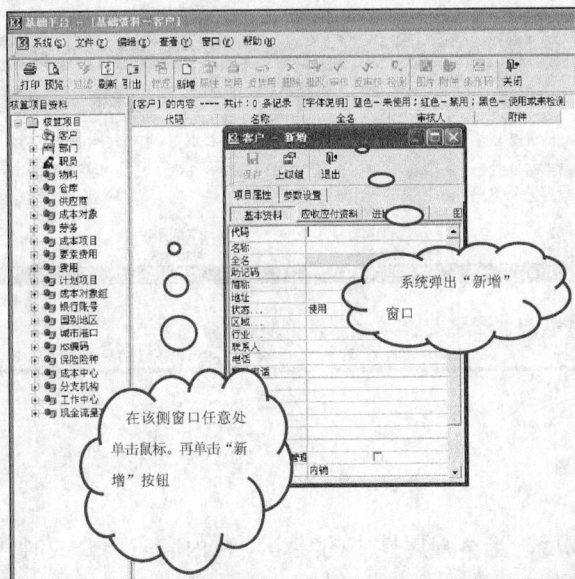

图 4-21

"新增"窗口有项目属性、参数设置两个选项卡，同时在项目属性下有基本资料、应收应付资料、进出口资料、图片和条形码 5 个选项卡窗口。

"基本资料"是客户的一些基本信息，如公司名、地址、电话和联系人等。

● **代码**：即客户编号，金蝶 K/3 系统中一个代码只能标识一个客户。

● **名称和全名**：都是客户名称，前者是本客户的具体名称，类似短代码，由用户手工录入；后者是包括上级名称在内的客户名称，类似长代码，由系统自动给出。

● **状态**：有使用、未使用和冻结三种选择状态，对于未使用和冻结状态的客户，系统控制不提供业务处理，但如果改变了状态，之前的发生额可以显示在相关查询报表中。

● **是否进行信用管理**：是销售系统和应收款管理系统信用管理需要控制的属性，选中该选项后，还需到【基础资料】→【应收款管理】→【信用管理】下，进行信用资料的设置。

"应收应付资料"选项卡是设置客户资料在应收款系统中需要使用的客户信息，如该客户发生业务时的应收账款科目是什么，预收账款的科目是什么等信息。

"进出口资料"选项卡是设置进出口系统中需要使用的客户信息。

"图片"选项卡可以将客户的一些图片信息引入系统，如公司照片、为该客户生产的产品照片或者厂房照片等。

（2）在基本资料窗口，录入代码"01"，名称"深圳科林"，单击"保存"按钮进行保存。单击"退出"按钮返回"核算项目"窗口，这时可以看到已经新增的客户资料。

🐝 注　（1）若客户还需要分类，如分为大客户、一般客户之类时，则在"新增"窗口单击工具栏上的"上级组"按钮，先建立分类后，再在相应类别进行客户的新增。

（2）若用户只使用总账系统，则只输入代码和名称即可。

（3）其他客户资料请读者自行增加，新增完成后的窗口如图 4-22 所示。

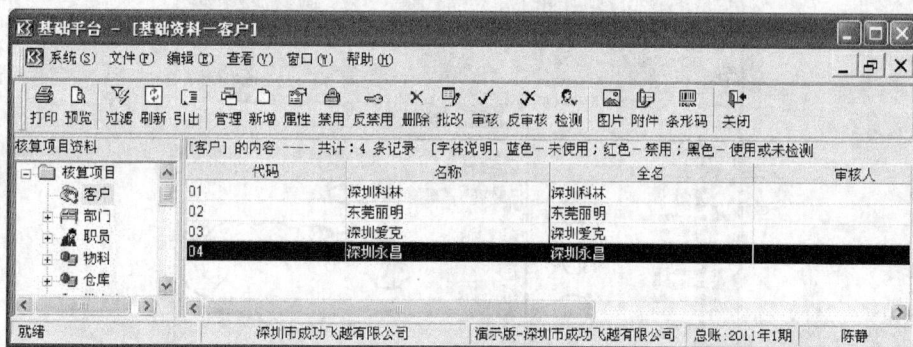

图 4-22

2. 修改

客户资料录入完成后，当客户属性中的某个项目内容需要修改时，在"核算项目"管理窗口中，选中需要修改的客户记录，双击进入该客户的档案"修改"窗口，修改所需要的项目内容，再单击"保存"按钮即可。

3．审核、反审核

为预防资料被意外或恶意更改、删除，金蝶 K/3 提供客户档案审核功能，当审核后项目需要修改时必须经过"审核人"反审核才能进行修改。审核方法是，在"核算项目"管理窗口中，选中要审核的记录，然后再单击"审核"按钮即可。

当审核后的项目需要修改时，必须经过反审核才能进行修改。

注　　　核算项目未审核，在实际日常业务中仍然可以被使用。

4．附件

附件是金蝶 K/3 的一个亮点，当项目中的基本属性不能满足表达该项目的要求时，可以通过附件进行解释。如客户属性中没有"工厂照片"，我们可以通过附件形式将该照片文件附在该客户信息上，以供查看。它的功能类似 E-mail 中的"附件"功能。

操作方法是，在"核算项目"管理窗口，选中需要增加附件的客户，单击工具栏上的"附件"按钮，系统弹出"附件管理—编辑"窗口，单击"附件说明"，这时系统会自动增加一条项目，并且序号自动增加，在附件说明中录入描述，再单击"附件文件名"旁的"获取"按钮，系统弹出"请选择附件文件"窗口，选择附件的正确"存放位置"和"文件名"即可。附件文件设置完成，在"附件管理—编辑"窗口中选中要打开的附件记录，单击"打开"按钮，即可查看附件内容，若不需要设置，则选中后单击"删除"按钮，然后单击"确定"按钮保存设置。

供应商核算项目管理为企业提供各种物料的供应商信息。供应商资料在以下情况需要设置。

（1）单独使用"总账"模块时，若会计科目中的属性有"核算项目"设置为"供应商"，则供应商资料需要设置。

（2）使用"应付款管理"模块时，需要设置供应商资料，在录入发票、其他应付单据时，需要调用供应商信息。

（3）使用"采购管理"模块时，需要设置供应商资料，在录入采购订单、采购合同等单据时需要调用供应商信息。

请读者录入表 4-6 中供应商资料。

4.6.2　部门、职员

- 部门：用来设置企业各个职能部门的信息。部门指某核算单位下辖的具有分别进行财务核算或业务管理要求的单元体，不一定是实际中的部门机构（也就是指，如果该部门不进行财务核算，则没有必要在系统中设置该部门）。如果需要使用工资模块、固定资产模块、供应链等模块，建议完整录入部门资料，以供录入各种单据时引入部门信息。
- 职员：用来设置企业各职能部门中需要对其进行核算和业务管理的职员信息。不需将公司所有的职员信息都设置进来，如生产部门就只需设置生产部负责人和各生产部文员即可，一般的生产人员在此没必要设置。若需要使用工资系统，建议完整录入职员资料，以供工资系统引入职员信息。

部门和职员的管理方法与客户资料类似，请读者将表4-7和表4-8中资料录入系统。

表4-7　　　　　部门　　　　　　　　　　**表4-8**　　　　　职员

部　门		职　员		
代码	名称	代码	姓名	部门
01	总经办	01	何成越	总经办
02	财务部	02	陈静	财务部
03	销售部	03	何陈钰	财务部
04	采购部	04	郝达	销售部
05	仓库	05	张琴	采购部
06	生产部	06	王平	仓库
07	品管部	07	张强	生产部
08	行政部	08	赵理	生产部
		09	李小明	生产部
		10	李大明	生产部
		11	王长明	品管部
		12	李闯	行政部

4.6.3　物料

"物料"用来设置企业中所涉及的所有物料档案，如原材料、半成品、产成品等。单独使用"总账"模块时根据管理要求确定是否对物料资料进行设置；使用供应链系统时必须对物料进行档案设置，以供各种出、入库单据引用物料信息。

物料管理具有增加、修改、删除、复制、自定义属性、查询、引入引出和打印等功能，对企业所使用物料的资料进行集中管理。同其他核算项目一样，物料也可以分级设置，用户可以从第一级到最明细级逐级设置。

物料设置窗口含有9个选项卡——基本资料、物流资料、计划资料、设计资料、标准数据、质量资料、进出口资料、图片和条形码，如图4-23所示。每个选项卡同时包含不同的物料属性信息，不必对每一个属性进行设置，根据用户所使用到的模块情况，再具体设置对应物料的属性即可。通常只使用财务和进销存模块时，只需要对基本资料和物流资料中的部分属性进行设置。

1．基本资料

"基本资料"标签页主要是管理物料的一些基本信息，这些基本信息是各个系统都会使用的信息，如物料代码、名称、规格型号和计量单位等信息。

● **代码**：即物料的编号，在系统中一个代码只能标识一个物料，可以是数字、字母，或者两者组合，建议中间不要带有特殊符号，如+、-、%等。在此录入该物料的长代码，如1是原材料，笔芯是原材料下的一种，则代码是"1.001"，代码的上下级以"．(小数点)"间隔。代码在物料资料中是必录项目。

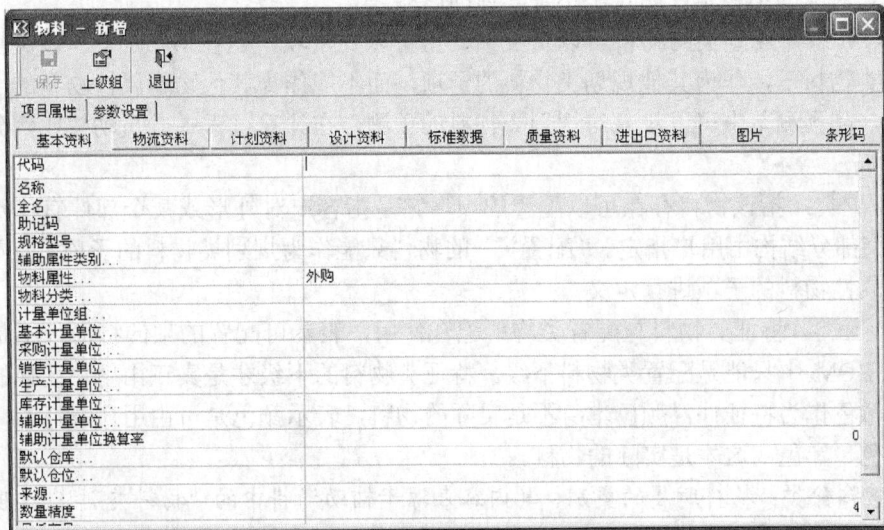

图 4-23

- **名称和全名**：两者都是物料名称，前者是该物料的具体名称，由用户手工录入，后者是包括上级名称在内的物料名称，类似长代码，由系统自动给出。名称是一个必录项目。

- **助记码**：为了物料方便记忆，可以为物料设置助记码。助记码为可选录项目。

- **规格型号**：录入物料的规格型号，为可选录项目。

- **辅助属性类别**：如果物料需要以特殊属性，如颜色、尺寸加以区分，则先在"辅助资料管理"中进行设置后，才能录入。该项为可选录项目。

- **物料属性**：物料属性是物料的基本性质和产生状态。用户需要从系统设定的七种属性中选择，包括规划类、配置类、特征类、外购、委外加工、虚拟件、自制物料。物料属性是必录项目。如果要使用"物料需求计划"系统，则属性必须设置正确，否则系统进行 MRP 计算时，计划出的单据是错误的。

① 自制：指物料是由企业自己生产制造出的产成品。在系统中，如果是自制件，可以进行 BOM （Bill of Material，物料清单）设置，在 BOM 中，可以设置为父项，也可以设置为子项。

② 外购：指从供应商处取得的物料，可以作为原材料来生产产品，也可以直接用于销售。在 BOM 设置中，不可以作为父项存在。

③ 委外加工：指该物料需要委托其他单位进行生产加工。

④ 虚拟件：指由一组具体物料（实件）组成的、以虚拟形式存在的成套件。比如家具生产行业中，销售的产品为桌子，而实际发出的是拼装成桌子的桌面、桌腿、零件等实件，此时这个"桌子"实际上就是一种虚拟件。

以虚拟属性存在的物料不是一个具体物料，不进行成本核算。当记载有虚拟件的销售订单关联以生成销售出库单时，虚拟件在销售出库单上展开、以子项的形式出库。

⑤ 规划类：是针对一类产品定义的、为预测方便而设的、需要在预测时按类进行计划的一类物料。规划类的物料不是指具体的物料，而只是在产品预测时使用的物料虚拟类别。

也就是说，对应的物料是产品类，不是具体的产品。

在 BOM 中，规划类的物料可以是父项，也可以是子项，但在 BOM 中，该类物料只能划在规划类物料下，作为其他规划类物料的子项，而不能作为其他物料属性物料的子项进行定义。在产品预测单中可以录入对规划类物料的预测，在计算过程中会自动按比例分解到具体的物料。

⑥ 配置类：指该物料存在可以配置的项，它是指客户对外形或某个部件有特殊要求的产品，其某部分结构由用户指定。"配置类"的物料只能作为规划类物料的子项，而不能作为其他物料属性物料的子项进行定义。

⑦ 特征类：特征类物料与配置类物料配合使用，表示可配置的项的特征，不是实际的物料，在 BOM 中只能是配置类物料下级。特征类物料的下级才是真正由用户选择的物料。如汽车的颜色作为特征件，颜色本身不是实际的物料，表示颜色是可由用户选择的，其下级可能是黄色、黑色，这才是实际的物料。

- **物料分类**：物料所属的类别，其内容来源于辅助资料中的"物料类别"。该项为可选录项目。
- **计量单位组**：选择该物料的采用计量单位所处的计量单位组，为必录项目。
- **基本计量单位**：基本计量单位就是每个单位组中作为该物料的标准计量单位，其他计量单位都以它作为计算依据。每个物料必须有一个基本计量单位。
- **采购计量单位**：设置后采购系统的单据默认使用该计量单位，为可选录项目。
- **销售计量单位**：设置后销售系统的单据默认使用该计量单位，为可选录项目。
- **生产计量单位**：设置后生产系统的单据默认使用该计量单位，为可选录项目。
- **库存计量单位**：设置后库存系统的单据默认使用该计量单位，为可选录项目。
- **辅助计量单位**：系统不会根据计量单位组自动携带浮动换算比例的计量单位，但是可以指定浮动换算比例的计量单位。该项为可选录项目。
- **辅助计量单位换算率**：系统根据辅助计量单位自动携带其浮动换算率，允许修改，在新增单据录入物料代码后系统自动携带此处的换算率内容计算辅助计量单位数量。
- **默认仓库**：默认仓库表明当前物料默认存放的仓库。在进行库存类单据的录入时，系统自动携带仓库信息，并且系统会根据仓存系统提供的选项"录单时物料的仓库和默认仓库不一致时给予提示"，来判断是否对仓库的确定予以提示，避免用户出现仓库的选择错误。该项为可选录项目。
- **默认仓位**：如果默认仓库是进行仓位管理的，该属性就表明当前物料默认存放仓库所属的最明细级仓位。它同默认仓库一样，都是为用户的方便而设置的，系统自动将默认仓库所属仓位组的默认仓位带出，供用户选择确认。如果不选择默认仓库就不能选择默认仓位。该项为可选录项目。
- **来源**：如果是外购物料，则是该物料默认供应商；如果是自制物料，则是该物料默认生产部门。该项是为用户处理业务单据的方便性而设，为可选录项目。
- **数量精度**：数量精度确定物料在单据和报表中数量数据显示的小数位数长度，用户根据需要可随时设定。
- **最低存量、最高存量、安全库存数量**：设置物料的最低存量、最高存量、安全库存数量，当系统设置有相关预警参数，在录入各业务单据时，若该物料的现存量与所设置的最低存量、最高存量和安全库存数量有冲突，则系统会弹出提示窗口。该项起控制企业现存的存货价值作用，为可选录项目。

- **使用状态**：是指物料当前的状态，目前内容包括逐步淘汰、将使用、历史资料、使用。物料使用状态仅供报表统计时使用，并没有在单据中进行相应业务控制，可随时修改。
- **是否为设备**：对于某些外购类的物料，当企业用于生产用途时就成为设备，需要进入设备管理模块进行维护。系统规定只有外购类的物料才能成为设备。
- **设备编码**：设备对应的编码。基础资料处的设备编码信息由设备档案系统反填，不需用户维护。
- **是否为备件**：系统规定外购类、委外加工类和自制类的物料都可以设置为备件。
- **批准文号**：物料首营的批准文号，只供参考查看。
- **别名**：物料的别名称呼，只供参考查看。

2. **物流资料**

"物流资料"标签页是管理物料的一些物流信息，如保质期、是否采用业务批次管理和盘点期等设置。

- **采购负责人**：当前物料的主要采购责任人员，该属性主要应用于采购报表的汇总选项，为可选录项目。
- **毛利率（%）**：毛利占销售收入的百分比，该字段目前只是在销售订单预评估时做参考使用，为可选录项目。
- **采购单价**：该物料采购时以基本计量单位计算的标准采购单价，单位为本位币货币，为可选录项目。
- **销售单价**：该物料用于销售时以基本计量单位计算的标准销售单价，单位为本位币货币，为可选录项目。
- **是否进行保质期管理**：是否进行保质期管理是物料保质期管理的唯一确定依据，是食品、医药等行业的重要需求。
- **保质期（天）**：保质期用于确定具体的保质期限，系统要根据该期限确定物料是否到期，并相应提供到期日计算功能。该属性的作用是用来方便用户日常录入物料时自动带入单据相应字段，用户也可以修改。
- **是否需要库龄管理**：选上该选项，可以根据入库日期进行库龄分析，可以根据库龄输出相关报表。
- **是否采用业务批次管理**：选中此项，则该物料在进行业务单据处理时，必须录入批号，方可保存。
- **是否需要进行订补货计划的运算**：选上该选项后，才可以对物料的订补货计划进行运算，否则该物料不能进行订补货计划。
- **失效提前期（天）**：物料保质期提前的期限，目前只供参考查看。
- **盘点周期单位、盘点周期、每周/月第几天**：设置物料盘点情况，为可选录项目。
- **上次盘点日期**：系统根据进行的最近一次盘点操作的日期自动回填。
- **外购超收比例、外购欠收比例**：是指外购入库时允许超过和低于计划数量的比例。
- **销售超交比例、销售欠交比例**：是指销售出库时允许超过和低于计划数量的比例。

- **完工超收比例、完工欠收比例**：是指完工入库时允许超过和低于计划数量的比例。
- **计价方法**：是指存货出库结转存货成本所采用的计价方法，如先进先出法、移动平均法和加权平均法等。系统对日常收发，根据该物料所选定的计价方法，通过存货核算系统进行成本核算、生成凭证等管理，并统一将业务资料按规则自动形成财务信息，传入总账系统。该项为必选项目。
- **计划单价**：是指采用计划成本法计价时，物料所规定的计划单价。
- **单价精度**：确定物料在单据和报表中单价数据所显示的小数位数长度，用户根据需要设定，可随时修改。
- **存货科目代码**：物料作为存货对应的最明细会计科目，是物料重要的核算属性。可以通过设置凭证模板，在自动生成记账凭证时可以将核算类单据的相关采购成本、结转生产等成本直接对应归入该科目账户，还可以明细到该科目下挂的具体核算项目下，特别适用于库存单据的凭证处理中。该项为必须录入数据的项目。
- **销售收入科目代码**：销售收入科目代码是当前物料用于销售时所对应的最明细会计科目，是物料重要的核算属性。录入后，可以通过设置凭证模板，在自动生成记账凭证时可以将销售发票的相关销售收入金额直接对应归入该科目账户，还可以明细到该科目下挂的具体核算项目下。该项为必须录入数据的项目。
- **销售成本科目代码**：销售成本科目代码是当前物料用于结转销售成本时所对应的最明细会计科目，是物料重要的核算属性。录入后，可以通过设置凭证模板，在自动生成记账凭证时可以将销售出库单据的相关销售成本直接对应归入该科目账户，还可以明细到该科目下挂的具体核算项目下。该项为必须录入数据的项目。
- **成本差异科目代码**：成本差异科目代码是当前物料采用计划成本法计算计划差价时所对应的最明细会计科目。该项为可选录项目。
- **代管物资科目代码**：是当前物料作为代管物资时所对应的最明细会计科目。
- **税目代码**：物料核算时所使用的税目代码，从辅助资料中获取。
- **税率（%）**：指当前物料的税率。
- **成本项目**：物料进行成本核算时，所隶属于的成本项目。
- **是否进行序列号管理**：是物料进行序列号管理的唯一确定依据，即当前物料是否实行序列号管理。

3. 计划资料

"计划资料"标签页用于管理生产和计划系统需要使用到的信息，如提前期、订货策略、最小订量和最大订量等信息。

4. 设计资料

"设计资料"标签页主要是保存物料的设计属性，如长度、宽度、高度等内容。这些内容根据实际情况录入。本标签页项目为可选录项目。

5. 标准数据

"标准数据"标签页主要是管理物料的标准项目信息，如标准成本、标准工时等。本标签页项目为可选录项目。

6．质量资料

"质量资料"标签页主要是管理与"质量管理"系统有关的信息，如检验方式等。如果要使用"质量管理"模块，则本标签页信息为必录项目，反之，为可选录项目。

7．进出口资料

"进出口资料"标签页主要管理该物料的进出口信息。当要使用"进口管理"和"出口管理"系统时，本标签页的项目需要设置，反之，为可选录项目。

8．图片

图片是将物料的图片引入系统，以供不熟悉本物料的人员查看。单击"图片"标签页，系统弹出"浏览图片"窗口，单击"引入"按钮，可以选择物料图片的存放位置和文件名，单击"引出"按钮，可以将图片另存入某个磁盘位置；单击"删除"按钮，可以将图片信息删除。

9．条形码

对物料的条形码信息进行管理，单击"条形码"标签页，系统弹出"条形码管理"窗口，在该窗口可以进行条形码的设置和删除。

例 **4-9**　录入表 4-9 中物料资料。

表 4-9　　　　　　　　　　　　　　物料

物 料 大 类	1 原材料						2 半成品	3 产成品	
代码	1.01	1.02	1.03	1.04	1.05	1.06		3.01	3.02
名称	笔芯	笔壳	笔帽	笔芯	笔帽	纸箱		圆珠笔	圆珠笔
规格型号	蓝色		蓝色	红色	红色	500PCS 装		蓝色	红色
物料属性	外购	外购	外购	外购	外购	外购		自制	自制
计量单位组	数量组	数量组	数量组	数量组	数量组	数量组		数量组	数量组
基本计量单位	支	支	支	支	支	个		支	支
计价方法	加权平均法								
存货科目代码	1403	1403	1403	1403	1403	1403		1405	1405
销售收入科目代码	6001	6001	6001	6001	6001	6001		6001	6001
销售成本科目代码	6401	6401	6401	6401	6401	6401		6401	6401

注　在首次进行物料档案新增时，请将"会计科目"先引入，否则在新增物料时，存货科目未设置的情况下不允许保存。

（1）在核算项目窗口，单击【核算项目】→【物料】，在右侧"内容"窗口任意位置单击鼠标，再单击工具栏上的"新增"按钮，弹出"新增"窗口，如图 4-24 所示。

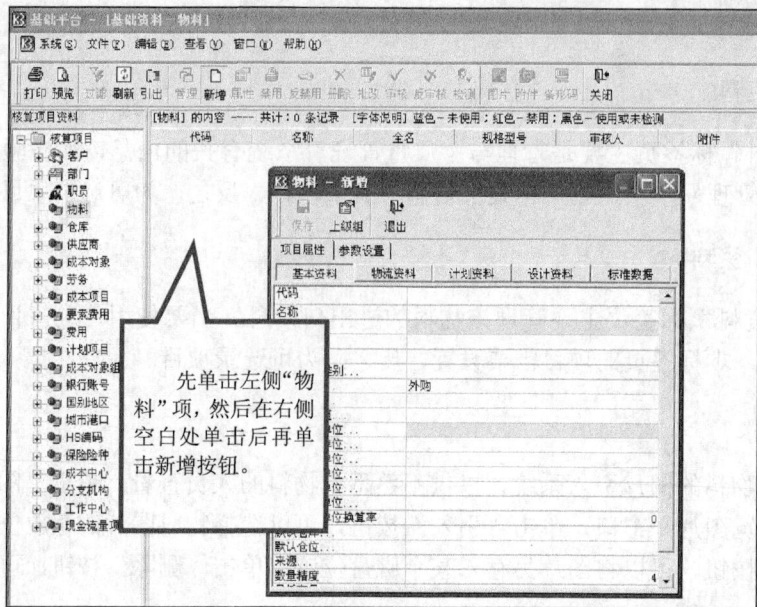

图 4-24

（2）先进行物料类别设置。单击"新增"窗口工具栏上的"上级组"按钮，切换到"上级组"设置窗口，代码录入"1"，名称录入"原材料"，如图 4-25 所示。单击"保存"按钮保存设置。

用同样方法将其他类别新增，单击"关闭"按钮，退出新增窗口返回物料窗口。类别新增完成的窗口如图 4-26 所示。

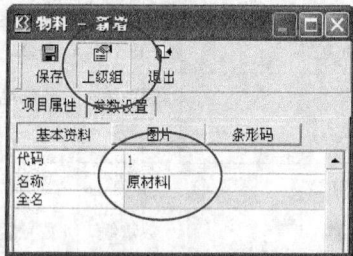

图 4-25

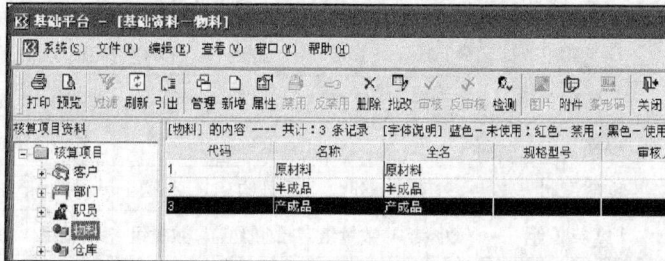

图 4-26

（3）增加物料明细资料。单击工具栏上"新增"按钮，弹出"新增"窗口，在"基本资料"选项卡窗口，代码录入"1.01"，名称录入"笔芯"，规格型号录入"蓝色"，物料属性选择"外购"，计量单位组选择"数量组"，基本计量单位选择"支"，其他项目保持默认值，如图 4-27 所示。

（4）切换到"物流资料"选项卡，计价方法选择"加权平均法"，存货科目代码选择"1403"，销售收入科目代码选择"6001"，销售成本科目代码选择"6401"，如图 4-28 所示。

（5）单击"保存"按钮，保存资料录入。其他物料资料请自行录入。录入完成的窗口如图 4-29 所示。

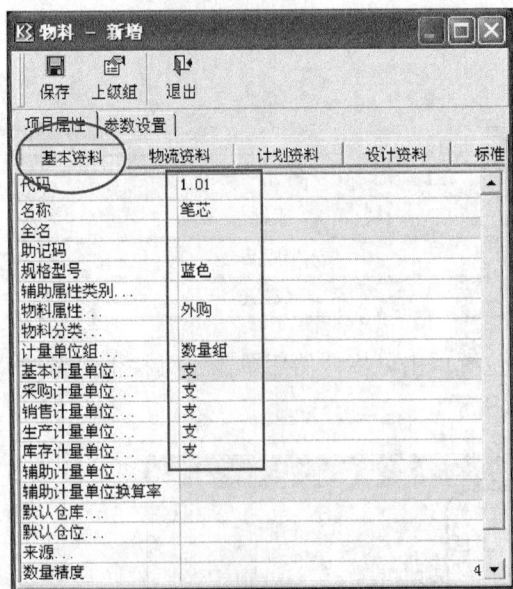

图 4-27

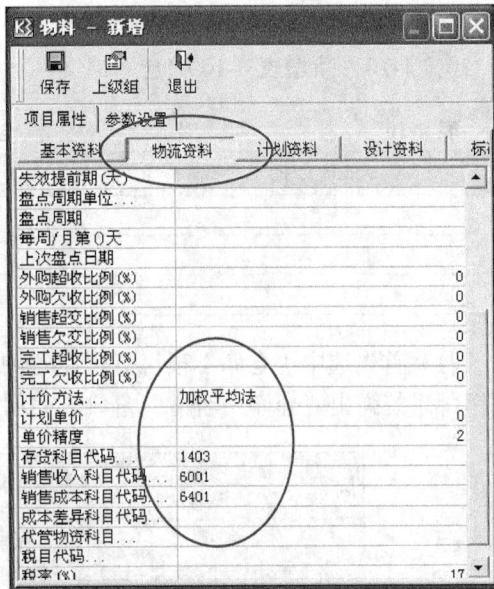

图 4-28

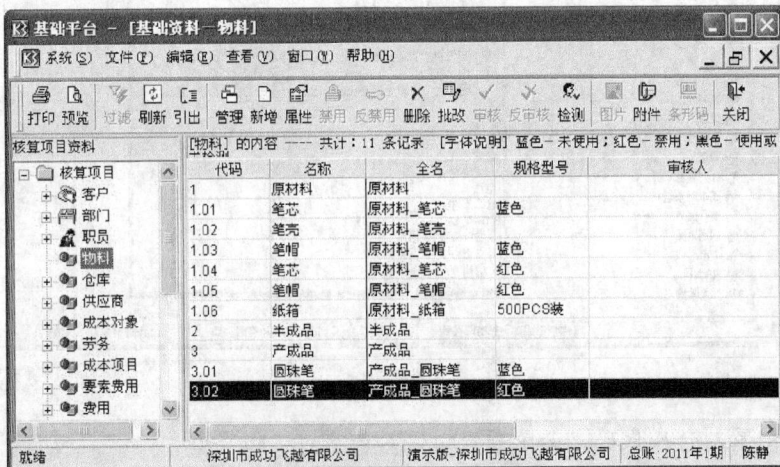

图 4-29

注

（1）明细资料与上级资料的代码以"."（小数点）连接。

（2）其他项目，如最高、最低库存和默认仓库等项目是否需要设置，由企业管理要求而定。读者可以在熟练操作 K/3 专业版系统后再学习其他项目的设置。

如果对物料的属性设置不满意，可以随时进行修改，方法是：在"核算项目"管理窗口，选中需要修改的物料并双击，或者单击工具栏上"属性"按钮，弹出"修改"窗口，将所需修改内容录入后单击"保存"按钮即可。

4.6.4　仓库

仓库档案是管理企业存放物料地点信息的。仓库档案一般使用"供应链"模块时才进行设置。仓库档案管理方法可以参照"客户"一节。新建立的账套默认仓库档案为空。

　　例 4-10 新增表 4-10 中仓库档案。

表 4-10 仓库档案

代　　码	名　　称
1	原材仓
2	半成品仓
3	成品仓

　　（1）首先选中"仓库"项目，再在右侧任意位置单击鼠标，然后单击工具栏上"新增"按钮，系统弹出"仓库—新增"窗口，如图 4-30 所示。

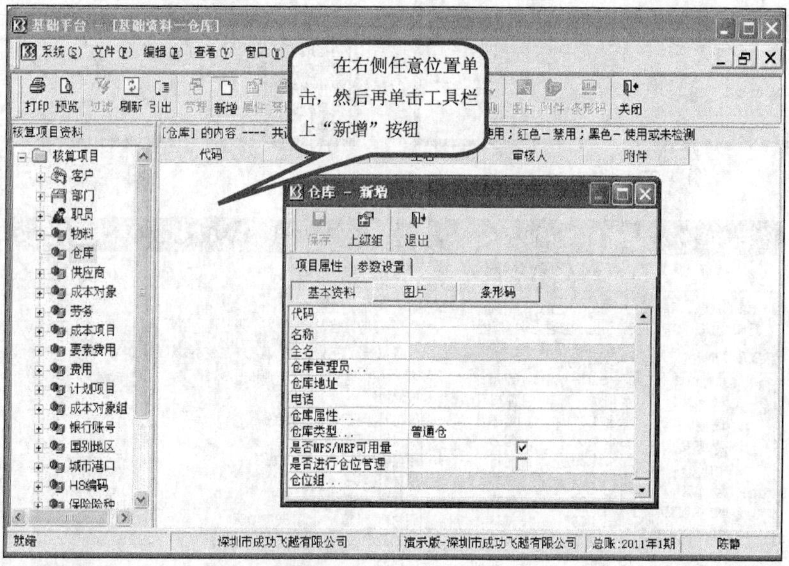

图 4-30

● 　**代码**：录入仓库代码，必录项目。

● 　**名称**：录入仓库名称，必录项目。

● 　**仓库管理员、仓库地址、电话**：可以根据管理情况视要求录入。

● 　**仓库属性**：选择存放良品、不良品和在检品中的其中一种。

● 　**仓库类型**：仓库的类型分为四种，即实仓、待检仓、代管仓和赠品仓。只有实仓才可以进行仓位管理和选择是否参与 MRP 计算。其他类型不具仓位管理和选择是否参加 MRP 计算功能。

● 　**是否 MPS/MRP 可用量**：选中，则表明该仓库参与 MRP 计算，即系统进行 MRP 计算时，考虑该仓库的物料情况。反之，不参与 MRP 计算。

● 　**是否进行仓位管理**：即该仓库是否下设仓位管理或仓库结构管理。

● 　**仓位组**：选中"是否进行仓位管理"项目时，则需要选择本项目。

　　（2）代码录入"1"，名称录入"原材仓"，如图 4-31 所示。

　　（3）其他项目保持默认值，单击"保存"按钮保存设置，继续新增其他仓库档案。

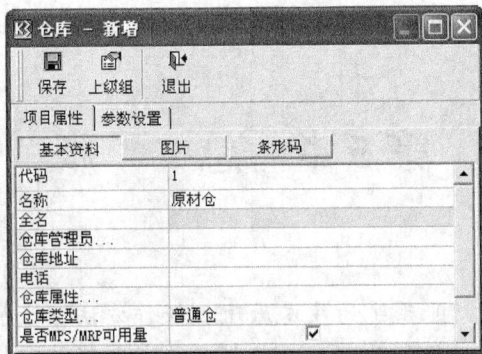

图 4-31

4.6.5　现金流量项目

现金流量项目是对现金流量资料进行维护和管理的，主要是处理项目的新增和修改操作。当使用"现金流量表"时可以进行设置。现金流量项目如图 4-32 所示。

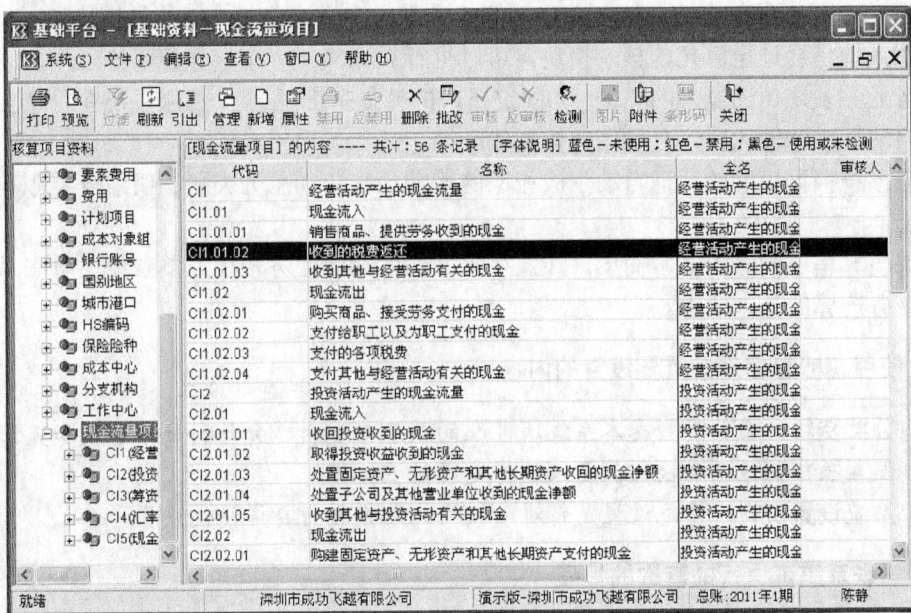

图 4-32

其他核算项目由于本书实例中不会涉及，在此暂不讲解，读者可以通过 F1 功能键，来获取帮助进行了解。

4.7　课 后 习 题

（1）会计科目是操作什么工作的基础？
（2）科目属性中的"科目受控系统"具有什么功能？
（3）核算项目有什么特点？

第5章 总 账

通过本章学习，了解总账系统的基本原理和操作方法；了解凭证的录入、审核、修改和打印等操作；掌握经过凭证处理后，如何查询各种账簿和报表，以及总账的期末处理方法。

5.1 概 述

会计任务包括设置账户、填制凭证等，然后对其审核、记账，最后统计各种账表，这些都是金蝶 ERP-K/3 最基本的功能。总账系统就是用来完成这些基本功能的模块。

总账系统是会计电算化的核心模块，可以进行凭证填制、审核和记账等工作，同时它接收来自各业务系统传递过来的凭证（如固定资产的计提折旧凭证）。总账系统在月末会根据转账定义自动生成结转凭证，自动结转损益凭证等。

总账系统根据填制的凭证自动生成相应的账簿报表，如总分类账、明细分类账和科目余额表等。

如果核算单位的账务非常简单，涉及往来款、库存等业务较少，单独使用总账系统就可以实现财务核算的基本要求。

1. 使用总账管理系统需要设置的内容

● **公共资料**：公共资料是本系统所涉及的最基础资料，会计科目、币别和凭证字为必设置项，其他项目视核算要求选择是否设置。

● **系统设置资料**：系统设置是针对该模块的参数进行再详细化设置。

2. 总账系统可执行的查询的报表

总账系统可查询的报表包括总分类账、明细分类账、数量金额明细账、数量金额总账、多栏账、核算项目分类总账、核算项目明细账、科目余额表、试算平衡表、日报表查询、摘要汇总表、核算项目余额表、核算项目汇总表、核算项目组合表、核算项目与科目组合表、科目利息计算表、调汇历史信息表和现金流量表。

3. 操作流程

新用户需从系统初始化开始，如图 5-1（a）所示。老用户则因已经完成初始设置，所以可直接处理日常业务，如图 5-1（b）所示。系统初始化结束以后，随着公司的业务开展，还有许多基础资料需要设置，如银行科目的新增、客户和供应商的新增等，可以随时在凭证录入时进行处理。

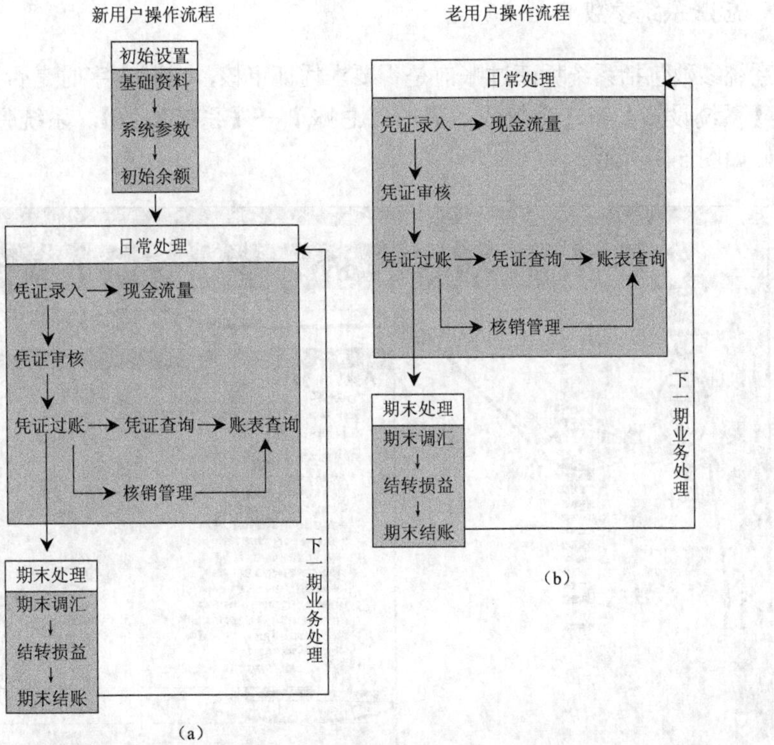

新用户操作流程

初始设置
基础资料
↓
系统参数
↓
初始余额

日常处理

凭证录入 → 现金流量
↓
凭证审核
↓
凭证过账 → 凭证查询 → 账表查询
↑
└→ 核销管理

期末处理
期末调汇
↓
结转损益
↓
期末结账

下一期业务处理

（a）

老用户操作流程

日常处理

凭证录入 → 现金流量
↓
凭证审核
↓
凭证过账 → 凭证查询 → 账表查询
↑
└→ 核销管理

期末处理
期末调汇
↓
结转损益
↓
期末结账

下一期业务处理

（b）

图 5-1

4．总账系统与其他系统间的数据流程

总账系统与其他系统的数据流程图反映总账系统与其他系统的数据传递关系，如图 5-2 所示。

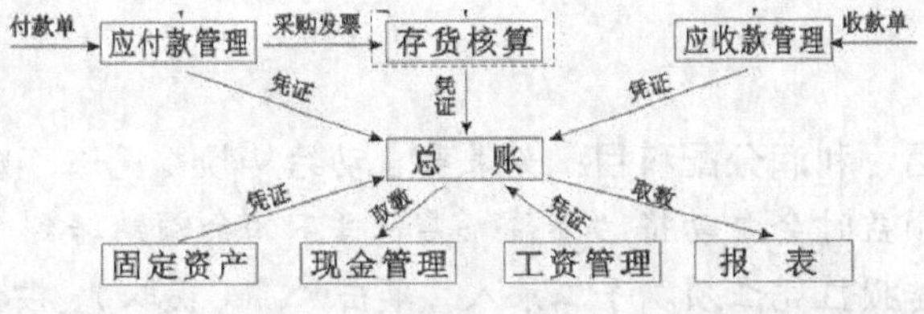

付款单 应付款管理 采购发票 存货核算 应收款管理 收款单
凭证 凭证 凭证
总 账
凭证 取置 凭证 取数
固定资产 现金管理 工资管理 报 表

图 5-2

总账系统是金蝶 K/3 财务核算的核心，与其他业务系统通过凭证进行无缝连接，同时业务系统的凭证也可自行在总账系统中处理，并且报表、现金流量表和财务分析都可以从总账系统中取数。

5.2 初 始 设 置

初始设置包括基础资料、系统参数和初始化数据录入，公共资料设置方法请参照第 4 章，本小节重点讲解系统参数设置和初始化数据录入。

5.2.1 总账系统参数

总账系统参数包括系统凭证过账前是否要求凭证审核，出现赤字时是否要求提示等设置。

双击【系统设置】→【系统设置】→【总账】→【系统参数】，系统弹出"系统参数"设置窗口，如图 5-3 所示。

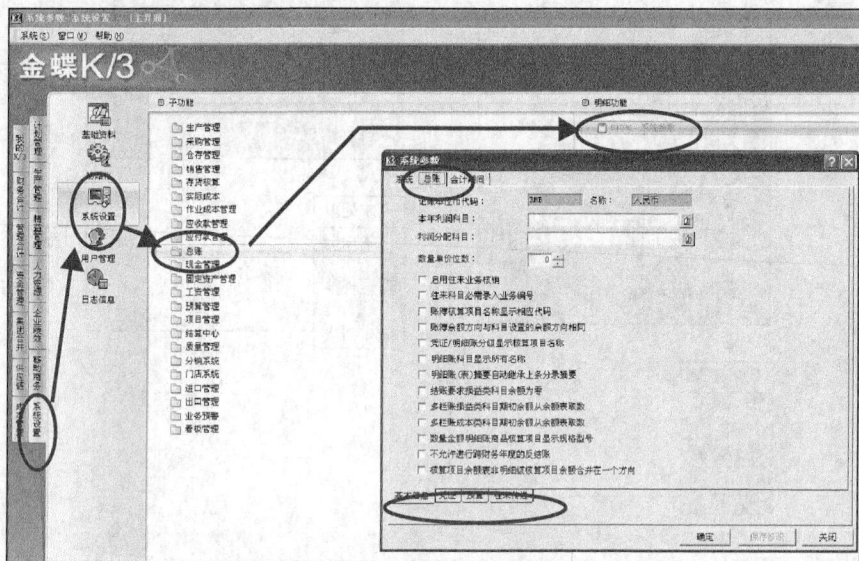

图 5-3

"系统参数"窗口有系统、总账和会计期间 3 个选项卡。系统选项卡用于管理当前账套的基本信息，有公司名称、地址和电话信息；总账选项卡用于设置整个"总账"系统的参数；会计期间选项卡提供查看当前账套采用的会计期间方法，以及业务已经处理到的会计期间。

"总账"选项卡包含有基本信息、凭证、预算和往来传递 4 个选项卡，各选项释义如下。

1. 基本信息

- **本年利润科目、利润分配科目**：如果要自动结转损益凭证，则必须设置该项。当软件自动结转损益时会自动将"损益"类科目下的余额结转到"本年利润"科目。若不设置则结转损益凭证须以手工录入。单击" （获取）"按钮，系统弹出"会计科目"窗口，选择正确的"本年利润"科目，单击"确定"按钮即可。

- **数量单价位数**：指涉及物料类凭证以"数量金额式"进行核算时，数量和单价的小数位数。

- **启用往来业务核销**：设置往来会计科目是否进行往来业务核销。选中该项，则录入该科目凭证时需录入业务编号，核销时系统会根据同一业务编号的不同方向发生额进行核销处理。该选项适用于单独使用"总账"系统的用户。

- **往来科目必须录入业务编号**：设置往来业务核算的会计科目在凭证录入时必须录入业务编号。该选项适用于单独使用"总账"系统的用户。

- **账簿核算项目名称显示相应代码**：设置控制预览、打印账簿时，是否显示核算项目的名称及相应代码。

- 账簿余额方向与科目设置的余额方向相同：选中该项，则在账簿显示时，账簿的余额方向始终与科目余额的方向一致，如果不同，则以负数显示；反之，当余额方向与科目设置的余额方向相反时，则显示科目余额的方向，金额始终为正数。
- 凭证/明细账分级显示核算项目名称：选中该项，查看凭证/明细账时会分级显示核算项目名称。
- 明细账科目显示所有名称：选中该项，在预览、打印明细账时显示该明细科目的全部内容，反之只显示最明细科目。
- 结账要求损益类科目余额为零：选中该项，当总账结账时，如果损益类科目下有余额，则不能结账。
- 多栏账损益类科目期初余额从余额表取数：选中该项，若多栏账制作时涉及损益类科目，则期初余额从余额表中取数。
- 不允许进行跨财务年度的反结账：选择该参数，不能进行跨年度的反结账。
- 核算项目余额表非明细级核算项目的余额合并在一个方向：选中，核算项目余额表按照其明细级核算项目的余额汇总后，如果既有借方余额又有贷方余额，需要以借贷方的差额填列，填列方向选取差额的正数方向。若同时选择"账簿余额方向与科目设置的余额方向相同"，则此选项的作用就会失效。

2. 凭证

单击"凭证"选项卡，窗口切换到如图 5-4 所示的界面。

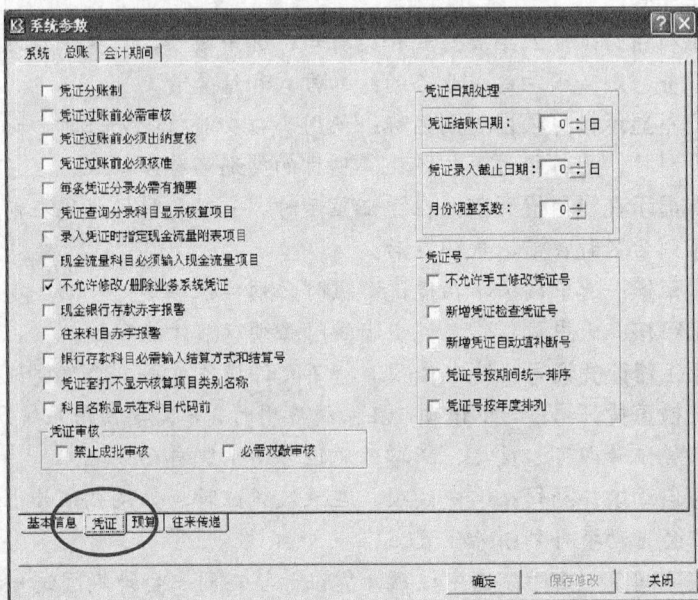

图 5-4

- 凭证分账制：外币的处理有统账制和分账制两种。统账制下，每笔外币业务都必须折合为本位币进行记录；如果是分账制，则录入外币业务时，不需要进行外币折算，直接记录外币原币的金额即可。分账制一般应用于外币业务量较大的企业，对于外币业务量较小的单位，一般采用统账制进行外币业务的处理。

统账制和分账制处理的不同，具体体现在凭证录入中。如果是统账制，一个凭证中不同的分录可以是不同的币别；如果是分账制，不同的分录必须是相同的币别。

- 凭证过账前必须审核：为了保证凭证的正确性，凭证需要审核后方能过账，若不选择该项，则未审核的凭证也可以过账。建议勾选。
- 凭证过账前必须出纳复核：凭证需要出纳复核后方能过账，若不选择该项，则未复核的凭证也可以过账。
- 凭证过账前必须核准：凭证需要核准后方能过账，若不选择该项，则未核准的凭证也可以过账。
- 每条凭证分录必须有摘要：录入凭证时，每条分录必须有摘要，否则系统不予保存。
- 录入凭证时指定现金流量附表项目：选中该项，则在凭证录入时，系统会提示录入"现金流量附表项目"，反之，可以不录入附表项目。
- 现金流量科目必须输入现金流量项目：选中该项，当录入凭证时的会计科目有设置现金流量属性时，必须录入会计科目所属的现金流量项目。
- 不允许修改/删除（工/商）业务凭证：选中该项，如果有非总账模块录入的凭证，在总账模块中只能查看不能修改。
- 现金银行存款赤字报警：选中该项，在录入凭证时，如果现金或银行类科目出现负值，系统会自动发出警告。
- 往来科目赤字报警：选中该项，在录入凭证时，如果往来类科目出现负值，系统会自动发出警告。
- 银行存款科目必须输入结算方式和结算号：选中该项，在凭证录入时，如果是银行科目的业务，则必须录入该业务的结算方式和结算号。
- 凭证套打不显示核算项目类别名称：使用套打功能打印凭证时，如果有设置核算项目的会计科目，则打印时不打印核算项目的类别名称。
- 科目名称显示在科目代码前：在凭证显示时，一般是科目代码在前，名称在后。选中该选项则为名称在前，代码在后。
- 禁止成批审核：选中该项，在凭证审核时必须单张审核。
- 必须双敲审核：选中该项，在凭证审核时必须双敲才能审核。
- 不允许手工修改凭证号：选中该项，将不允许操作员手工修改凭证号。
- 新增凭证检查凭证号：选中该项，在系统应用时，不需要使用系统所分配的凭证号，自己录入凭证号即可；反之，新增的凭证号由系统自动分配。
- 新增凭证自动填补断号：选中该项，在录入凭证时，如果凭证号出现断号的情况，该张凭证会自动填补到断号位置。
- 凭证号按期间统一排序：选中该项，凭证号将在同一会计期间统一排序。
- 凭证号按年度排列：选中该项，凭证号按年度排列，否则，按每一会计期间排列。

3. 预算

单击"预算"标签，窗口切换到预算界面，如图 5-5 所示。

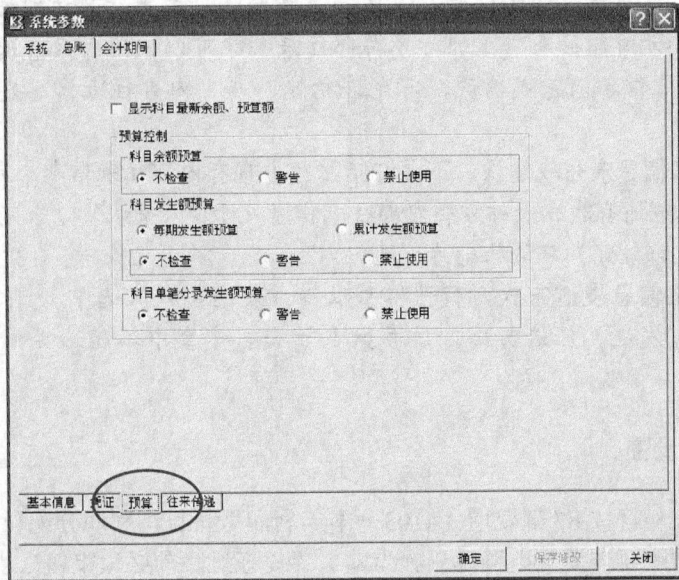

图 5-5

- 🔵 **显示科目最新余额、预算额**：选中该项，在凭证录入时，会在新增凭证窗口左上角显示该科目的最新余额和预算额。
- 🔵 **科目预算控制**：科目属性中有"预算"，且科目不符合预算时（大于最高预算或小于最低预算），科目录入可以有 3 种选择——不检查、警告（可继续录入）和禁止使用。

4. 往来传递

单击"往来传递"标签，窗口切换到预算界面，如图 5-6 所示。

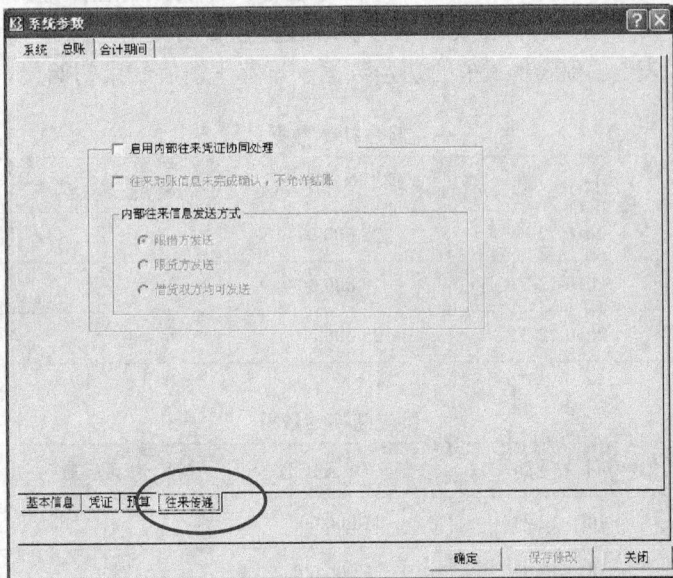

图 5-6

- **启用内部往来凭证协同处理**：选中，主控台的"内部往来协同处理"及相应的子功能"我方内部往来"及"对方内部往来"才可以使用。只有选中此项时，参数"内部往来信息未完成确认，不允许结账"与"内部往来信息发送方式"才可以选择。

- **内部往来信息未完成确认，不允许结账**：本期有内部往来信息未完成确认不允许结账，即本期还有我方或对方的内部往来信息处于"未确认"、"未完全确认"状态时，期末不允许结账。默认状态为不选中。

- **内部往来信息发送方式**，有三种：限借方发送（默认选中）、限贷方发送、借贷双方均可发送。任选其一。该参数在子公司账套中不能选择，由集团账套统一控制。

5. 总账参数设置

（1）本年利润科目按 F7 键获取"4103—本年利润"科目，利润分配科目获取"4104"。

（2）勾选"结账要求损益类科目余额为零"、"凭证过账前必须审核"、"现金银行存款赤字报警"、"往来科目赤字报警"、"银行存款科目必须输入结算方式和结算号"、"凭证号按期间统一排序"和"显示科目最新余额、预算额"。

5.2.2 初始数据录入

公共资料设置和系统设置完成后，就可以录入初始数据。当使用总账系统时需录入各会计科目的期初余额、本年累计借方发生额和本年累计贷方发生额。若是在年初启用账套，则只需录入年初余额。

总账初始数据的设置重点是录入各会计科目的本年累计借方发生额、本年累计贷方发生额和期初余额，涉及外币的要录入本位币、原币金额，涉及数量金额辅助核算的科目要录入数量、金额，涉及核算项目的科目要录入各明细核算项目的数据。

例 5-1 录入表 5-1 到表 5-3 中的初始数据，试算平衡后结束初始化。

表 5-1　　　　　　　　　　　　客户初始数据

客　户	日　　期	应　收　账　款	预　收　账　款	期　初　余　额
深圳科林	2010-12-31	28 600.00		28 600.00
东莞丽明	2010-12-31	8 800.00		8 800.00
深圳爱克	2010-12-31	25 000.00		25 000.00

表 5-2　　　　　　　　　　　　供应商初始数据

供　应　商	日　　期	应　付　账　款	预　付　账　款	期　初　余　额
东星公司	2010-12-31	11 000.00		11 000.00
专一塑胶	2010-12-31	5 000.00		5 000.00

表 5-3　　　　　　　　　　　　　　科目初始数据

科 目 代 码	科 目 名 称	方　　向	本年累计借方	本年累计贷方	期 初 余 额
1001.01	人民币	借			5 000.00
1002.01	工行东桥支行 125	借			778 122.00
1122	应收账款	借			62 400.00
1403	原材料	借			3 970.00
1405	库存商品	借			3 000.00
1601.01	办公设备	借			183 600.00
1601.02	机械设备	借			9 800.00
1602	累计折旧	贷			29 892.00
2202	应付账款	贷			16 000.00
4001.01	何成越	贷			500 000.00
4001.02	王成明	贷			500 000.00

（1）双击【系统设置】→【初始化】→【总账】→【科目初始数据录入】，系统进入"科目初始余额录入"窗口，如图 5-7 所示。

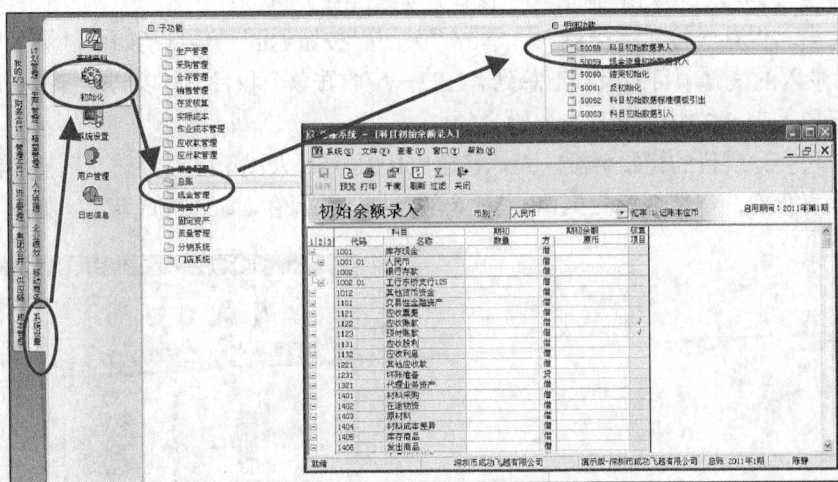

图 5-7

（1）录入数据时选择正确的"币别"，选择外币时系统会自动切换到外币录入窗口。

（2）白色框表示可以录入数据，黄色框表示由明细数据汇总而得。

说明　（3）核算项目上有打勾的表示单击切换到"核算项目初始余额录入"窗口。

（4）有数量金额辅助核算的科目，选中时系统会自动切换到数量、金额录入状态。

（5）年初余额由以下计算公式得出：借方年初余额＝期初余额+本年累计贷方发生额－本年累计借方发生额；贷方年初余额＝期初余额+本年累计借方发生额－本年累计贷方发生额。

（2）先录入应收账款初始数据。单击科目下"核算项目"处打勾的位置，系统弹出"核算项目初始余额录入"窗口。双击"1122—应收账款"科目，系统弹出初始余额录入窗口，如图 5-8 所示。

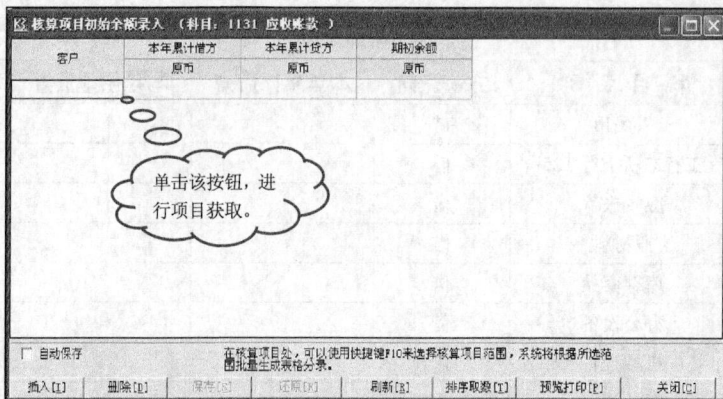

图 5-8

(3) 光标移至客户项下，再单击"🗐"按钮，系统弹出"客户"档案窗口，在该窗口可以进行客户档案的新增、修改和停用等操作。在此双击"01—深圳科林"客户，返回初始余额录入窗口，在该客户对应的"期初余额"处录入"28 600"，单击"插入"按钮插入一行，同样方法获取"02—东莞丽明"客户后录入余额。以同样方法将其他应收账款初始数据录入，录入完成的"核算项目初始余额录入"窗口，如图 5-9 所示。

(4) 单击"保存"按钮保存录入，单击"关闭"按钮返回"科目初始余额录入"窗口，系统会将刚才录入的核算项目的余额汇总到"1122—应收账款"科目下。以同样方法在"2202—应付账款"下录入表 5-2 中供应商的初始余额。

(5) 录入会计科目的初始余额。光标移至"1001.01—人民币"科目的"期初余额"下，录入"5000"，并保存，继续录入表 5-3 中其他余额数据，并保存，录入完成窗口，如图 5-10 所示。

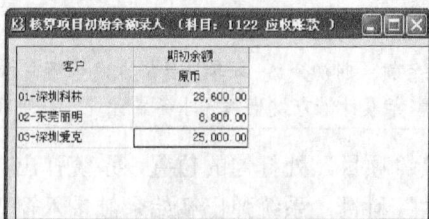

图 5-9

图 5-10

（6）初始数据录入完成后须查看数据是否平衡，单击工具栏上"平衡"按钮，稍后系统会弹出"试算借贷平衡"窗口，如图 5-11 所示。若试算不平衡，则返回"科目初始余额录入"窗口检查数据，直到试算平衡为止。

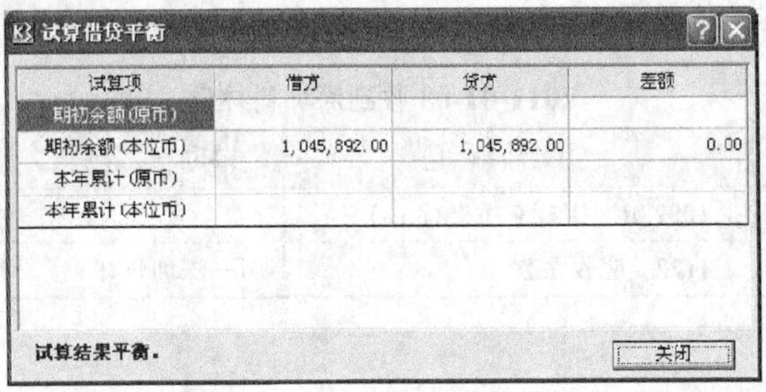

试算项	借方	贷方	差额
期初余额(原币)			
期初余额(本位币)	1,045,892.00	1,045,892.00	0.00
本年累计(原币)			
本年累计(本位币)			

试算结果平衡。

图 5-11

注　外币科目有初始数据时，试算平衡一定要选择"综合本位币"状态。

若需要通过"总账"系统下的现金流量功能查询现金流量表情况，并且当账套为年中启用时，需要录入启用前的现金流量的数据，之后系统才能计算全年的现金流量表。

（7）科目初始数据录入完成后，只有试算平衡，同时现金流量初始数据录入完成，才可以结束初始化，并启用账套。双击【系统设置】→【初始化】→【总账】→【结束初始化】功能即可。结束初始化后要返回修改初始数据，必须反初始化后才能修改，方法是双击【系统设置】→【初始化】→【总账】→【反初始化】。

注　因本账套需与应收、应付及固定资产系统联合使用，并在同一期间启用，建议在这些系统初始化结束后，再结束总账系统的初始化。

5.3　凭证处理

会计的基础工作是凭证处理，在金蝶 K/3 中通过录入和处理凭证（审核、修改凭证等），可以快速完成记账、会计报表编制、证账表的查询和打印等任务。

凭证是会计核算系统中数据的主要来源，凭证的正确与否直接影响整个会计信息系统的真实性、可靠性，因此必须保证凭证录入的准确性。凭证处理工作包含凭证录入、审核、过账、查询、修改、删除和打印等操作。凭证处理时会计科目可直接从科目表中获取并自动校验分录平衡关系，以保证录入数据的正确性。

下面以表 5-4 至表 5-6 为例，详细介绍"凭证处理"过程。

表 5-4　　　　　　　　　　　　2011-01-08 郝达报销出差费

日　　期	摘　　要	会计科目	借　　方	贷　　方
2011-01-08	郝达报销费用	6601.01 差旅费	850	
	郝达报销费用	1001.01 人民币		850

表 5-5 　　　　　　　2011-01-08 收到王成明港币投资款

日期	摘要	会 计 科 目	币别	汇率	原币金额	借方	贷方
2011-01-08	实收投资款	1002.02　工行东桥支行 128	HKD	0.85	100 000	85 000	
	实收投资款	4001.02　王成明					85 000

表 5-6 　　　　　　　2011-01-08 收到深圳科林款

日期	摘要	会 计 科 目	辅助核算项目	借方	贷方
2011-01-08	收到货款	1002.01　工行东桥支行 125		1 000	
	收到货款	1122　应收账款	01—深圳科林		1 000

5.3.1 凭证录入

凭证录入的重点是录入具有不同科目属性对应的内容，如科目有外币属性时怎样录入汇率，科目设有核算项目时怎样录入核算项目，科目设有辅助数量金额核算时怎样录入单价和数量等。

为体现不同人员操作有不同的权限，请以"何陈钰"的身份登录"深圳市成功飞越公司"账套进行操作。

若已用某个用户的身份登录到账套，则更改操作员重新登录。单击主界面窗口上的菜单【系统】→【更换操作员】，系统弹出"系统登录"窗口，用户名输入"何陈钰"和密码（此时为空），如图 5-12 所示，单击"确定"按钮即可更换操作员。

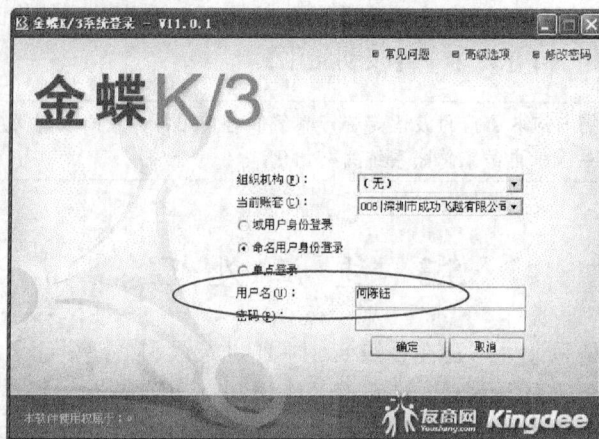

图 5-12

若没有启动"金蝶 ERP-K/3"系统，双击桌面上的"金蝶 K/3 主控台"图标，系统弹出"系统登录"窗口，用户名直接录入"何陈钰"，如图 5-12 所示，单击"确定"按钮，即可以"何陈钰"身份登录。

1. 一般凭证录入

一般凭证是指会计科目属性没有设置辅助核算和外币核算等特殊属性的凭证，是日常账务处理中最简单、也是最能体现会计电算化中凭证录入过程的凭证。根据表 5-4 中数据进行一般凭证录入操作，操作步骤如下。

（1）在主界面窗口，双击【财务会计】→【总账】→【凭证处理】→【凭证录入】，系统弹出"记账凭证—新增"窗口，系统进入"记账凭证–新增"窗口，如图 5-13 所示。

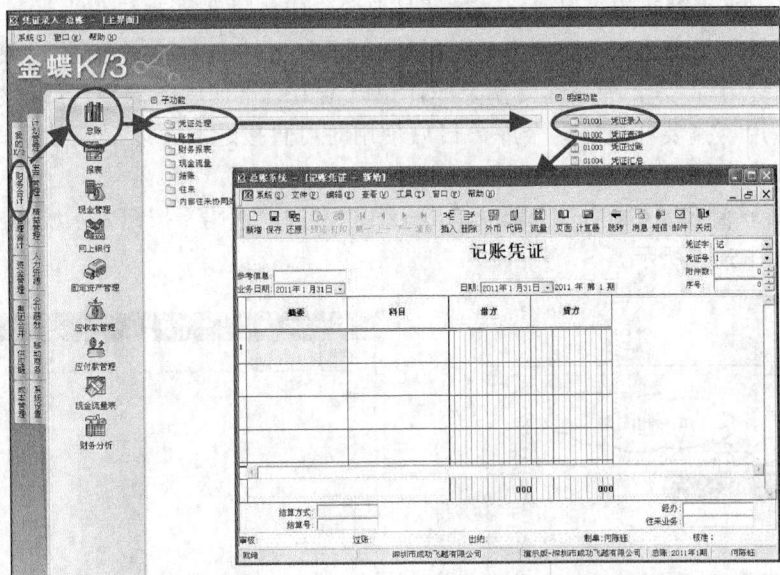

图 5-13

金蝶 K/3 系统为用户提供仿真凭证录入界面，使用户更容易掌握凭证录入方法。"记账凭证—新增"窗口各项含义如表 5-7 所示。

表 5-7   "记账凭证—新增"窗口项目

项　目	说　明
参考信息	凭证的辅助信息，可作为凭证查询的条件。可为空
业务日期	凭证录入日期，可修改
日期	凭证业务日期，可修改。日期只能是当前会计期间的日期或以后的日期，不能是以前的日期，如当前会计期间是 2010 年 1 月，则日期可以是 2010-01-01 以后的任意日期
凭证字	选择要使用的凭证字，如记、收、付、转等凭证字
凭证号	所选择凭证字下的第几号凭证，系统采用递增方式自动填充
附件数	凭证的附件数，如有几张单据、发票等
序号	凭证的顺序号，系统自动生成
摘要	录入摘要内容
科目	录入会计科目代码或按 F7 功能键获取，一定是最明细科目。如在本账套中，收到 10 元人民币，录入时不能选择"1001—库存现金"，而一定要选择"1001.01—人民币"
借方	录入借方金额
贷方	录入贷方金额
合计	自动累加生成
结算方式	科目中录入的是银行科目时激活此项，包含支票、商业汇票等方式。若勾选"账务处理参数"中的"银行存款科目必须输入结算方式和结算号"选项，则必须录入结算方式，反之可以不录
结算号	与结算方式对应的号码
经办	该笔业务的经办人，可为空
往来业务	录入的会计科目属性中设有"往来业务核算"时，录入业务编号，以供查询和往来账核销处理时使用

（2）日期修改为"2011-01-08"。可以单击日期直接修改，也可以单击日期右侧的下拉按钮进行选择，如图5-14所示。

（3）凭证字采用默认的"记"字，凭证号自动生成，附件数录入"1"。

（4）摘要录入"郝达报销费用"。摘要录入有两种方法，一种是光标移到摘要栏直接输入"郝达报销费用"；另一种是建立摘要库，也就是为经常使用的摘要（如销售产品、应收货款和报销费用等摘要）建立一个库，日后使用时可直接选取，以提高效率。在此介绍第二种方法的操作步骤。

① 将光标移到摘要栏，按F7键或单击工具栏上的"代码"按钮，系统弹出"凭证摘要库"窗口，如图5-15所示。

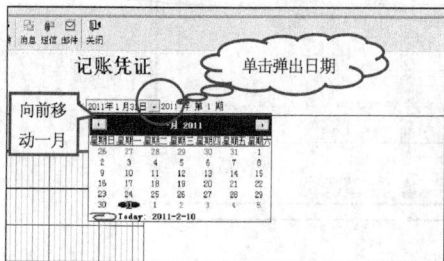

图5-14

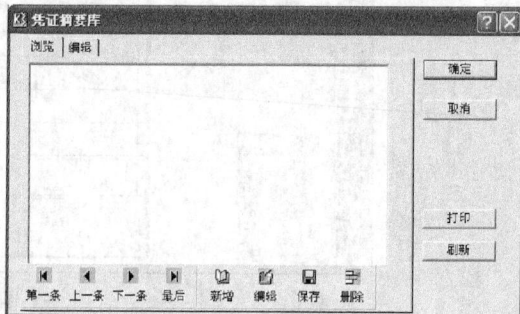

图5-15

② 单击"编辑"选项卡，窗口切换到"编辑"窗口，如图5-16所示。

③ 单击窗口下方工具栏上的"新增"按钮，这时窗口处于可录入状态。新增摘要库时必须先建立"摘要类别"，即单击类别右侧按钮，系统弹出"摘要类别"管理窗口，如图5-17所示。在此可以新增和修改类别。

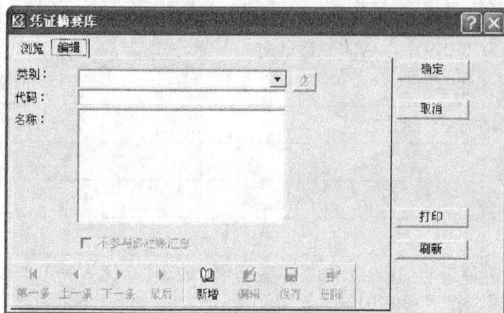

图5-16

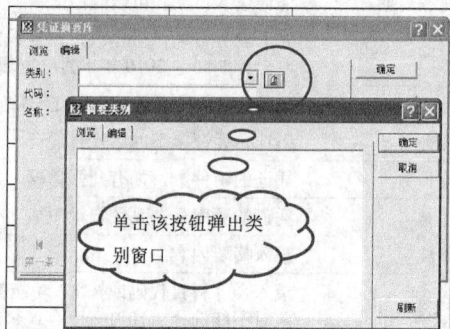

图5-17

④ 切换到"摘要类别"窗口中的"编辑"标签页，单击工具栏上的"新增"按钮，这时窗口处于活动状态，在摘要名称下录入"总类"，如图5-18所示。

⑤ 单击"保存"按钮保存设置，单击"确定"按钮返回"凭证摘要库"窗口，单击类别项的下拉按钮，选择"总类"，录入代码"01"，名称"报销费用"，如图5-19所示。

⑥ 单击"保存"按钮保存设置，单击"浏览"选项卡，结果如图5-20所示。

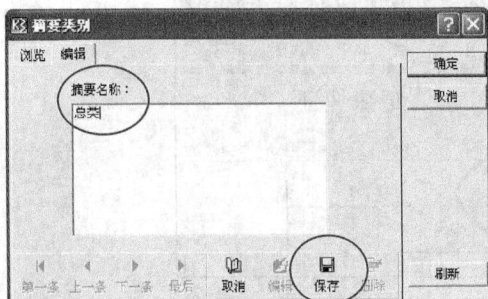
图 5-18

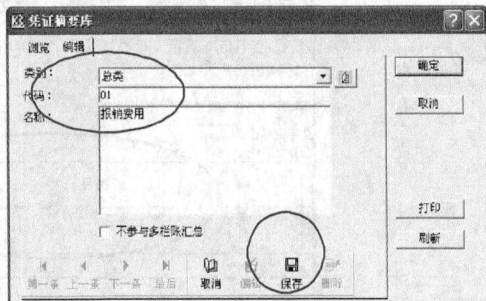
图 5-19

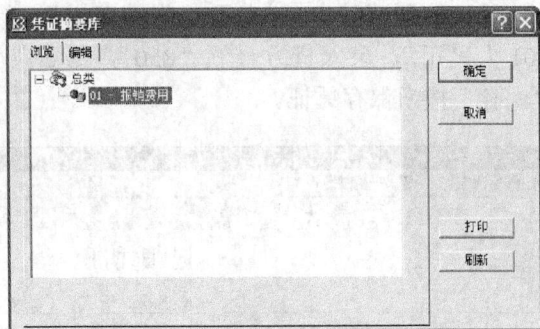
图 5-20

⑦ 选中总类下的"报销费用",单击"确定"按钮或双击鼠标,系统将所选中的摘要引入到凭证的摘要栏下。

所获取的摘要可以修改,例如在报销费用前加入"郝达"字样。

(5) 按下"Enter（回车）"键或单击"科目"项,按 F7 键获取会计科目,系统弹出"会计科目"窗口,切换到"损益"类选项卡,如图 5-21 所示。

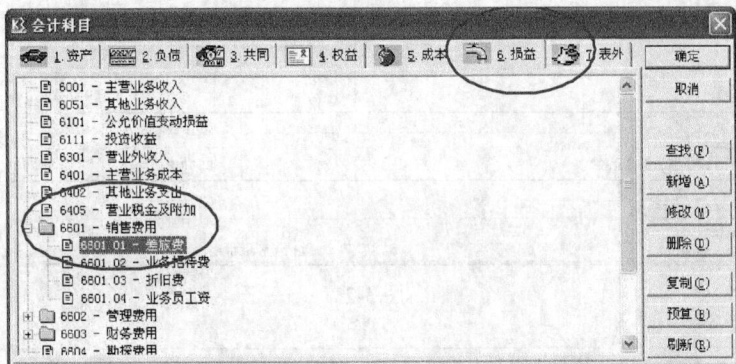
图 5-21

在"会计科目"窗口可以进行科目的新增、修改和删除等操作,若所选科目前有"+"图标,则表示有明细科目,单击"+"可以展开明细科目。选中"6601.01 差旅费",单击"确定"按钮,系统会将所选中的科目引入到凭证的"科目"项中,如图 5-22 所示。

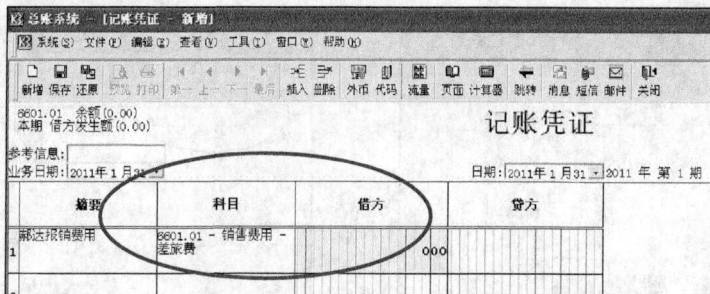

图 5-22

（6）按下"Enter"键，这时光标自动移到"借方"，录入"850"，按下"Enter（回车）"键，光标移动到第 2 条分录，摘要可按 F7 键获取"报销费用"，并加入"郝达"，在科目处按 F7 键获取"1001.01 人民币"，录入贷方金额"850"，第 2 条分录录入完成后的窗口如图 5-23 所示。单击"保存"按钮保存凭证。

图 5-23

录入凭证时的快捷键如下。

F7 键：获取代码；	Ctrl+F7 组合键：自动借贷平衡；
F4 键：新增凭证；	F12 键：保存当前凭证；

注

".."（不是两个句号，是两个小数点，注意输入法全半角的转换）：复制上一分录的摘要；

"//"：当前凭证有多条分录时，只复制第一条分录的摘要。

2．录入外币凭证

外币凭证是指会计科目属性设置有"外币"核算功能的凭证，录入该类凭证时的重点是选择币别和设置汇率。下面以表 5-5 中数据为例进行外币凭证录入的练习，操作步骤如下。

（1）进入"记账凭证—新增"窗口，若已在"记账凭证"窗口则单击工具栏上的"新增"按钮弹出一张空白凭证窗口，日期修改为"2011-01-08"，录入附件数"1"，第一条分录摘要录入"实收投资款"，会计科目处按 F7 功能键获取"1002.02 工行东桥支行 128"，这时请注意"记账凭证"窗口格式的变化，如图 5-24 所示。

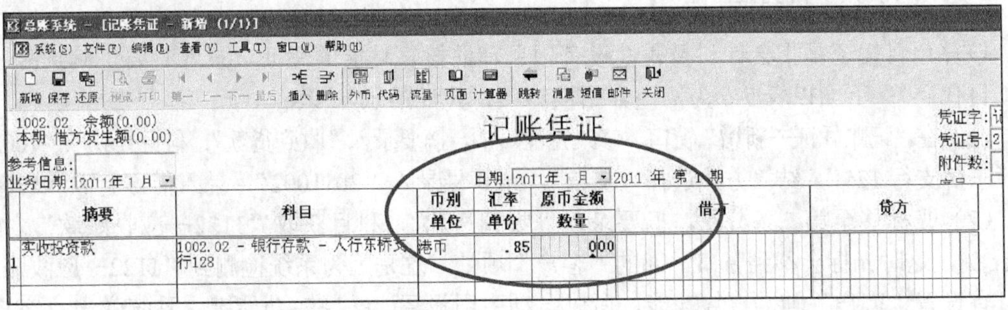

图 5-24

这是因为在初始设置中，已将"1002.02 工行东桥支行 128"会计科目的属性设置为外币核算中的"港币"，系统检测到科目属性有核算外币功能后自动转换录入格式。

（2）汇率保持不变，录入原币金额"100 000"，这时在借方金额栏会自动核算出本币金额，，结算方式选择"电汇"，结算号为"2011001"，如图 5-25 所示。

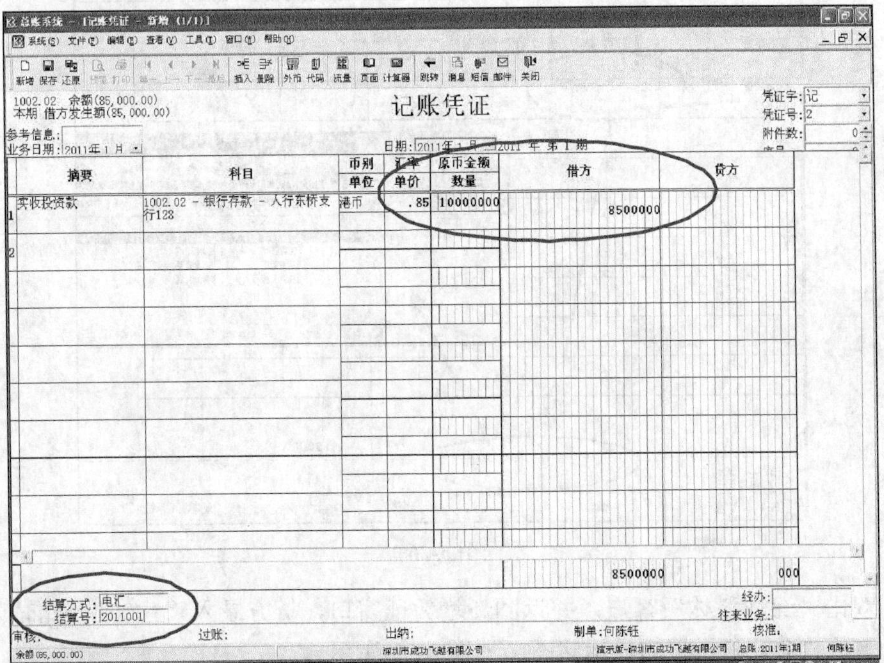

图 5-25

（3）将光标移动到第二条分录，在摘要录入"实收投资款"，在科目中获取"4001.02—王成明"，光标移至"贷方金额"处，按下键盘 Ctrl+F7 组合键，使凭证"借贷平衡"，保存当前凭证。

注

（1）当科目是核算所有币别时，则可以在"币别"处按 F7 键进行币别修改。

（2）若所选择科目设置为"数量金额辅助核算"时，则凭证格式会更换为数量金额式凭证格式，要求在"计量单位"基础上录入单价和数量，自动核算出金额。

（3）选择结算方式和录入结算号，是因为考虑日后要与现金管理系统连接使用。若用户不使用现金管理系统，结算方式和结算号可以不录。

3. 录入核算项目凭证

核算项目凭证是指会计科目属性设有项目辅助核算功能的凭证。录入时要正确选择"核算项目代码"。下面以表 5-6 为例，介绍核算项目凭证的录入步骤。

（1）在"记账凭证—新增"窗口，修改凭证日期，摘要录入"收到货款"，科目处获取"1002.01 工行东桥支行 125"，结算方式选择"支票"，结算号录入"2011002"，录入借方金额"1000"。

（2）光标移至第二条分录，摘要录入"收到货款"，科目获取"1122—应收账款"，按下 Enter 键，这时光标会移到窗口下部的"客户"项处，这是因为系统检测到"1122—应收账款"科目有设置"客户"辅助核算功能，所以自动引用设置，按 F7 功能键，系统弹出"客户"档案管理窗口，如图 5-26 所示。

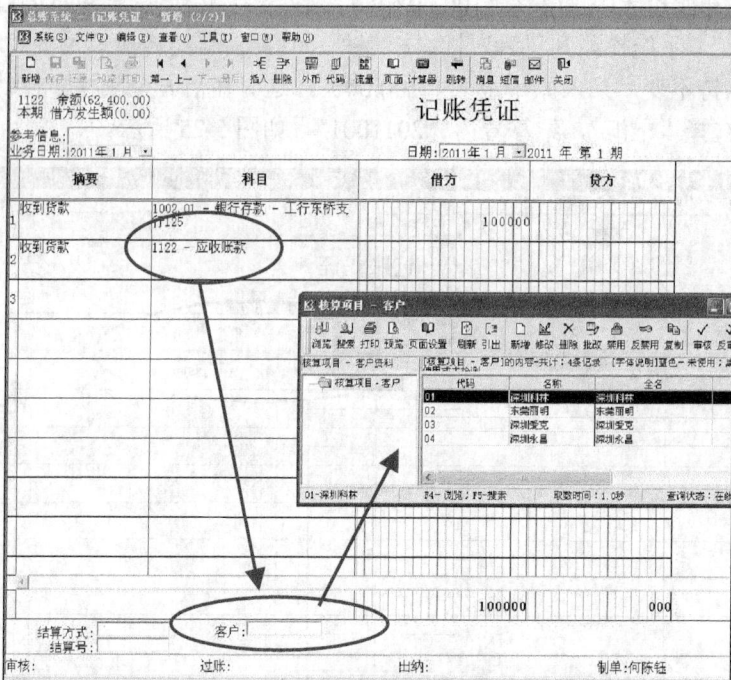

图 5-26

（3）双击"深圳科林"客户，并返回新增凭证窗口，贷方录入"1000"，此时请注意第二条分录中的"会计科目"的显示状态，如图 5-27 所示。

（4）单击"保存"按钮保存当前凭证。

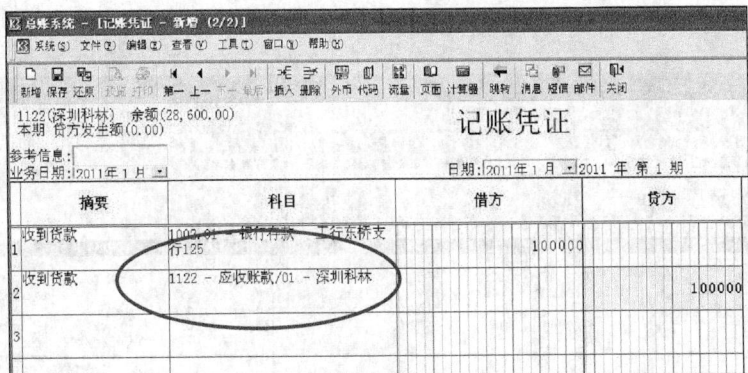

图 5-27

（1）若科目属多个项目核算时，在科目项下会同时显示出来。

（2）通过该核算功能，可以减轻基础设置工作，同时能满足工作需求。例如，使用最多的"销售费用"类下明细科目要核算"每一位业务员"时，如果采用手工新增科目方式，需要增加几十甚者上百个科目，而通过该核算项目，只要设置二级明细科目并设置"职员"辅助核算，在实际凭证录入时再选择正确的职员代码即可。

5.3.2 凭证查询

在凭证查询时，用户可以设置组合条件进行查询，如查询日期等于、大于或小于某个日期，查询客户在某个时间段的业务往来资料。查询时还可以将经常使用的查询条件以方案形式保存下来，以备下次查询使用。

（1）双击【财务会计】→【总账】→【凭证处理】→【凭证查询】，系统弹出"会计分录序时簿过滤"窗口，如图 5-28 所示。

- 在条件选项卡窗口中可以设置查询条件，如字段、逻辑、比较关系和比较值等。在此选项卡中可同时设置多个条件，并可查询不同审核和过账情况下的凭证。
- 在排序选项卡窗口可以设置查询结果中凭证资料的排序方式，默认以时间先后次序排列。
- 在方式选项卡窗口可以设置过滤方式——按凭证过滤还是按分录过滤，可采用默认值。

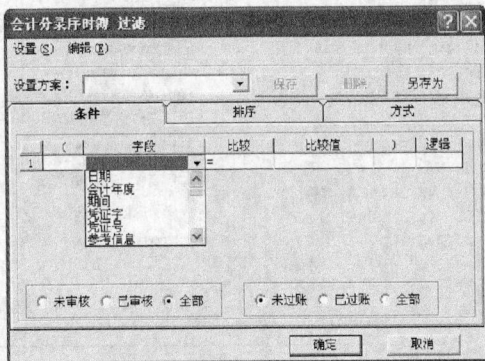

图 5-28

（2）在此先不设置条件，单击"确定"按钮，系统进入"会计分录序时簿"窗口，如

图 5-29 所示。

图 5-29

在"会计分录序时簿"窗口中可以对凭证进行查看、修改、删除或审核等操作。

5.3.3 凭证审核

记账凭证是登记账簿的依据，它的准确性是正确核算的基础。因此凭证记账前必须经专人审核，检查凭证输入是否有错误。会计制度规定，凭证的审核人与制单人不能为同一操作员。

因本账套中的凭证制单人为"何陈钰"，此处以"陈静"身份登录账套进行审核。

凭证一旦进行审核，就不允许对其进行修改和删除，用户必须进行反审核操作后才能对凭证进行修改和删除。

金蝶 K/3 系统提供可以不经过审核就能过账的功能，设置方法是更改总账的系统参数。

在主界面窗口，双击【系统设置】→【系统设置】→【总账】→【系统参数】，系统弹出"系统参数"窗口，单击"总账"选项卡再单击下方的"凭证"选项卡，如图 5-30 所示。勾选"凭证过账前必须审核"，表示凭证必须经过审核后才能过账，反之，不审核的凭证也能过账。

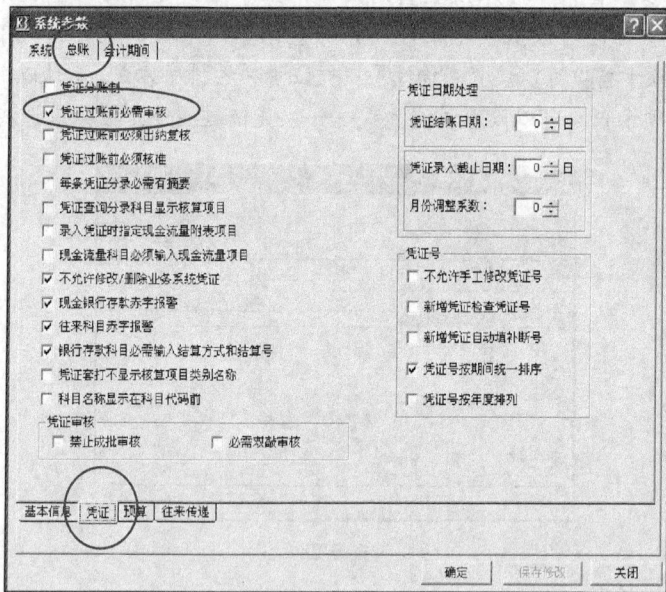

图 5-30

> 注　只有系统管理员才能修改参数，可以以"陈静"或"Administrator"身份登录，他们都是系统管理员身份。

凭证审核方式有单张审核、成批审核和双敲审核三种。在此重点讲述前两种方法。

1. 单张审核

单张审核方式是对所审核的每一张凭证再次仔细检查其是否正确，确认无误即可审核。下面以审核第 1 号凭证为例，介绍单张的审核方法。

（1）以"陈静"身份登录本账套，查询凭证进入"会计分录序时簿"窗口，不设置条件，将所有凭证显示出来。

（2）在"会计分录序时簿"窗口，选中"记-1"号凭证，单击工具栏上的"审核"按钮，系统进入"记账凭证—审核"窗口，单击工具栏上的"审核"按钮，如果窗口左下角的"审核"项显示审核人的名字，表示审核成功，如图 5-31 所示。

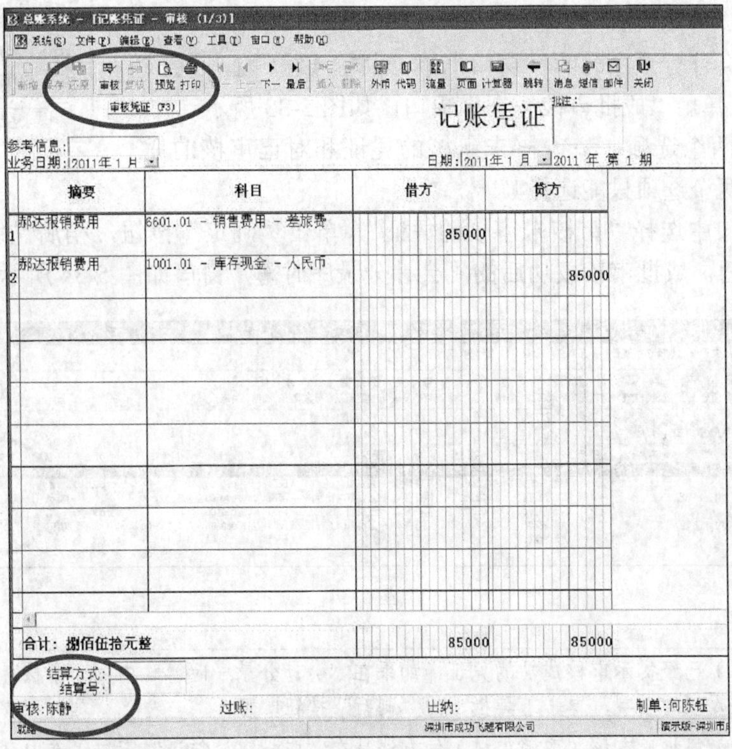

图 5-31

关闭"审核"窗口，在"会计分录序时簿"窗口，查看凭证是否已经审核的方法是，按下键盘上的"→（向右移方向键）"，选择审核项，若审核项有用户名，就表示该凭证是该用户审核的，如图 5-32 所示。

反审核（取消审核）操作类似审核。选中要反审核的凭证，单击工具栏上的"审核"按钮，系统弹出"审核"窗口，再单击工具栏上"审核"按钮，窗口左下角"审核"处无用户名显示就表示反审核成功。

图 5-32

2. 成批审核

金蝶 K/3 系统为提高工作效率，为用户提供成批审核凭证的功能。此功能只对未过账凭证并且制单人不是当前操作员的凭证有效。

下面以成批审核本账套中所有凭证为例，介绍成批审核的操作方法。

（1）在"会计分录序时簿"窗口，单击菜单【编辑】→【成批审核】，系统弹出"成批审核凭证"窗口，如图 5-33 所示。

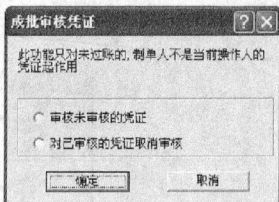

窗口中有两个选项——审核未审核的凭证和对已审核的凭证取消审核，两个选项只能选择其一。

图 5-33

（2）在窗口中选择"审核未审核的凭证"，单击"确定"按钮，稍后系统弹出提示，单击"确定"按钮。成批审核成功后的"会计分录序时簿"窗口如图 5-34 所示。

图 5-34

🐝 注

（1）已经提示审核成功的凭证，如果在"会计分录序时簿"中的"审核"项中未显示"审核人"的名字，单击工具栏上的"刷新"按钮即可。

（2）成批反审核（取消审核）的方法是在"成批审核凭证"窗口，选中"对已审核的凭证取消审核"选项，单击"确定"按钮。

5.3.4 凭证修改、删除

要修改或删除的凭证只能是未过账和未审核的凭证。如果凭证已经过账或审核，删除和修改功能按钮处于灰色，不能使用，凭证一定要经过反过账、反审核后才能修改。

修改时，在"会计分录序时簿"窗口选中需要修改的凭证，单击工具栏上"修改"按钮，系统弹出该张凭证的"记账凭证—修改"窗口，在窗口中直接修改即可，然后单击"保存"按钮。

删除时，在"会计分录序时簿"窗口选中需要删除的凭证，单击工具栏上"删除"按钮，系统会提示是否进行删除操作，用户根据实际情况而定。

如果对"作废"凭证重新启用，单击"编辑"菜单下"恢复已删除凭证"命令，或者单击工具栏中"恢复"功能即可。

5.3.5 凭证打印

凭证正确处理后，可以将凭证打印输出，并装订成册妥善保管。凭证打印在会计电算化中也是财务业务资料的另一种备份形式。

金蝶 K/3 系统为用户提供两种凭证打印方式，一种是普通打印，另一种是套打打印，在此重点讲述普通打印的使用方法。

普通打印是指不"使用套打"功能进行格式设定的打印，具体步骤如下。

（1）先预览格式情况。在"会计分录序时簿"窗口，单击菜单【文件】→【打印凭证】→【打印预览】，系统弹出"打印预览"窗口，如图 5-35 所示。

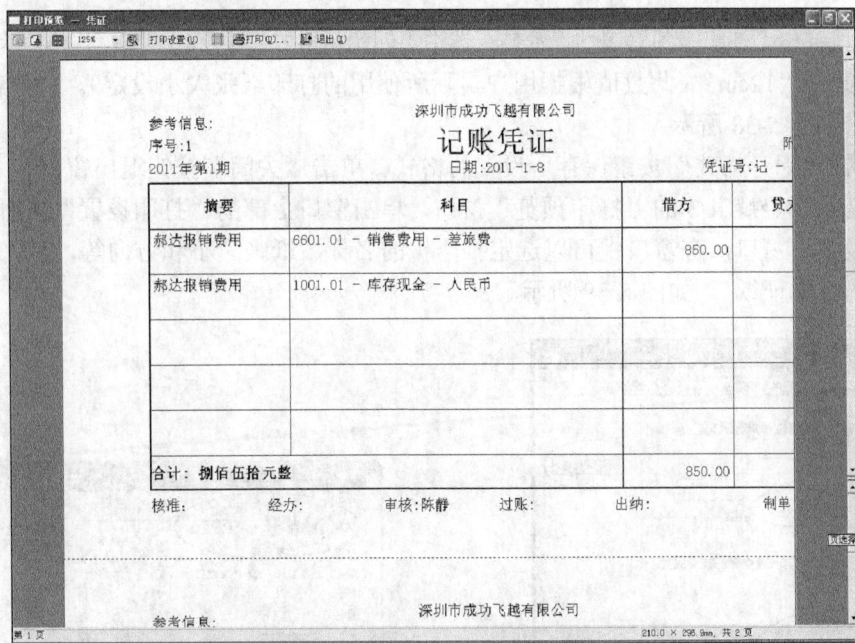

图 5-35

通过预览发现有如下几个问题。

① 纸张方向不对或纸张过大，怎么办？

② 涉及外币和数量式的凭证怎样打印？

③ 如果参考信息等项目不想打印怎么办？

（2）设置打印纸张大小。假设使用 24×12 厘米的打印纸，设置步骤如下。

① 确认打印机是否具有自定义纸张功能。

② 单击"开始"菜单"设置"下的"打印机"选项，如图 5-36 所示。

③ 系统弹出"打印机"窗口，选中使用的打印机名称，再单击"文件"菜单下的"服务器属性"命令，如图5-37所示。

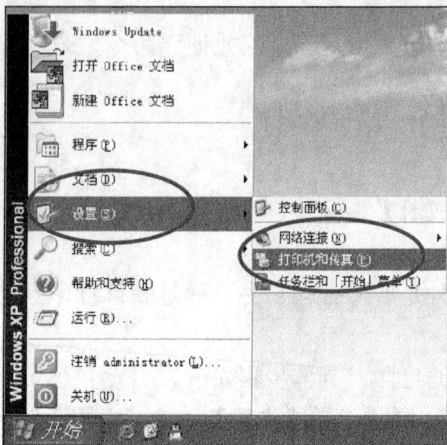
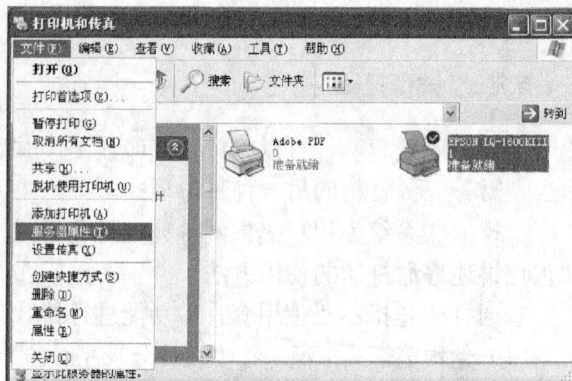

图 5-36　　　　　　　　　　　　　　　　　图 5-37

④ 系统弹出"打印服务器属性"窗口，选中"创建新格式"项，将"宽度"修改为"24cm"，"高度"修改为"12cm"（此数值根据用户实际所使用的打印纸张大小设定）。"表格名"录入"凭证纸"，如图5-38所示。

⑤ 单击"保存格式"按钮保存所设置的格式。单击"关闭"按钮退出窗口。

（3）切换到金蝶K/3的"打印预览"窗口，单击窗口上部的"打印设置"按钮，系统弹出"打印设置"窗口，在窗口中可以选定打印机的名称、纸张大小和方向等，纸张大小选择先前设置的"凭证纸"，如图5-39所示。

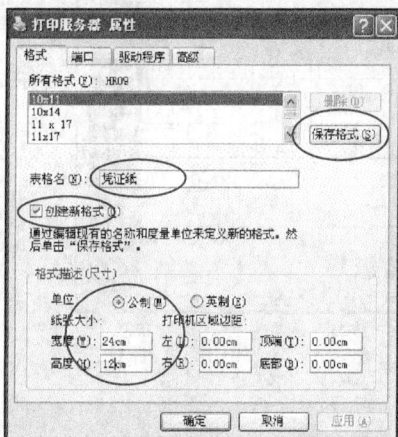
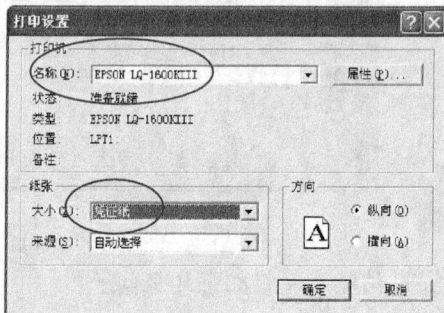

图 5-38　　　　　　　　　　　　　　　　　图 5-39

（4）单击"确定"按钮返回"打印预览"窗口，这时请注意打印格式的变换，如图5-40所示。

在预览窗口发现纸张高度太小，那么可以更改纸张大小（通常不采用，因纸张大小是固定数据）或调整分录的高度，在此采用第二种方法。

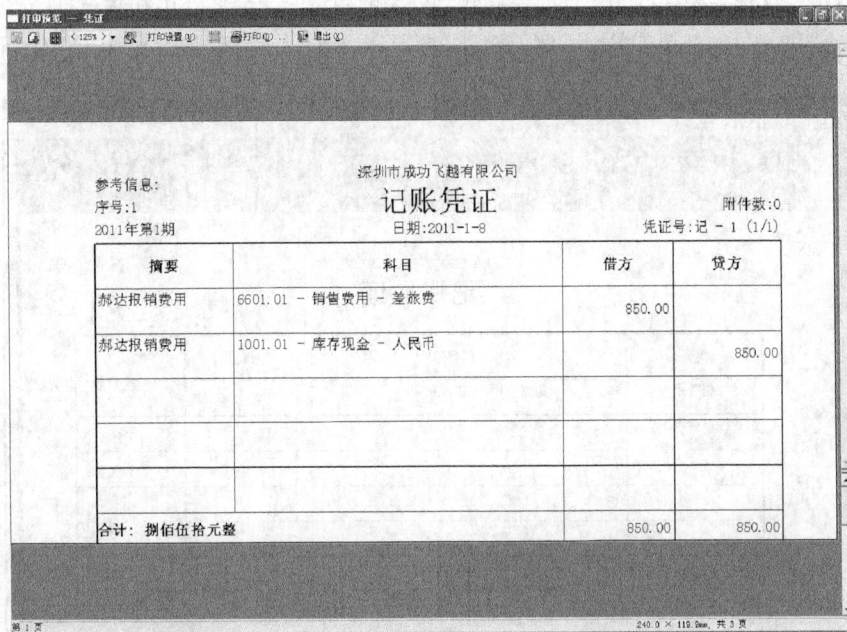

图 5-40

（5）单击"退出"返回"会计分录序时簿"窗口，单击菜单【文件】→【打印凭证】→【页面设置】，系统弹出"凭证页面设置"窗口，单击"尺寸"选项卡，切换到尺寸修改窗口，如图 5-41 所示。注意在窗口中右下角的"单位"选择。

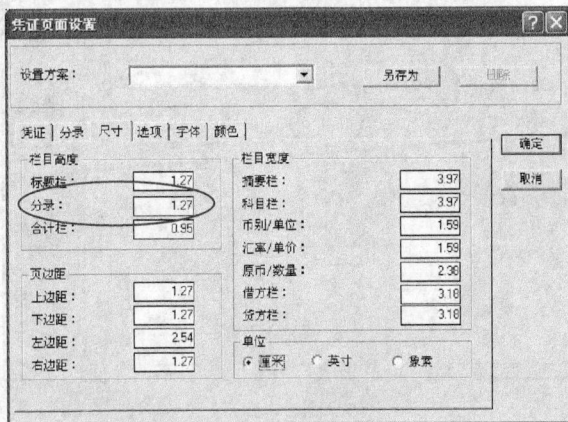

图 5-41

（6）选择单位"厘米"，修改栏目高度下的分录高度为"1"，单击"确定"按钮，返回"会计分录序时簿"窗口，再单击【文件】→【打印凭证】→【打印预览】，系统弹出"打印预览"窗口，如图 5-42 所示。

（7）设置凭证为外币/数量时的打印格式。在"页面设置"窗口中切换到"选项"窗口，如图 5-43 所示。

在窗口中有人民币大写合计、打印外币、打印数量和分录数 4 个选项，打印外币和打印数量建议选中"自动"，这样系统在打印凭证时，检测到外币或数量时，会将外币和数量打印出来，如果没有选中"自动"则不打印外币或数量。"每张凭证打印分录数"是指打印时一张凭证上打印几条分录。

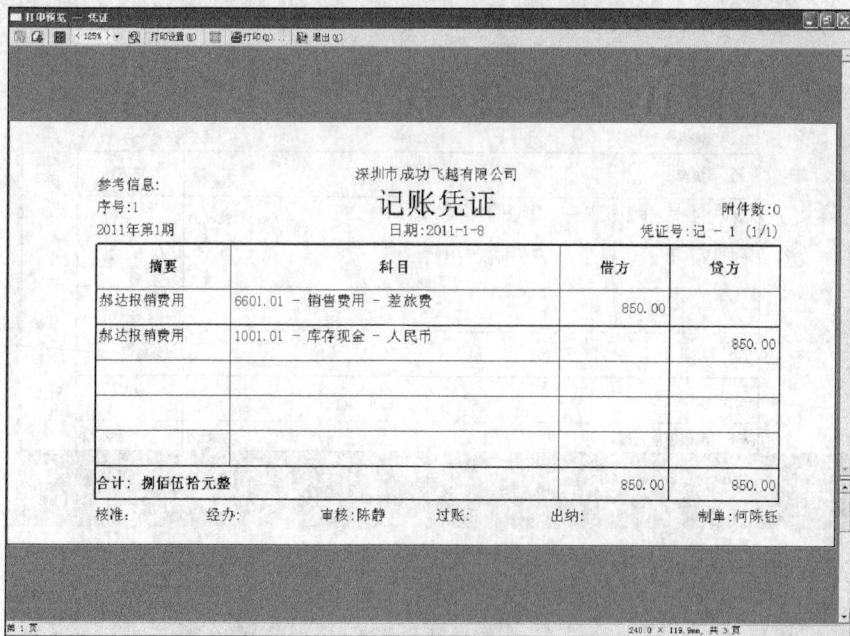

图 5-42

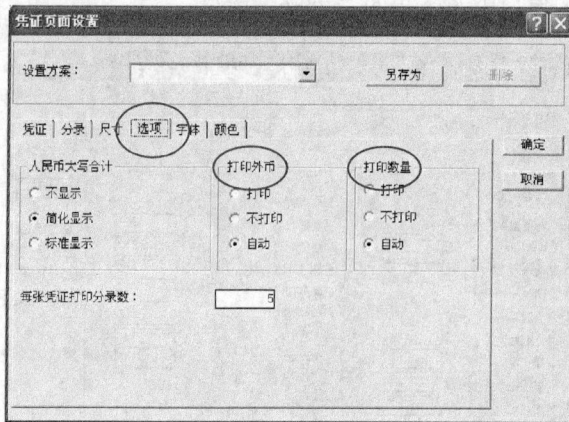

图 5-43

（8）打印格式调整后符合要求，即可单击菜单【文件】→【打印凭证】→【打印】进行凭证的打印输出。

注　在"凭证页面设置"时，请多次切换到"打印预览"窗口，查看设置所起的效果。

5.3.6　凭证过账

凭证过账是指系统根据已录入的凭证的会计科目将其登记到相关的明细账簿。只有本期的凭证过账后才能期末结账。过账操作步骤如下。

（1）在主界面窗口，双击【财务会计】→【总账】→【凭证处理】→【凭证过账】，系统弹出"凭证过账"窗口，如图 5-44 所示。

（2）在窗口中用户根据需要设置相应选项，在此采用默认值。单击"开始过账"按钮，稍后系统弹出过账情况信息，如图 5-45 所示。

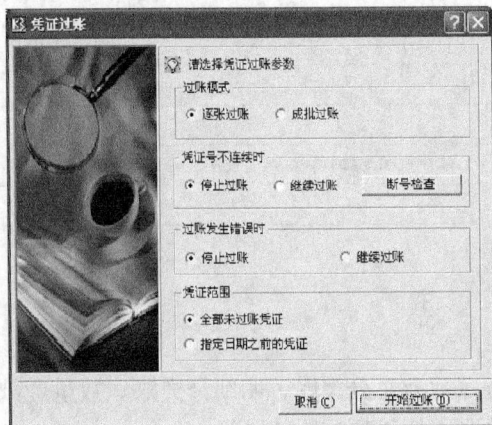

图 5-44   图 5-45

（3）单击"关闭"按钮，以凭证查询的方式进入"会计分录序时簿"窗口查看是否过账完成，过账成功的凭证会在过账项目下显示过账人的用户名，如图 5-46 所示。

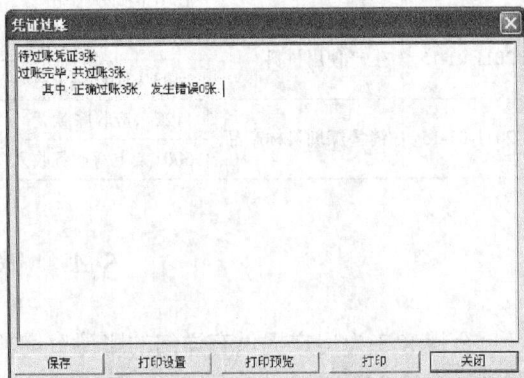

图 5-46

> 注
>
> 理论上已经过账的凭证不允许修改，只能采取补充凭证或红字冲销凭证的方式进行更正。因此，在过账前应该对记账凭证的内容仔细审核，系统只能检验记账凭证中的数据关系是否错误，而无法检查其业务逻辑关系。
>
> 金蝶 K/3 为用户提供反过账功能，在"会计分录序时簿"窗口单击菜单【编辑】→【反过账】即可。

5.3.7 凭证练习

以"何陈钰"身份录入表 5-8 中的凭证，以备后面操作时使用，并以"陈静"身份审核和过账所有凭证。

表 5-8 凭证练习

日 期	摘 要	会 计 科 目	辅助核算项目或结算方式	借方	贷方
2011-01-12	提备用金	1001.01　人民币		5 000	
		1002.01　工行东桥支行 125	支票 2011003		5 000
2011-01-12	行政部报销费用	5101.01　房租水电费		1 000	
		6602.02　业务招待费		1 200	
		1001.01　人民币			2 200
2011-01-15	生产使用材料	5001.01.01　直接材料		333	
		1403　原材料			333
2011-01-15	销售深圳科林产品	1122　应收账款	客户—01 深圳科林	1 234	
		6001　主营业务收入			1 234

5.4 账　簿

金蝶 K/3 为用户提供有详细的账簿查询功能，账簿有总分类账、明细分类账、数量金额总账、数量金额明细账、多栏账、核算项目分类总账和核算项目明细账等。

5.4.1 总分类账

"总分类账"用于查询科目总账数据，查询科目的本期借方发生额、本期贷方发生额和期末余额等项目数据。其操作步骤如下。

（1）在主界面窗口，选择【财务会计】→【总账】→【账簿】→【总分类账】，双击该功能，系统弹出"过滤条件"窗口，如图 5-47 所示。

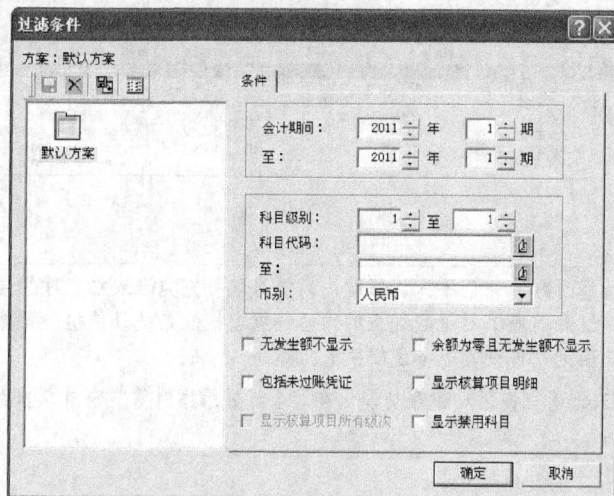

图 5-47

- 科目级别：选择要求显示的科目级次。
- 科目代码：设置查询的科目范围，按 F7 功能键获取会计科目。

- **无发生额不显示**：选中该项，不显示在期间范围内没有发生业务的科目。
- **包括未过账凭证**：选中该项，科目的汇总数据含有未过账凭证，反之，汇总数据只有已过账凭证。
- **余额为零且无发生额不显示**：选中该项，不显示科目余额为零且在期间范围内无发生额总账。
- **显示核算项目明细**：选中该项，科目下有核算项目的显示核算项目明细数据，反之不显示。
- **显示核算项目所有级次**：选中上一项，再选中该项，当核算项目有分级时，核算项目显示到最明细，反之，只显示核算项目的第一级数据。
- **显示禁用科目**：选中，若禁用科目下有数据也显示出来，反之不显示。

（2）过滤条件保持默认值，单击“确定”按钮，系统进入“总分类账”窗口，如图 5-48 所示。

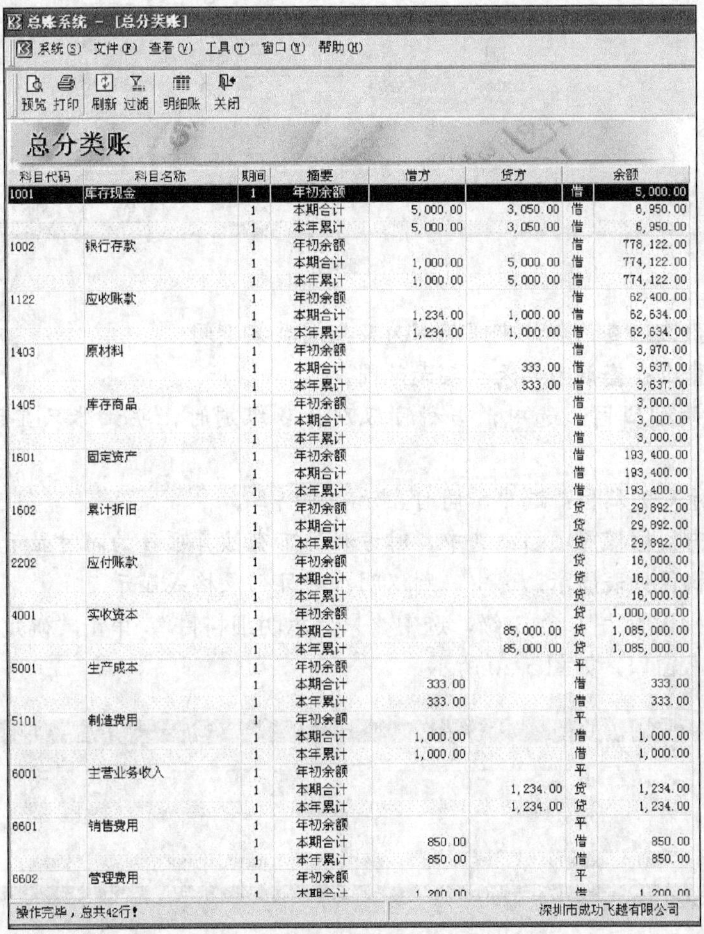

科目代码	科目名称	期间	摘要	借方	贷方	余额	
1001	库存现金	1	年初余额			借	5,000.00
		1	本期合计	5,000.00	3,050.00	借	6,950.00
		1	本年累计	5,000.00	3,050.00	借	6,950.00
1002	银行存款	1	年初余额			借	778,122.00
		1	本期合计	1,000.00	5,000.00	借	774,122.00
		1	本年累计	1,000.00	5,000.00	借	774,122.00
1122	应收账款	1	年初余额			借	62,400.00
		1	本期合计	1,234.00	1,000.00	借	62,634.00
		1	本年累计	1,234.00	1,000.00	借	62,634.00
1403	原材料	1	年初余额			借	3,970.00
		1	本期合计		333.00	借	3,637.00
		1	本年累计		333.00	借	3,637.00
1405	库存商品	1	年初余额			借	3,000.00
		1	本期合计			借	3,000.00
		1	本年累计			借	3,000.00
1601	固定资产	1	年初余额			借	193,400.00
		1	本期合计			借	193,400.00
		1	本年累计			借	193,400.00
1602	累计折旧	1	年初余额			贷	29,892.00
		1	本期合计			贷	29,892.00
		1	本年累计			贷	29,892.00
2202	应付账款	1	年初余额			贷	16,000.00
		1	本期合计			贷	16,000.00
		1	本年累计			贷	16,000.00
4001	实收资本	1	年初余额			贷	1,000,000.00
		1	本期合计		85,000.00	贷	1,085,000.00
		1	本年累计		85,000.00	贷	1,085,000.00
5001	生产成本	1	年初余额			平	
		1	本期合计	333.00		借	333.00
		1	本年累计	333.00		借	333.00
5101	制造费用	1	年初余额			平	
		1	本期合计	1,000.00		借	1,000.00
		1	本年累计	1,000.00		借	1,000.00
6001	主营业务收入	1	年初余额			平	
		1	本期合计		1,234.00	贷	1,234.00
		1	本年累计		1,234.00	贷	1,234.00
6601	销售费用	1	年初余额			平	
		1	本期合计	850.00		借	850.00
		1	本年累计	850.00		借	850.00
6602	管理费用	1	年初余额			平	
		1	本期合计	1,200.00		借	1,200.00

图 5-48

单击“查看”和“文件”菜单，可以查看明细账，设置页面属性，套打或按科目分页打印等。

5.4.2　明细分类账

"明细分类账"用于查询各科目下的明细账数据。

（1）在主界面窗口，选择【财务会计】→【总账】→【账簿】→【明细分类账】，双击该功能，系统弹出"过滤条件"窗口，如图 5-49 所示。

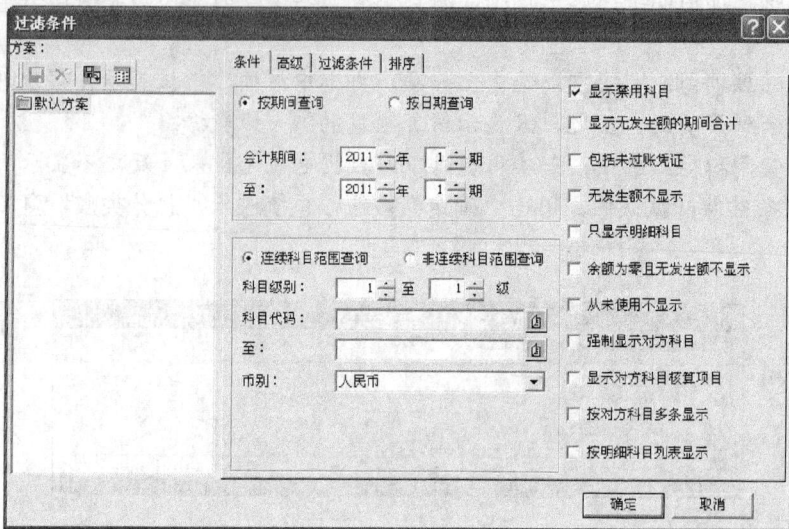

图 5-49

- **按期间查询**：查询会计期间范围为某期间至某期间。
- **按日期查询**：查询为某天至某天范围。
- **只显示明细科目**：选中，当科目级别为多级别时，明细账只显示最明细科目的数据。
- **强制显示对方科目**：选中，同时显示对方科目。
- **显示对方科目核算项目**：选中，对方科目下有核算项目的同时显示。
- **按明细科目列表显示**：选中，则以明细科目列表格式显示。

（2）科目级别设置为 1 至 3 级，选中"只显示明细科目"，单击"确定"按钮，系统弹出"明细分类账"窗口，如图 5-50 所示。

图 5-50

单击"第一"、"上一"、"下一"、"最后"按钮查询不同科目的明细账，单击"总账"查看该科目的总账数据。

5.4.3　多栏账

不同企业的科目设置情况不同，因此多栏式明细账需要用户自行设定。下面以查询"营业费用"的多栏账为例，介绍多栏账的设置方法。

（1）在主界面窗口，选择【财务会计】→【总账】→【账簿】→【多栏账】，双击该功能，系统弹出"多栏式明细分类账"窗口，如图 5-51 所示。

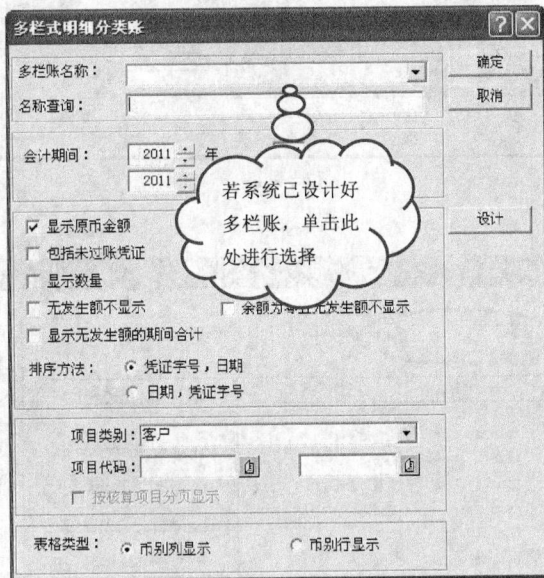

图 5-51

- **多栏账名称**：选择已设计好的多栏账。
- **会计期间**：查询期间范围。
- **设计**：进行多栏账的设计管理，如新增、修改或删除等。

（2）设计"管理费用多栏账"。单击"设计"按钮，系统弹出"多栏式明细账定义"窗口，如图 5-52 所示。

- **浏览**：浏览已有的多栏账。
- **编辑**：新增、修改或删除多栏账。

（3）在编辑窗口，单击"新增"按钮，在会计科目处按 F7 键获取"6602—管理费用"科目，再单击窗口右下角的"自动编排"按钮，系统会自动将该科目下的明细科目排列出来，如图 5-53 所示。

（4）币别代码选择"人民币"，多栏账名称保持默认值，单击"保存"按钮保存当前设置。若要编辑、删除已设计好的多栏账，则切换到"浏览"窗口选中多栏账后，再返回"编辑"窗口进行编辑和删除操作。

（5）在"浏览"窗口选中"管理费用多栏明细账"，单击"确定"按钮，返回"多栏式明细分类账"窗口。

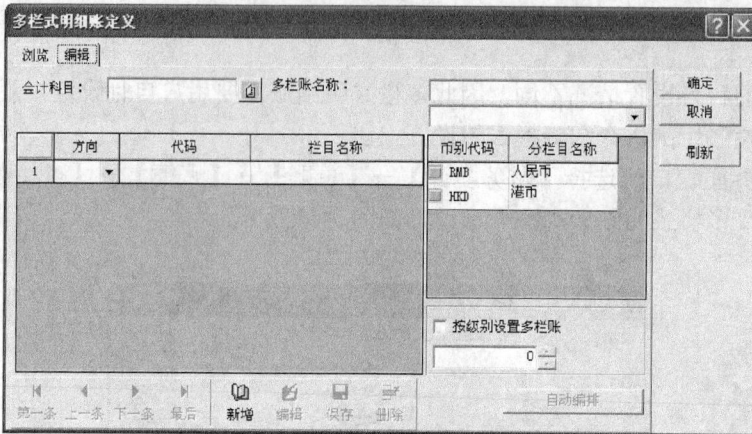

图 5-52

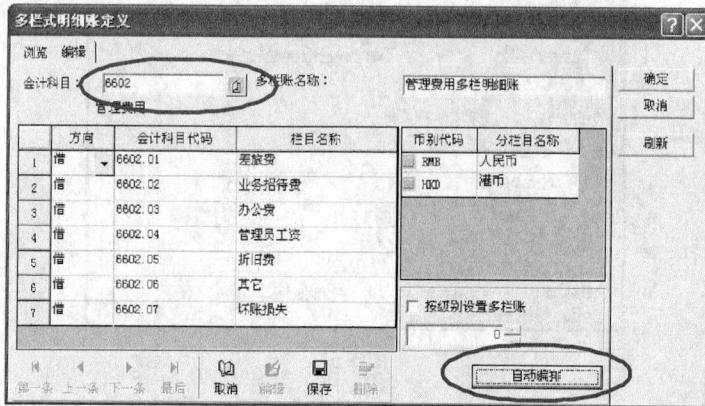

图 5-53

（6）多栏账名称选择刚才所设计的"管理费用多栏明细账"，单击"确定"按钮，系统弹出"多栏式明细账"窗口，如图 5-54 所示。

图 5-54

5.4.4　核算项目分类总账

核算项目分类总账用于查看带有核算项目设置的科目总账。

（1）在主界面窗口，选择【财务会计】→【总账】→【账簿】→【核算项目分类总账】，双击该功能，系统弹出"过滤条件"窗口，如图 5-55 所示。

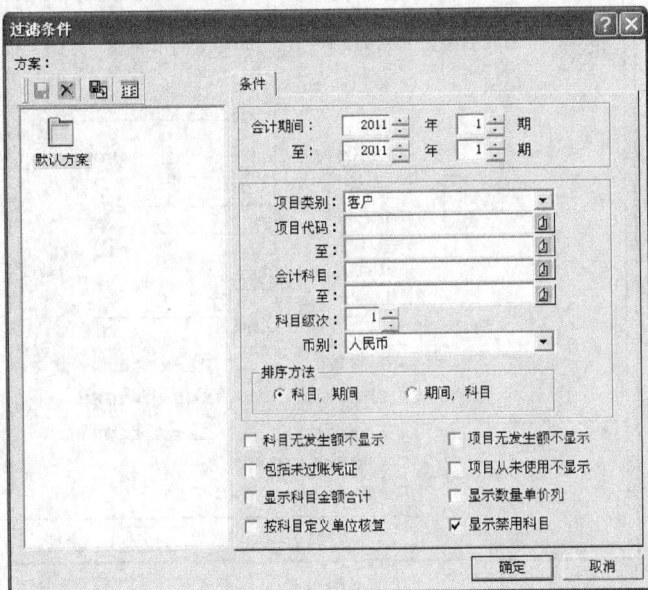

图 5-55

查询时，重点是"项目类别"的选择，是客户、供应商或者是部门等项目，其他过滤条件设置方法基本同前面的总分类账设置。

（2）选择项目类别"供应商"，单击"确定"按钮，系统进入"2202—应付账款"的"核算项目分类总账"窗口，如图 5-56 所示。

图 5-56

单击"第一"、"上一"、"下一"、"最后"按钮，可以查看不同核算项目的数据。

5.4.5　核算项目明细账

核算项目明细账用于查看核算项目的明细账。

（1）在主界面窗口，选择【财务会计】→【总账】→【账簿】→【核算项目明细账】，双击该功能，系统弹出"过滤条件"窗口，如图 5-57 所示。

（2）项目类别选择"客户"，单击"确定"按钮，系统进入"核算项目明细账"窗口，如图 5-58 所示。

单击"第一"、"上一"、"下一"、"最后"按钮，可以查看不同核算项目的数据。

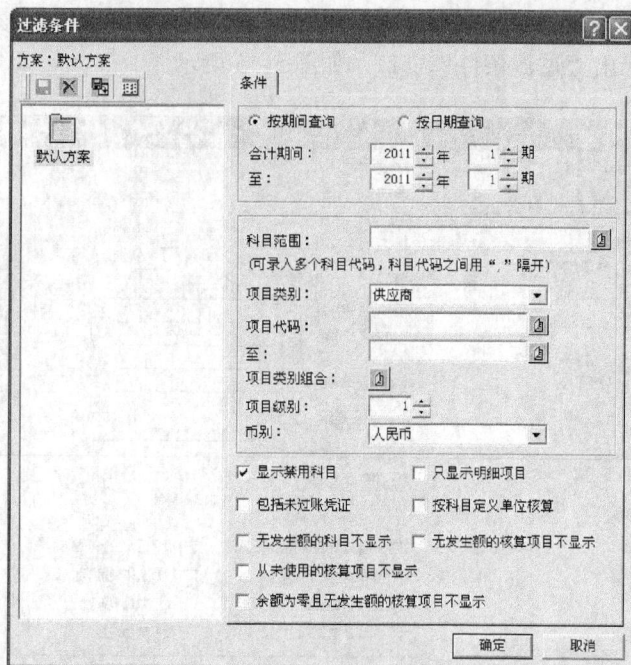

图 5-57

图 5-58

5.5 财务报表

金蝶K/3系统为用户提供了详细的财务报表查询功能，报表有科目余额表、试算平衡表、日报表查询、核算项目余额表、核算项目明细表、核算项目汇总表、核算项目组合表、科目利息计算表和调汇历史信息表等。

在此以查询"科目余额表"为例，介绍报表的查询方法，其他报表的查询方法可以参照"科目余额表"。通过科目余额表可查询账套中所有会计科目的余额情况，可设置查询期间范围和查询级次等。

（1）在主界面窗口，双击【财务会计】→【总账】→【财务报表】→【科目余额表】，系统弹出"过滤条件"窗口，如图5-59所示。

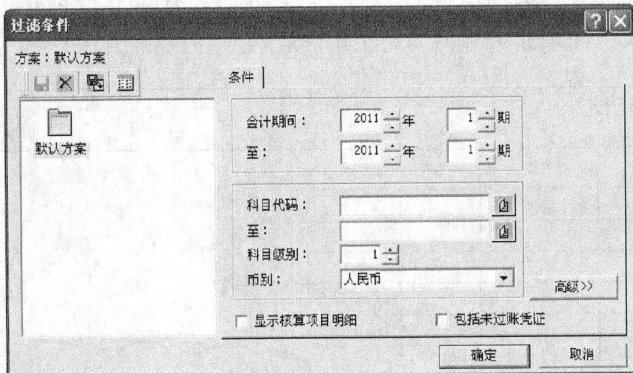

图 5-59

在窗口中可以设置查询条件，单击"高级"按钮可以进行更复杂的条件设置。

（2）科目级别设为"2"，单击"确定"按钮，系统进入"科目余额表"窗口，如图 5-60 所示。

图 5-60

> 注　工具栏上的"明细账"按钮非常有用，通过该按钮可以查看该科目的明细账，再通过明细账窗口可以查看总账或凭证。

5.6　往　来

往来管理提供核算管理、往来对账单和账龄分析表等功能。要应用这些功能的前提是科目的属性必须设置为"往来业务核算"。修改"1122—应收账款"和"2202—应付账款"的属性，选中"往来业务核算"选项，同时不受控。已设置"往来业务核算"的科目在录入凭证时，系统会提示录入"往来业务编号"，如图5-61所示。

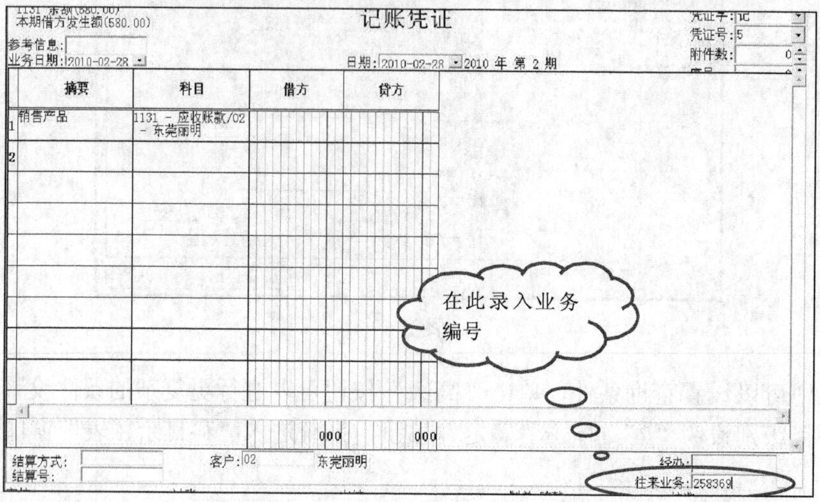

图 5-61

5.6.1 核销管理

要使用"核销管理"功能有几大前提。

（1）会计科目属性应包含"往来业务核算"选项。

（2）涉及往来业务核算科目的凭证，往来业务编号一定要录入（或按F7获取），因为核销的原理是根据同一业务编号，不同方向进行核销的。

（3）一定要选中总账参数中的"启用往来业务核销"选项。

因本账套初始没有设置往来业务核算，涉及应收、应付的凭证暂没有录入业务编号，所以，在此只讲原理不讲操作。下面举例说明。

例5-2：10月1日向A公司销售产品，凭证如下。

借：应收账款——A公司——123（业务编号）　　RMB5 000

　贷：营业收入　　　　　　　　　　　　　　　　　　　　RMB5 000

10月2日向A公司销售产品，凭证如下。

借：应收账款——A公司——131（业务编号）　　RMB680

　贷：营业收入　　　　　　　　　　　　　　　　　　　　RMB680

10月3日向A公司销售产品，凭证如下。

借：应收账款——A公司——133（业务编号）　　RMB1 000

　贷：营业收入　　　　　　　　　　　　　　　　　　　　RMB1 000

假设10月5日收到A公司货款5 500元，凭证如下。

借：银行存款　　　　RMB5 500

　贷：应收账款——A公司——123　　　　　　　　RMB5 000

　贷：应收账款——A公司——131　　　　　　　　RMB500

通过该张收款凭证可以知道，所收款项为123号单据的5 000元和131号单据的500元，并且 131 号还欠 180 元。

核销管理功能就是对上述凭证的同一会计科目，同一核算项目或同一业务编号，但是不同方向的金额进行核销处理，以便了解每张单据的款项已付、未付和欠款等情况。

核销管理是为了详细知道每个业务编号核销情况。若公司管理要求只要知道客户的本期借方发生额、本期贷方发生额，则两项相减即可知道客户的期末余额（欠款数），而不用业务编号核销管理。

该功能适合于"总账"系统单独使用，用户要求知道详细的往来业务的情况。如果使用应收、应付系统，在这两个系统中能详细了解客户往来情况，所以在"总账"系统就不必再重复管理。

5.6.2　往来对账单

往来对账单可用于查询会计科目设有"往来业务核算"属性的科目借方额、贷方额和余额。

在主界面窗口，双击【财务会计】→【总账】→【往来】→【往来对账单】，系统弹出"过滤条件"窗口，如图 5-62 所示。会计科目按 F7 键获取有设置"往来业务核算"的科目，单击"确定"按钮，系统会进入"往来对账单"窗口，如图 5-63 所示。

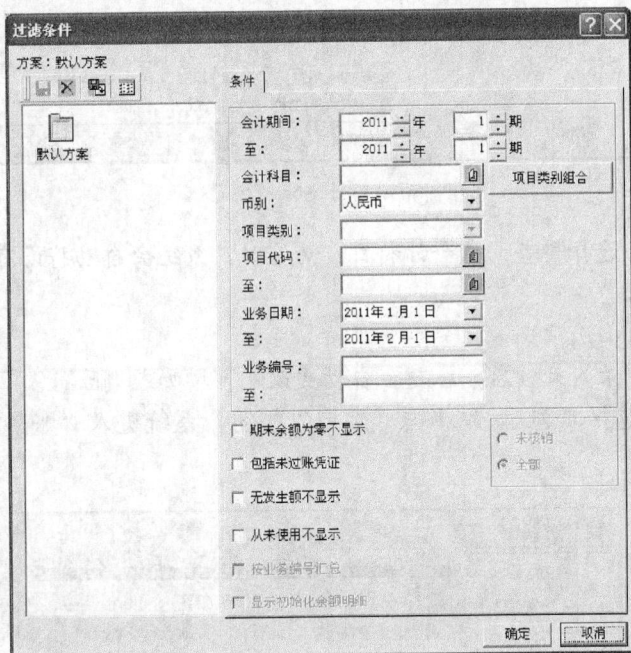

图 5-62

图 5-63

若要查看其他客户的对账单，单击工具栏上的"上一"、"下一"按钮进行查询。

5.6.3 账龄分析表

账龄分析表可用于对设有往来核算科目的往来款项余额的时间分布进行分析。

（1）在主界面窗口，双击【财务会计】→【总账】→【往来】→【账龄分析表】，系统弹出"过滤条件"窗口，如图 5-64 所示。

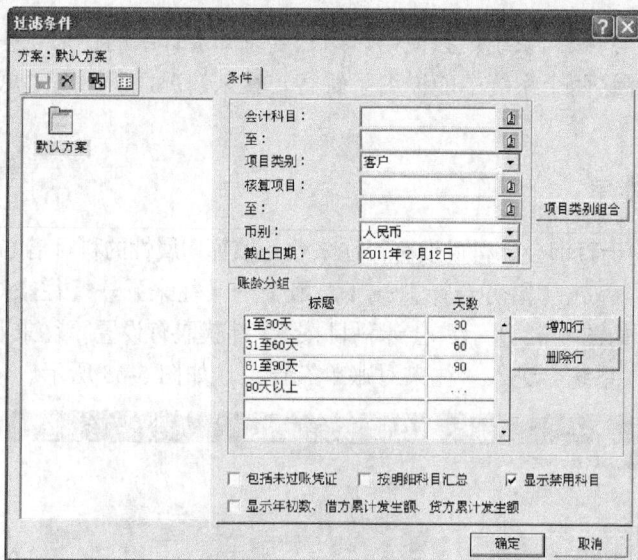

图 5-64

- **会计科目**：选择要查询的会计科目。为空时，系统会自动将设有往来业务核算的科目显示出来。
- **项目类别**：必选项。
- **账龄分组**：录入天数后，标题会自动更改，可增加或删除行。

（2）项目类别选择"客户"，单击"确定"按钮，系统进入"账龄分析表"窗口，如图 5-65 所示。

图 5-65

5.7　现金流量表

现金流量表以现金的流入和流出反映企业在一定期间内的经营活动、投资活动和筹资活动的动态，反映企业现金流入和流出的全貌。

现金流量表可以处理所有期间的数据，账套中所有凭证不论是否过账、是否审核，不论会计期间是否结账，系统均可以对凭证进行拆分处理，编制报表。在任意时间都可以编制报表，如每年、每月或每天出一张现金流量表。

现金流量表是提取账务处理系统凭证分录中有"现金类科目"和"现金等价物类科目"的数据，再根据指定现金流量项目生成现金流量表。

5.7.1 现金流量项目指定

现金流量项目指定有两种方式：一种是在"凭证录入"时，单击工具栏上的"流量"按钮，系统弹出"现金流量项目指定"窗口，在窗口中指定"对方科目分录"项，获取报表项目以及现金流量的金额；另一种方式是当凭证业务处理好之后，在"凭证查询"窗口中指定。

若系统参数中选中"现金流量科目必须输入现金流量项目"，则在录入凭证时，系统会自动弹出"现金流量项目指定"窗口。

双击【财务会计】→【总账】→【凭证处理】→【凭证查询】，查询出所有凭证，选中涉及"现金流量"业务的凭证，如选中"记—1"凭证，单击工具栏上"流量"按钮，系统进入"现金流量项目指定"窗口，首先选择"对方科目分录"，然后再选择"主表项目"，能选择"附表项目"时同时选择，如图5-66所示。

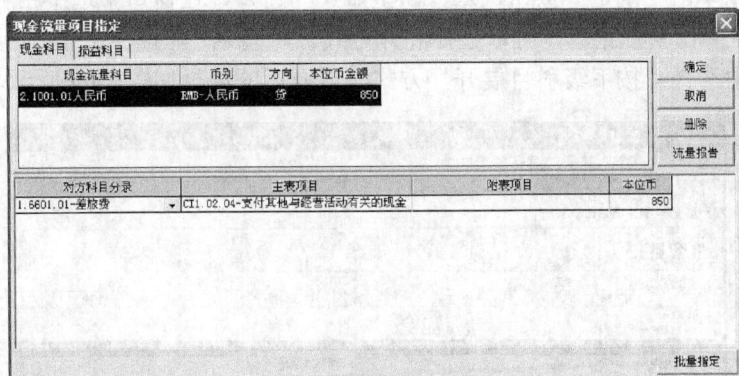

图 5-66

单击"确定"按钮保存指定。请继续对其他凭证进行指定。

5.7.2 现金流量表查询

现金流量项目指定完成后，可以查询现金流量表情况。双击【财务会计】→【总账】→【现金流量】→【现金流量表】，系统弹出过滤窗口，如图5-67所示。

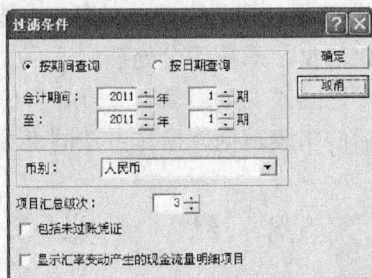

图 5-67

保持默认值，单击"确定"按钮，系统进入"现金流量表"窗口，如图 5-68 所示。窗口中圆圈处就是从刚才所指定的凭证中得到的。

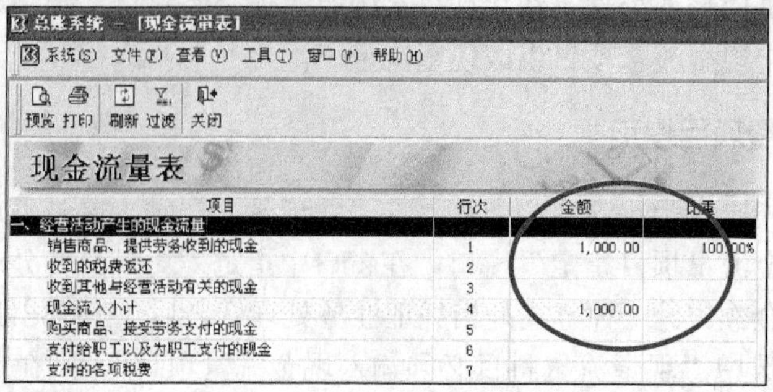

图 5-68

5.7.3 T 型账户

双击【财务会计】→【总账】→【现金流量】→【T 型账户】，系统弹出"过滤"窗口，保持默认条件，单击"确定"按钮进入"T 型账户"窗口，在窗口中选中相应记录后，单击鼠标右键，系统弹出快捷菜单，可以选择展开方式。如选中"非现金类"项后单击鼠标右键，在弹出的菜单中选择"按下级科目展开"方式，展开后的结果如图 5-69 所示。

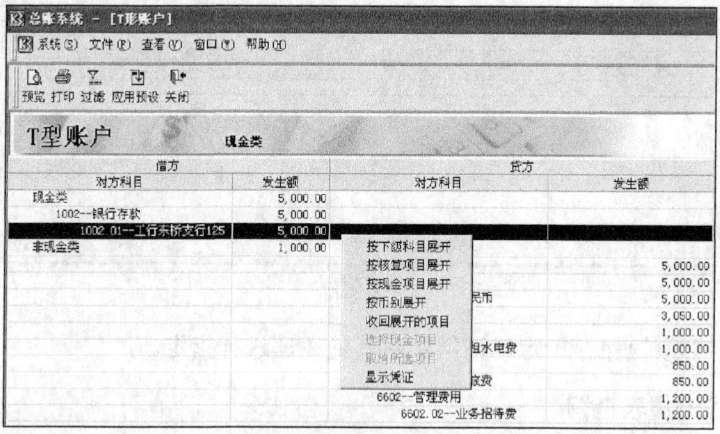

图 5-69

当报表中数据错误时，可以选中要修改的记录，单击鼠标右键，在弹出的菜单选择"选择现金项目"，系统会进入"现金流量项目"窗口，在窗口中选中正确的项目名称即可，双击鼠标左键，表示"确定"选中该项目，系统后台处理后返回"T 型账户"窗口。要查看"现金流量项目"指定是否成功，可返回"现金流量表"查看窗口进行查看。

附表是指定现金流量项目后的附表数据，操作方法同查看"现金流量表"的操作方法。

5.8 结　账

本期凭证业务处理完成后，可以进行期末处理，即期末调汇、自动转账、结转损益和期末结账操作。

（1）若用户单独使用"总账"系统，可以开始期末处理。若用户与固定资产、应收和应付等系统连接使用，则建议业务系统先结账后再进行期末处理工作。

（2）建议先出完资产负债表、损益表，再进行期末结账。

5.8.1 期末调汇

期末调汇是在期末自动对有外币核算和设有"期末调汇"的会计科目计算汇兑损益，生成汇兑损益转账凭证及期末汇率调整表。

（1）双击【财务会计】→【总账】→【结账】→【期末调汇】，系统弹出"期末调汇"窗口，如图 5-70 所示。

（2）假设调整汇率为"0.85"。调整汇率录入"0.85"，单击"下一步"按钮，系统进入下一窗口，如图 5-71 所示。

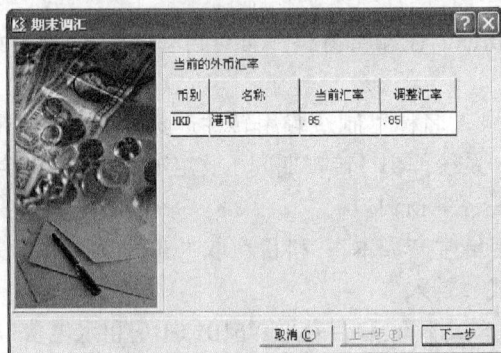

图 5-70

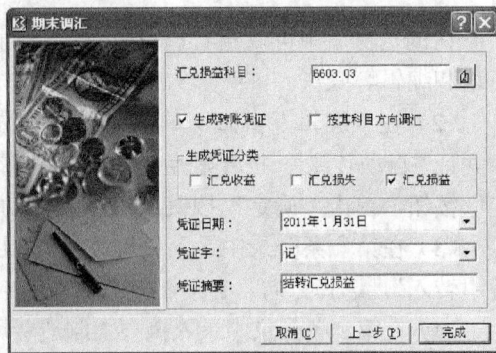

图 5-71

（3）在窗口中"汇兑损益科目"处按 F7 键获取"6603.03—调汇"科目，选择正确的凭证字，录入正确的摘要。

（4）科目获取成功，勾选生成"汇兑收益"选项，单击"完成"按钮，稍后系统弹出提示："已经生成一张调汇转账凭证，凭证字号为：记—××"。

查看生成的凭证。双击【财务会计】→【总账】→【凭证处理】→【凭证查询】，在"会计分录序时簿"中可以查询到生成的凭证。

5.8.2 自动转账

期末转账凭证用于将相关科目下的余额转入到另一相关科目下。例如将制造费用转入生产成本科目，可以直接录入，即查看相关科目下的余额，用"凭证录入"功能将余额转出；也可以使用自动转账功能，定义好转账公式，在期末只要选中要转账的项目，生成凭证即可，这样既简单又能提高效率。

下面以定义"制造费用转生产成本"的自动转账凭证为例，介绍自动转账的使用方法。

（1）在主界面窗口，双击【财务会计】→【总账】→【结账】→【自动转账】，系统弹出"自动转账凭证"窗口，如图 5-72 所示。

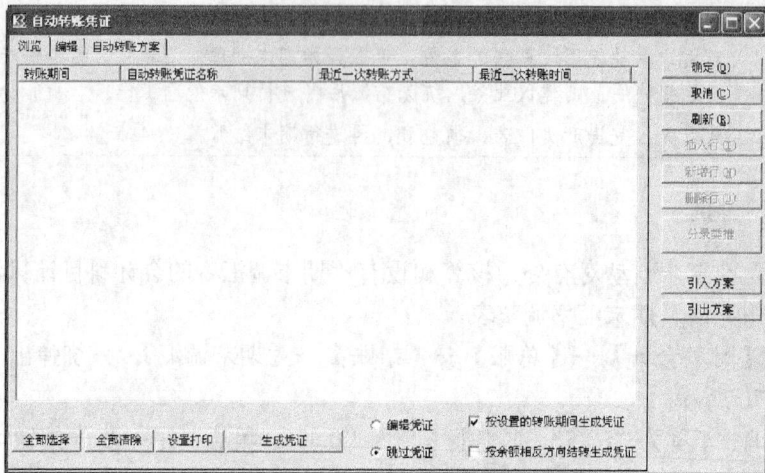

图 5-72

在浏览窗口中可以查看已设置好的自动转账凭证。在编辑窗口中可对自动转账凭证进行新增和编辑等操作。

（2）在"编辑"窗口，单击"新增"按钮，录入名称"制造费用转生产成本"，选择机制凭证"自动转账"，按转账期间右边的编辑按钮，系统弹出"转账期间"设定窗口，单击"全选"按钮，单击"确定"按钮，返回"自动转账凭证"窗口。

（3）在第一条分录中录入凭证摘要"制造费用转生产成本"，科目获取"5001.01.03 制造费用转入"，选择方向"自动断定"，选择转账方式"转入"。

（4）在第二条分录中录入摘要"制造费用转生产成本"，科目获取"5101.01 房租水电费"，方向"自动断定"，转账方式为"按公式转出"，公式方法为"公式取数"，公式定义单击"下设"按钮，系统弹出"公式定义"窗口，如图 5-73 所示。

单击窗口右侧的"公式向导"按钮，系统弹出"报表函数"窗口，如图 5-74 所示。

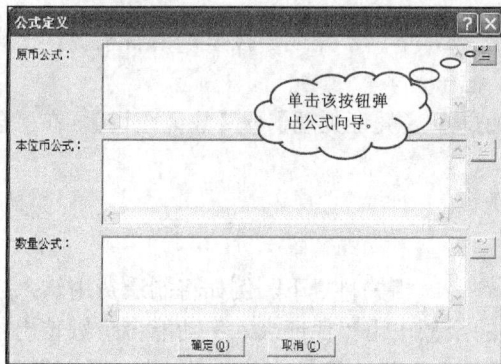

图 5-73

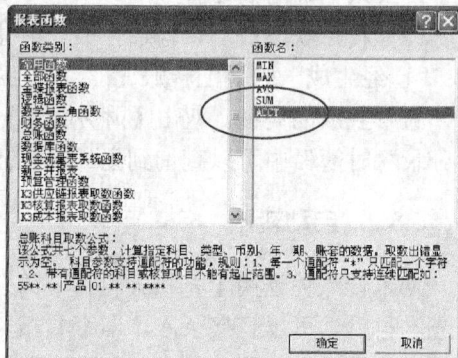

图 5-74

选中常用函数下的"ACCT"函数，单击"确定"按钮，系统进入"函数表达式"设置窗口，科目获取"5101.01—房租水电费"，取数类型获取"Y 期末余额"，如图 5-75 所示。

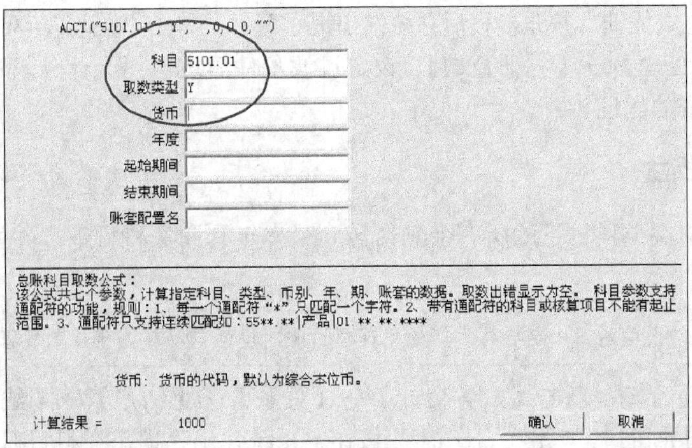

图 5-75

单击"确认"按钮，返回"公式定义"窗口，单击"确定"按钮，返回"自动转账凭证"窗口。

（5）按步骤（4）录入剩余的科目，结果如图 5-76 所示。

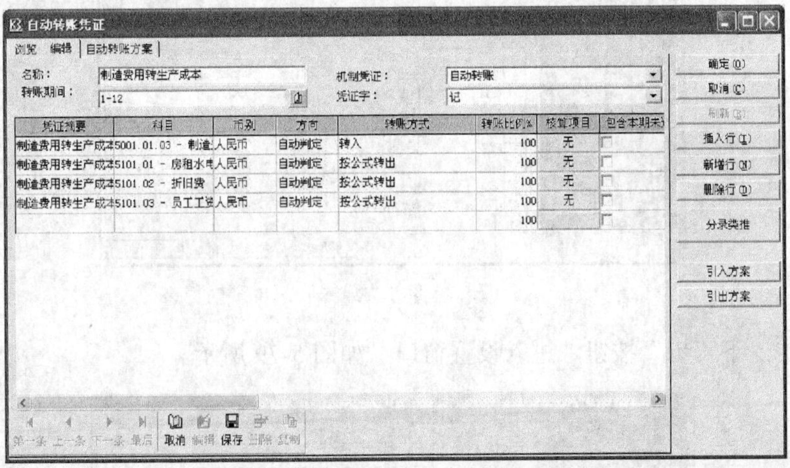

图 5-76

（6）单击"保存"按钮，并切换到"浏览"窗口，选中刚才所建立的转账凭证，如图 5-77 所示。

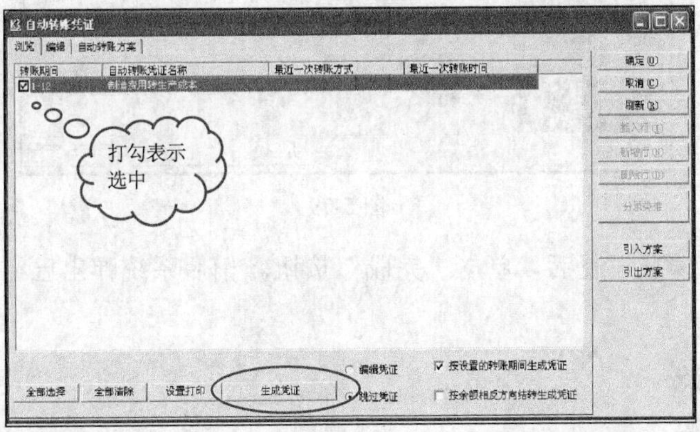

图 5-77

（7）单击"生成凭证"按钮，稍后系统弹出提示窗口，单击"关闭"，双击【财务会计】→【总账】→【凭证处理】→【凭证查询】，设定过滤条件后进入"会计分录序时簿"窗口中可以查询到刚才生成的凭证。

5.8.3 结转损益

结转损益将损益类科目下的所有余额结转到"本年利润"科目下，并生成一张结转损益的凭证。

> **注** 在结转损益前，一定要将本期的凭证都过账，包括自动转账生成的凭证。

（1）在主界面窗口，双击【财务会计】→【总账】→【结账】→【结转损益】，系统弹出"结转损益"向导窗口，单击"下一步"按钮，系统弹出"损益类科目对应本年利润科目"窗口，如图 5-78 所示。

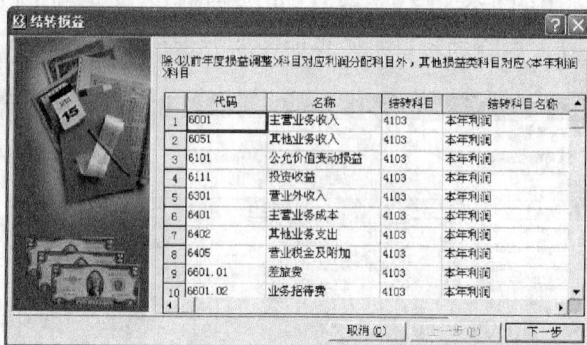

图 5-78

（2）单击"下一步"按钮，进入设置窗口，如图 5-79 所示。

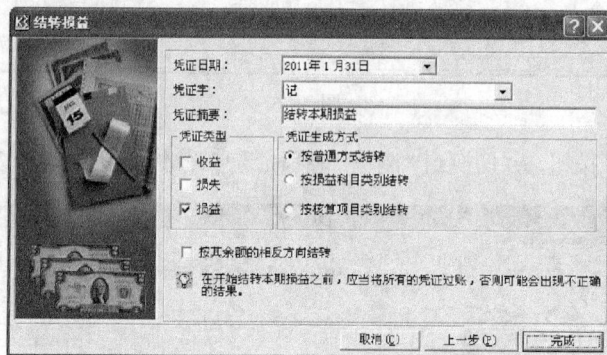

图 5-79

（3）根据实际情况设置后，单击"完成"按钮。稍后系统弹出已经生成的一张某字某号的凭证。

5.8.4 期末结账

本期会计业务全部处理完毕后，可以进行期末结账处理，本期期末结账后，系统才能进入下一期间进行业务处理。

> 注　期末结账的前提是本期所有凭证已过账完毕。

（1）在主界面窗口，双击【财务会计】→【总账】→【结账】→【期末结账】，系统弹出"期末结账"窗口，如图 5-80 所示。

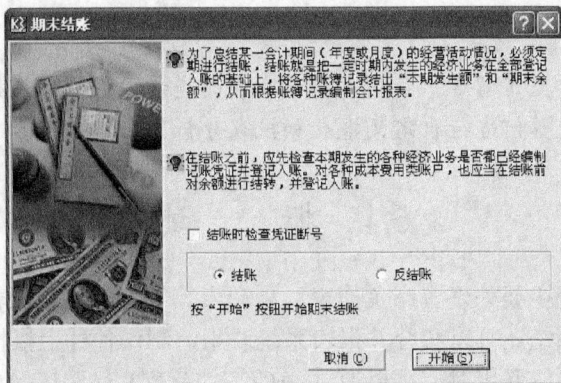

图 5-80

金蝶 K/3 系统为用户提供结账和反结账功能，选中"结账"项，勾选"结账时检查凭证断号"，则凭证中有断号时会弹出提示，提示用户是否结账。

（2）项目设置完成后，单击"开始"按钮即可结账。

> 注　当总账系统与固定资产、应收和应付等系统连接使用时，一定要固定资产、应收和应付等系统结账后才能进行总账模块的结账。

5.9　课后习题

（1）审核凭证时对审核人有什么要求？

（2）在会计分录序时簿中选中要修改、删除的凭证，但是修改、删除功能按钮显示为灰色，怎样处理后，这两个功能才能使用？

（3）凭证打印方式有几种？

（4）本期有外币业务，在查看试算平衡表时不平衡，原因可能是什么？

（5）要应用"往来"下的功能，前提是什么？

（6）期末转账凭证有几种生成方式？

（7）总账模块期末结账的前提是什么？

第6章 报表与分析

通过本章学习，重点了解资产负债表和利润表的查看方法，报表格式、报表公式和报表打印的操作方法，以及如何进行自定义报表和报表分析。

6.1 概　　述

金蝶 K/3 报表系统主要处理资产负债表、利润表等常用的财务报表，并可以根据管理需要自定义报表。报表系统还可以和合并报表系统联用，制作各种上报报表。

报表系统与总账系统联用时，可以通过 ACCT、ACCTCASH、ACCTGROUP 等取数函数从总账系统的科目中取数；和工资系统联用时，可以通过函数 FOG-PA 从工资系统中取数；和固定资产系统联用时，可以通过函数 FOG-PA 从固定资产系统中取数；和工业供需链联用时，可以通过函数从工业供需链中取数。

报表的界面显示为一个表格，操作与 Excel 类似。

报表系统没有初始设置和期末结账，主要用于查询报表、修改格式和修改公式，然后输出。

报表系统与其他系统的关系如图 6-1 所示。

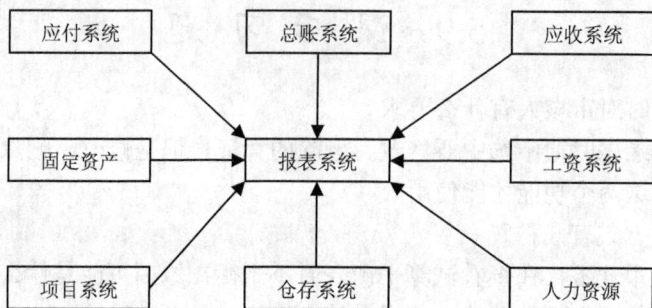

图 6-1

6.2 报 表 处 理

报表系统为用户预设有部分行业的报表模板，如资产负债表、利润表和利润分配表等。用户也可以利用公式向导更改取数公式，可以通过页面设置更改输出格式。下面以处理资产负债表为例，介绍报表的处理方法。

6.2.1　查看报表

（1）以"陈静"身份登录账套。在主界面窗口，选择【财务会计】→【报表】→【新企业会计准则】→【新会计准则资产负债表】，双击该功能，系统进入"报表系统"窗口，如图 6-2 所示。

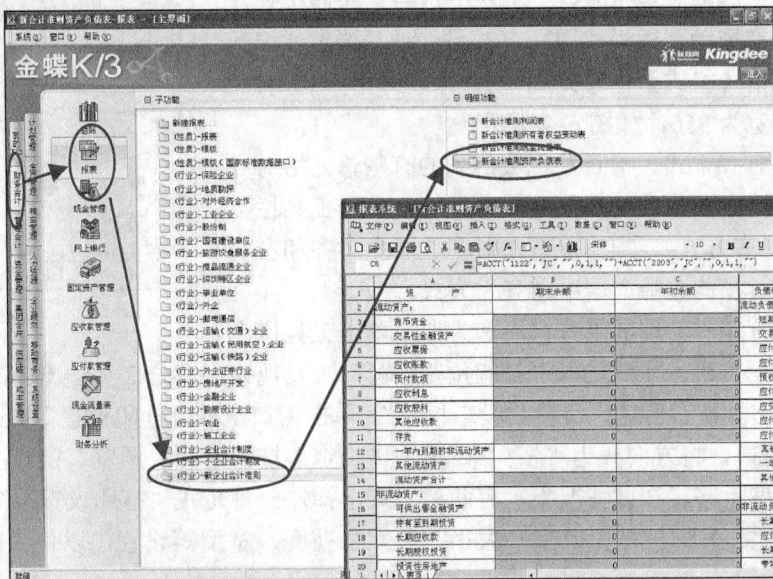

图 6-2

（2）单击菜单【视图】→【显示数据】，再单击菜单【报表】→【报表重算】，报表会以设置好的公式计算出结果，如图 6-3 所示。

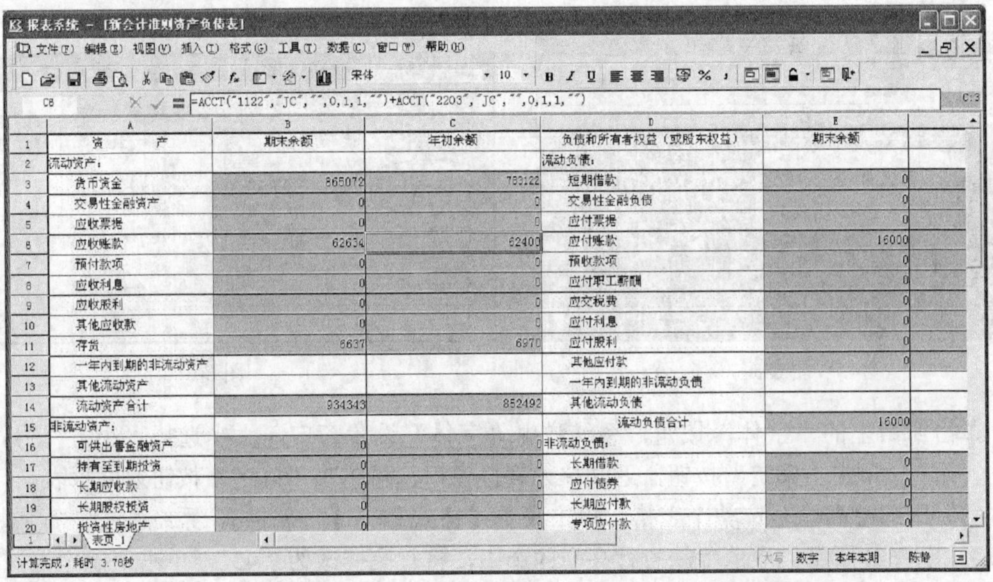

图 6-3

6.2.2 打印

报表输出为求美观，随时要对报表格式进行设置，如列宽、行高、字体和页眉页脚等内容。下面以输出"资产负债表"为例介绍格式设置步骤。

（1）修改列宽。方法有 2 种。一种是用鼠标拖动修改列宽，如修改 C 列的宽度，将光标移到 C、D 列之间的竖线位置，当光标变成↔箭头时按住左键拖动，将列宽拖动至适当位置即可；另一种是选定要修改的列，单击菜单【格式】→【列属性】，系统弹出"列属性"窗口，修改列宽为 350，如图 6-4 所示。

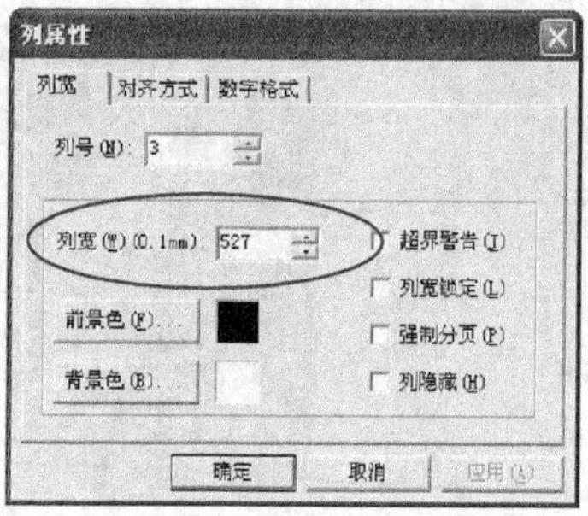

（2）修改对齐方式。检查发现数值列的有些单元格对齐方式不统一，选中要修改的数值列或单元格，单击工具栏上的"▆▆▆（对齐方式）"按钮，有左对齐、居中对齐和右对齐等方式选择。在此选择"居中对齐"方式。

（3）设置打印时使用的纸张大小和方向。单击工具栏上的"打印预览"按钮，系统进入"打印预览"窗口，发现该报表分 2 页输出，高度刚好打印完，宽度还不够打印右侧的"负债和股东权益"。单击窗口上的"打印设置"按钮，系统弹出"打印设置"窗口，将方向改为"横向"，单击"确定"按钮返回"预览"窗口，发现宽度满足要求，而高度不够。在此情况下，有两种方式选择，一种是在"打印设置"窗口，选择纸张大小为"A3"；另一种是更改文字大小、单元格高度、宽度等设置，以使其能在一张 A4 纸上打印出来。

本练习采用第二种方式，纸张大小选择 A4，方向为"横向"打印。

（4）更改字体大小。单击"退出"按钮，返回报表窗口。选定整个表格内容，如图 6-5 所示。

再单击菜单【格式】→【单元属性】，系统弹出"单元属性"窗口，如图 6-6 所示。

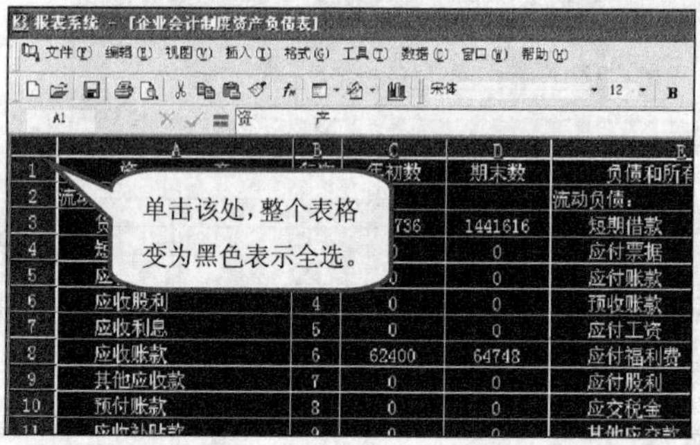

图 6-4

图 6-5

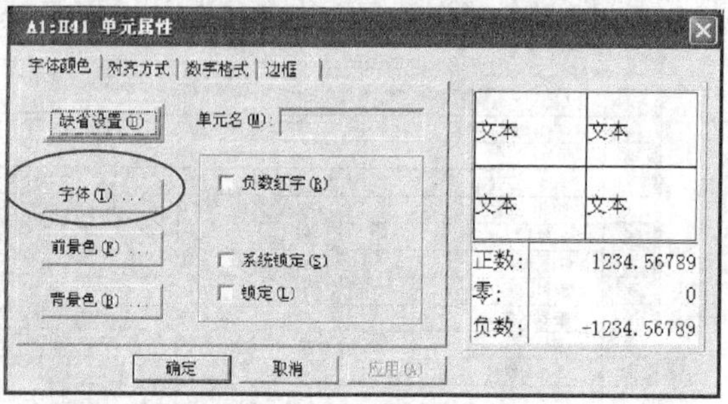

图 6-6

单击窗口上的"字体"按钮，系统弹出"字体"设置窗口，大小选择"小五"号，如图 6-7 所示。单击"确定"按钮，返回单元属性窗口，再单击"确定"按钮返回报表。

（5）压缩行高。全选整个表格，单击菜单【格式】→【行属性】，系统弹出"行属性"窗口，如图 6-8 所示。取消"缺省行高"的选中，将行高修改为"45"，单击"确定"按钮，返回报表窗口。

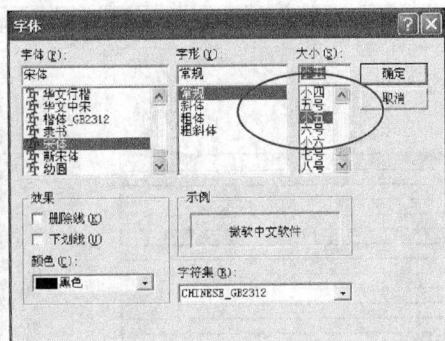

图 6-7

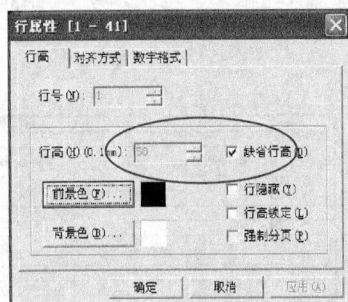

图 6-8

> 🐝 注　　在作格式调整时，建议多使用"打印预览"功能，以查看格式。若字体、行高、列宽已经设到最小，还是不能满足要求，建议使用大的纸张进行打印或者分页打印。

（6）修改表头项目和页眉页脚。通过"预览"发现，"编制单位"后面没有数据，没有报表"日期"。下面在页眉页脚中修改，这样每一页都可以看到。

① 单击菜单【格式】→【表属性】，系统弹出"报表属性"窗口，单击"页眉页脚"选项卡，选中第三行"单位名称"页眉，如图 6-9 所示。

选中后，也可以单击"预定义类型"下拉按钮选择预定义类型。

② 单击"编辑页眉页脚"按钮，系统弹出"自定义页眉页脚"窗口，在冒号后录入"深圳市成功飞越有限公司"，将"年月日"修改为"2011 年 1 月 31 日"，如图 6-10 所示。

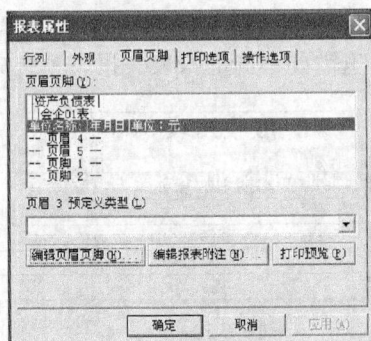

图 6-9

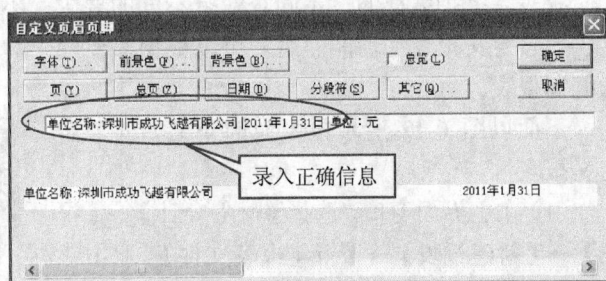

图 6-10

单击"确定"按钮，保存页眉修改，并返回"报表属性"窗口，单击"确定"按钮，保存所有页眉页脚的修改。

（7）单击工具栏上"打印预览"按钮，系统进入"打印预览"窗口，如图 6-11 所示。预览发现当前修改已经基本符合输出要求。

> 🐝 注　　该报表的日期由于预设到页眉中，当输出 2 月报表时，返回页眉进行编辑即可。

请读者用同样的方法将"新会计准则利润表"业务处理后进行格式的调整。

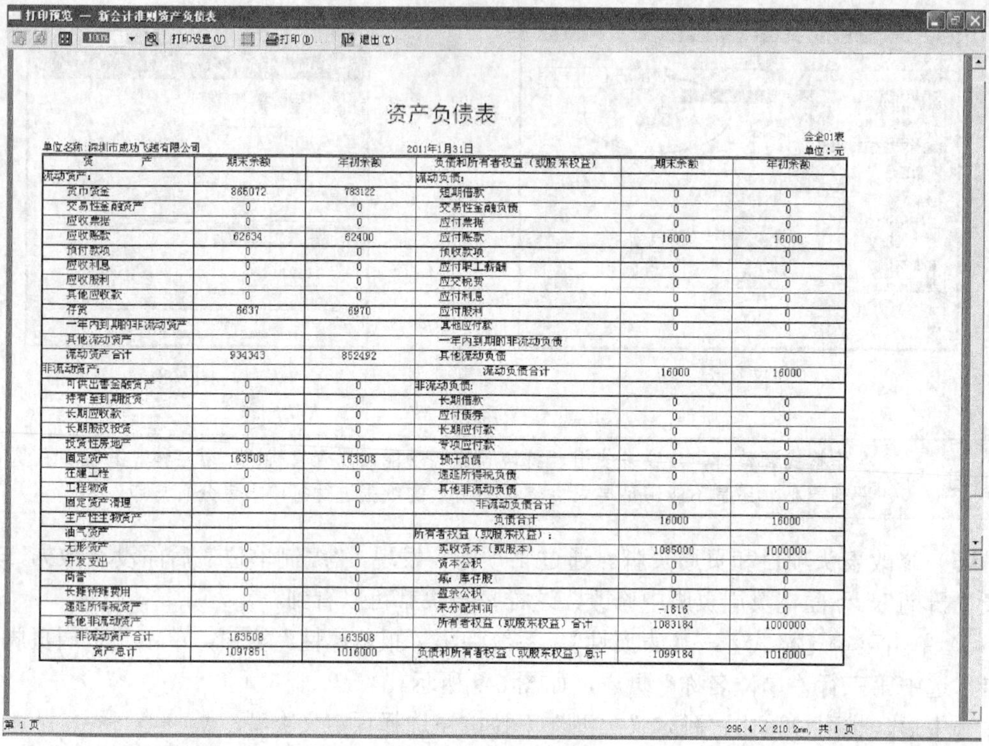

资产负债表

单位名称：深圳市成功飞越有限公司　　2011年1月31日　　会企01表 单位：元

资产	期末余额	年初余额	负债和所有者权益（或股东权益）	期末余额	年初余额
流动资产：			流动负债：		
货币资金	865072	783122	短期借款	0	0
交易性金融资产	0	0	交易性金融负债	0	0
应收票据	0	0	应付票据	0	0
应收账款	62634	62400	应付账款	16000	16000
预付款项	0	0	预收款项	0	0
应收利息	0	0	应付职工薪酬	0	0
应收股利	0	0	应交税费	0	0
其他应收款	0	0	应付利息	0	0
存货	6637	6970	应付股利	0	0
一年内到期的非流动资产			其他应付款	0	0
其他流动资产			一年内到期的非流动负债		
流动资产合计	934343	852492	其他流动负债		
非流动资产：			流动负债合计	16000	16000
可供出售金融资产	0	0	非流动负债：		
持有至到期投资	0	0	长期借款	0	0
长期应收款	0	0	应付债券	0	0
长期股权投资	0	0	长期应付款	0	0
投资性房地产	0	0	专项应付款	0	0
固定资产	163508	163508	预计负债	0	0
在建工程	0	0	递延所得税负债	0	0
工程物资	0	0	其他非流动负债		
固定资产清理	0	0	非流动负债合计	0	0
生产性生物资产			负债合计	16000	16000
油气资产			所有者权益（或股东权益）：		
无形资产	0	0	实收资本（或股本）	1085000	1000000
开发支出	0	0	资本公积	0	0
商誉	0	0	减：库存股	0	0
长摊待摊费用	0	0	盈余公积	0	0
递延所得税资产	0	0	未分配利润	-1816	0
其他非流动资产			所有者权益（或股东权益）合计	1083184	1000000
非流动资产合计	163508	163508			
资产总计	1097851	1016000	负债和所有者权益（或股东权益）总计	1099184	1016000

图 6-11

6.2.3 自定义报表

报表是多种多样的，不同企业有不同的要求，不同领导也需要不同的报表。报表系统提供了“自定义报表”功能，用户可以根据需要随意编制报表。

下面以图 6-12 所示报表为例介绍如何“自定义报表”。

应收账表

单位名称：兴旺实业有限公司　　第1页

客户名称	本期期初	本期增加货款	本期收款	余额
深圳科林	28600	8775	8600	28775
东莞丽明	8800	5382	10000	4182
深圳爱克	25000	0	0	25000
深圳永昌	0	450	0	450

图 6-12

（1）在主界面窗口，选择【财务会计】→【报表】→【新建报表】→【新建报表文件】，双击该功能，系统进入“报表系统”窗口。

（2）选择菜单【视图】→【显示公式】功能，录入文字项目。选定 A1 单元格录入“客户名称”，以同样方法录入其他单元格内容，如图 6-13 所示。

注　若要修改单元格内容，修改后单击“✓”表示确定，不单击表示取消，此操作不能省略。修改报表内容、公式，或自定义报表时建议在“显示公式”状态下进行。

（3）在 B2 单元格取“应收账款”下“深圳科林”客户的本期期初数。选定 B2 单元格，单击工具栏上的“fx（函数）”按钮，系统弹出“报表函数”窗口，如图 6-14 所示。

（4）选择“常用函数”下的“ACCT（总账科目取数公式）”项，单击“确定”按钮，系统进入“公式”设置窗口，如图 6-15 所示。

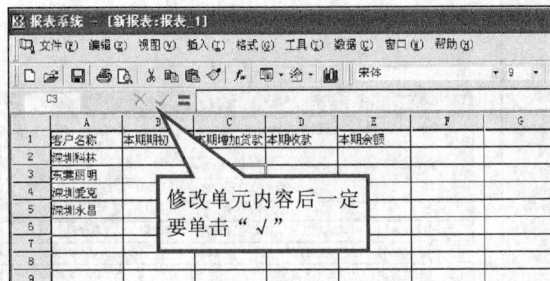

图 6-13

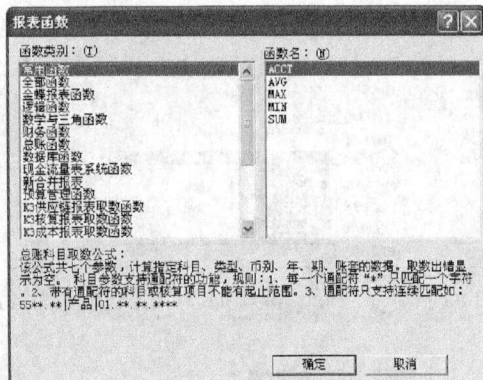

图 6-14

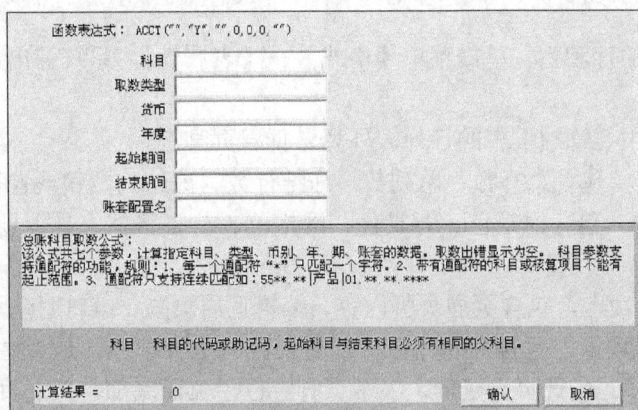

图 6-15

（5）在"科目"处按 F7 键，系统弹出"取数科目向导"，获取科目代码"1122"，选择核算类别"客户"，获取代码"01"，设置完成后单击"填入公式"按钮，将设置显示在"科目参数"栏中，如图 6-16 所示。

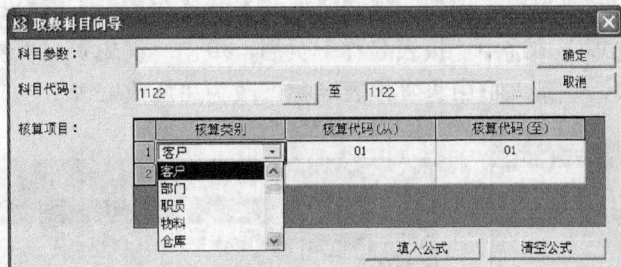

图 6-16

（6）单击"确定"按钮保存取数设置，并返回"公式"设置窗口，请注意窗口的变化。光标移到"取数类型"处，按 F7 功能键，系统弹出"类型"窗口，如图 6-17 所示。

（7）选择"期初余额"类型，单击"确认"按钮保存该公式，以同样的方法录入其他单元格的公式，注意不同列的"取数类型"选择，公式录入完成后，选择【视图】→【显示数据】，系统根据所设置的公式自动计算出数据，如图 6-18 所示。

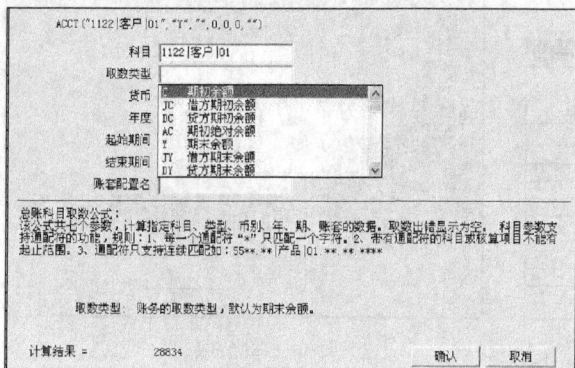

图 6-17

图 6-18

（8）隐藏多余的行和列。单击菜单【格式】→【表属性】，系统弹出"报表属性"窗口，如图 6-19 所示。

报表属性窗口主要管理报表的行列、外观、页眉页脚等。

① 行列选项卡，包含总行数、总列数、冻结行数、冻结列数和缺省行高。

② 外观选项卡，包含前景色、背景色、网格色、缺省字体、是否显示网格以及公式或变量底色。

③ 页眉页脚选项卡，包含页眉页脚内容、编辑页眉页脚、编辑附注和打印预览。

④ 打印选项选项卡，包含标题行数、标题列数、是否彩打、是否显示页眉页脚，以及表格和页脚是否延伸。勾选页脚延伸，表示页脚定位于页面底部，反之页脚显示在表格后。

⑤ 操作选项选项卡，包含自动重算和人工重算。人工重算时，按 F9 功能键或单击菜单【数据】→【报表重算】时才会重算。当编辑大量单元公式并且计算较慢时，该选项较为适用。

在行列选项卡中，将"总行数"修改为"5"，"总列数"修改为"5"，设置完成单击"确定"按钮，返回"报表"窗口，若部分项目没有显示或列宽过大，可以调整列宽。

（9）选中 A 列，选择【格式】→【单元属性】，前景色改为"白色"，背景色改为"黑色"，单击"确定"按钮返回"报表"窗口。选择【格式】→【表属性】，弹出"报表属性"窗口，单击"页眉页脚"选项卡，选中"报表名称"页眉，单击"编辑页眉页脚"按钮，弹出"自定义页眉页脚"窗口，在录入框中将"报表名称"改为"应收账表"，如图 6-20 所示。

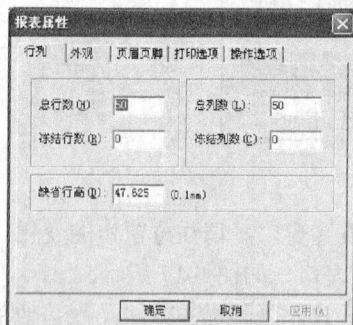

图 6-19

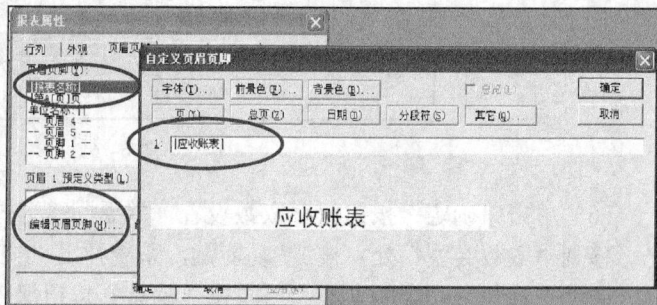

图 6-20

（10）单击“确定”按钮返回“报表属性”窗口，以同样的方法在“单位名称”页眉后增加“深圳市成功飞越有限公司”，单击“确定”按钮保存设置，单击工具栏上的“预览”按钮，系统进入“打印预览”窗口，如图6-21所示。

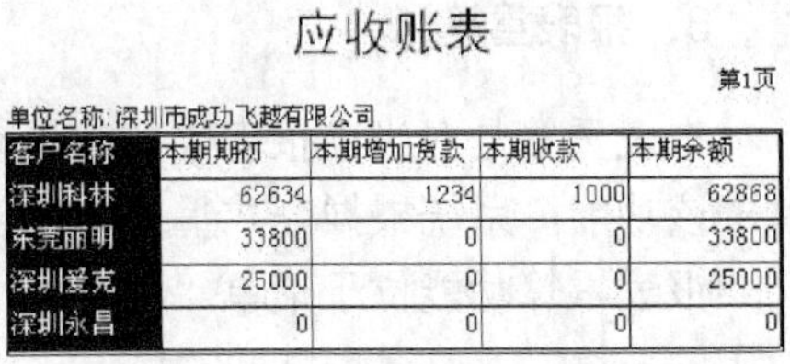
应收账表

第1页

单位名称: 深圳市成功飞越有限公司

客户名称	本期期初	本期增加货款	本期收款	本期余额
深圳科林	62634	1234	1000	62868
东莞丽明	33800	0	0	33800
深圳爱克	25000	0	0	25000
深圳永昌	0	0	0	0

图6-21

（11）单击“关闭”按钮，返回“报表”窗口，选择【文件】→【保存】，将当前自定义报表保存起来，以供以后随时调用。

至此整个报表的定义工作结束。

6.2.4　常用菜单

1．单元融合

单元融合是将选中的两个或两个以上的单元格合并为一个单元格，选中的单元格必须是连接在一起的。该功能位于菜单“格式”下。

若取消单元合并，则单击菜单“格式”下的“解除融合”命令即可。

2．公式取数参数

有些时候，当账套已经完成好几期的业务处理工作，如现在是2011年5期，报表也正处于当前期间，而实际情况是需要返回查询一下“2011年2期”的报表数据，那就可以通过“公式取数参数”功能设置后再查询。单击菜单“工具”下“公式取数参数”命令，系统弹出“设置公式取数参数”窗口，如图6-22所示。

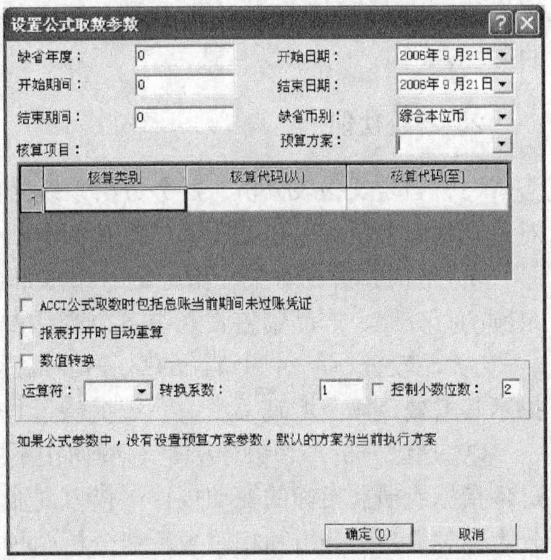

图6-22

- **缺省年度**：默认当前期间。可以手工录入。
- **开始期间、结束期间**：默认当前期间。可以手工录入所需要的期间。
- **开始日期、结束日期**：针对按日取数的函数。
- **核算项目**：在公式取数参数中提供核算项目选择，减少定义报表取数公式的工作量。公式中定义了具体的核算项目的单元格，报表重算时以具体的核算项目为准取数；公式中没有定义具体的核算项目的单元格，报表重算时以在公式取数参数中选择的核算项目为准取数。
- **ACCT公式取数时包括总账当前期间未过账凭证**：选中，ACCT函数在进行取数计算时，会包括账套当前期间的未过账凭证。
- **报表打开时自动重算**：选中，在每次打开报表时都会自动对报表进行计算；不选择，打开报表时将显示最后一次计算的结果。

● **数值转换**：在数值转换功能中，可以对报表的数据进行乘或是除的转换。

3．报表重算

报表重算是对当前报表中的数据有疑义时，再次确认"公式取数参数"是否正确，然后单击该功能，系统根据公式重新计算出正确的数据来，以供使用。

报表重算功能位于菜单"数据"下。

6.3 财 务 分 析

财务分析可以对企业的经营活动报表，通过分析形成分析报表，为企业决策、计划和控制提供有效的帮助。

财务分析系统运用电算化手段对财务报表数据进行分析，对企业过去的财务状况和经营成果及未来前景进行评估，进而对企业的财务决策、发展方向等提供帮助。随着企业管理要求的提升，财务人员可以通过财务分析，即时、准确地为管理工作提供决策支持。

金蝶 K/3 财务分析系统提供报表分析、指标分析、因素分析和预算管理分析功能，用户可以随意地选择分析方法，以对自己的财务状况进行比较全面的分析。

1．系统结构

财务分析系统与总账系统的关系如图 6-23 所示。

财务分析利用公式提取总账系统中的科目数据。

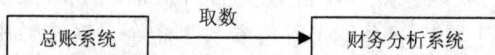

图 6-23

2．系统功能

（1）自定义报表分析。财务分析系统提供了对资产负债表、损益表和利润分配表的分析，对每一报表系统提供了结构分析、比较分析和趋势分析等三种分析方法。

① 结构分析：对某一指标的各组成部分占总体的比重进行分析，如应收账款中各客户余额的百分比、产品销售收入中各个产品占总收入的比重等。

② 比较分析：对同口径的财务指标在两个或一个会计期间与它的预算数的比较，借以揭示其增减金额及增减幅度。系统提供了月、季、年和预算数 4 个选项。

③ 趋势分析：趋势分析是对事物在不同时间阶段上的变化趋势的分析，能够揭示企业财务指标或损益指标的变动规律，借以对企业未来的经济活动进行预测和规划。趋势分析又分为绝对数趋势分析和相对数趋势分析两种。

● 绝对数趋势是指某一指标在本年各月、各季以及各年之间并行排列，借以观察其发展的动态趋势和规律。

● 相对数趋势分析是指某期与一个基期相比的变化趋势，由于其基础的不同，又可以分为定基分析（各期与指定基期相比，变动额、变动幅度的趋势）和环比分析（各个会计期间指标分别与上期相比的发展趋势）。

（2）指标分析。指标分析是指通过计算各种财务指标的方法来了解企业的经营和收益情况。如通过计算应收账款周转率可以了解企业资金回笼的速度；通过资产负债率可以了解企业的负债总额占总资产的比重，确定企业的融资和投资方案等。

（3）因素分析。因素分析是指选定某一个因素进行分析，可以是收入、利润，也可以是某一个产品的成本构成，因素的设定由用户自己确定。在确定了因素和因素分析的方法之后，可以对该因素进行各种分析。

6.3.1　报表分析

下面以查看"资产负债表"的分析情况为例，介绍报表分析的使用方法。

1.　查看分析

在主界面窗口，双击【财务会计】→【财务分析】→【自定义报表分析】→【（报表分析）资产负债表】，系统进入资产负债表的"结构分析"查询窗口，如图 6-24 所示。

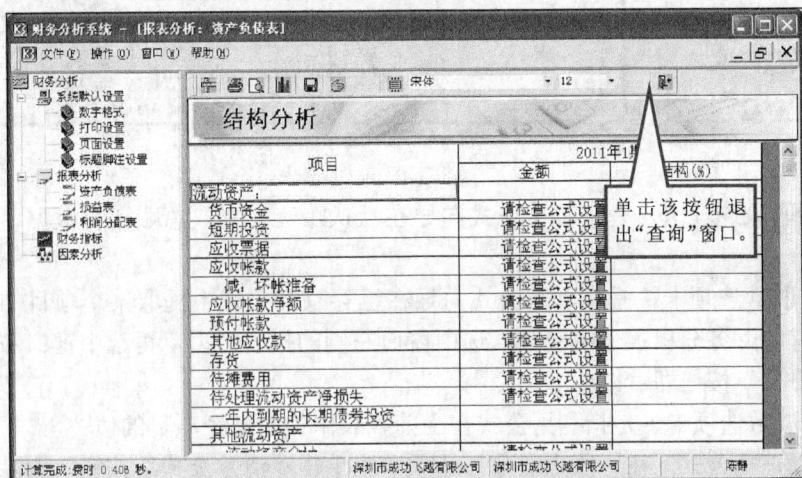

图 6-24

2.　报表项目设置

报表项目设置主要用于管理报表的项目名称、定义项目取数公式以及数字格式。

报表窗口中没有数据，这是因为第一次使用该功能时某些项目没有设置正确，无法从系统中取数。"资产负债表"报表项目设置步骤如下。

（1）单击工具栏上"退出"按钮，关闭报表分析窗口，选中左侧的"资产负债表"，单击鼠标右键，系统弹出"快捷菜单"，如图 6-25 所示。

> 注　　只有"退出"报表分析状态，右键快捷菜单才能激活。

（2）选择菜单中的"报表项目"项，系统进入"报表设置"状态窗口，如图 6-26 所示。

在窗口中可以对行进行插入、删除、追加操作，对文字进行剪切、复制、粘贴操作，设置完成，单击"保存"按钮保存当前设置。

（3）在"报表项目"设置窗口中发现项目公式中的科目代码发生错误。报表中使用的是 3 位代码科目，而本账套引入的是"新会计准则"科目，它属于 4 位代码，所以要修改项目公式。选中第 2 行的项目公式，双击鼠标左键，系统弹出"公式定义向导"窗口，如图 6-27 所示。

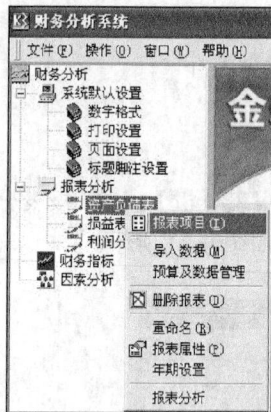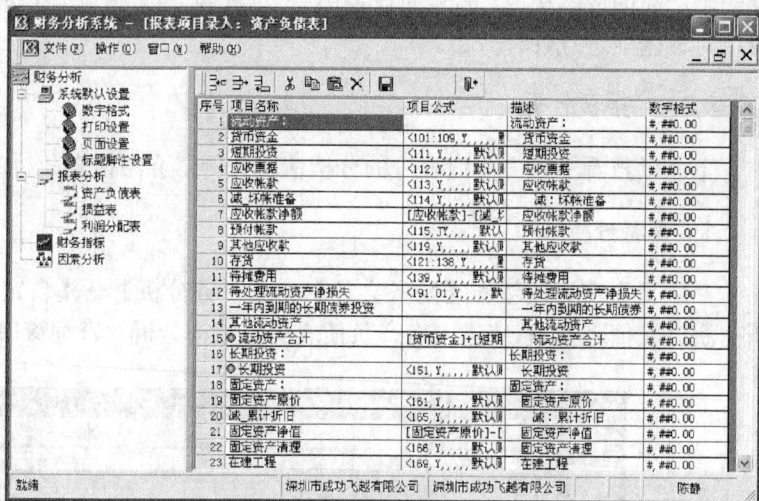

图 6-25   图 6-26

① 账上取数选项卡，是指利用公式向导在默认账套上提取总账科目数据，选择账套、科目等即可。

② 表间取数选项卡，是指利用公式向导在已存有的报表中提取某个项目的数据，可以从本账套已有的财务分析报表中取数，选中窗口左侧的报表类型，再选中窗口右侧的项目，单击"填入公式"按钮即可。

③ 表内取数选项卡，是指利用公式在当前报表中提取某个项目的值。

（4）录入正确公式。在"账上取数"选项卡上单击"清除公式"按钮，删除错误公式。获取科目代码"1001 至 1012"，选择取数类型"期末余额"，其他保持默认值，单击"填入公式"按钮，将所设置的公式定义填写入录入框，如图 6-28 所示。

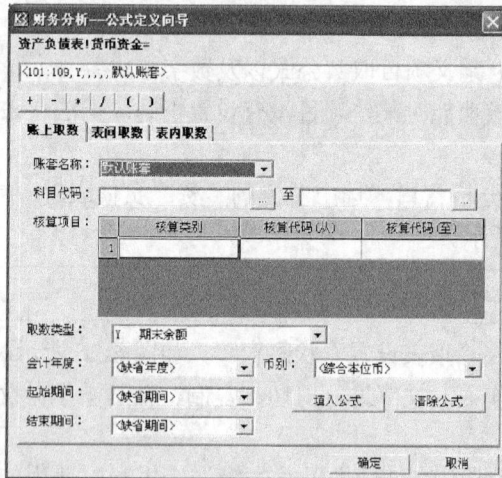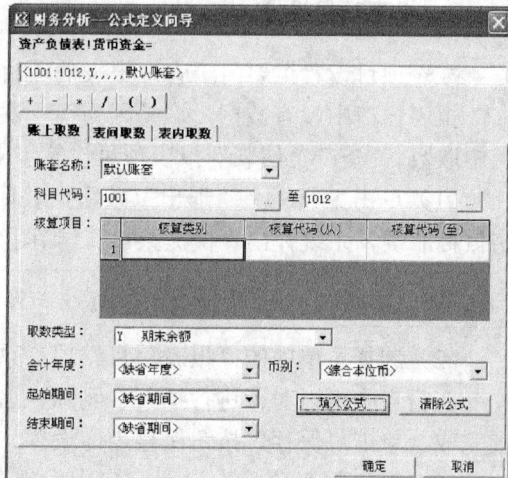

图 6-27   图 6-28

（5）单击"确定"按钮，保存设置，并返回"报表项目"设置窗口，以同样方法修改其他项目公式，修改完成后单击工具栏上"保存"按钮，以保存当前项目设置工作，单击工具栏上的"退出"按钮，退出"报表项目"设置窗口。

（6）双击窗口左侧"报表分析"下的"资产负债表"，系统经过计算后弹出"资产负债表"的分析窗口，如图 6-29 所示。

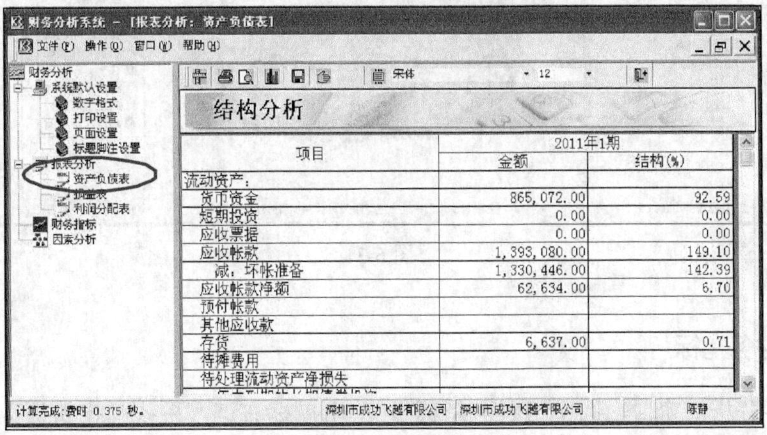

图 6-29

3. 分析方式

报表分析有结构分析、比较分析和趋势分析 3 种分析方法，不同方法下有不同的选项。

在"资产负债表"分析报表窗口，单击工具栏上的"分析方式"按钮，系统弹出"报表分析方式"窗口，如图 6-30 所示。

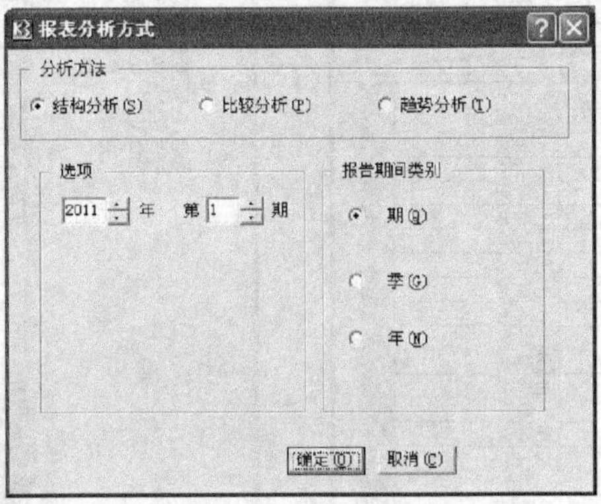

图 6-30

在窗口中选中结构分析，再设置其下的选项，设置完成后，单击"确定"按钮，系统会自动计算出数据。

在"资产负债表"分析窗口，单击工具栏上的"图表分析"按钮，系统会根据当前的分析结果自动生成"图表"，如图 6-31 所示。

以同样方法对"损益表"和"利润分配表"进行查看、修改。

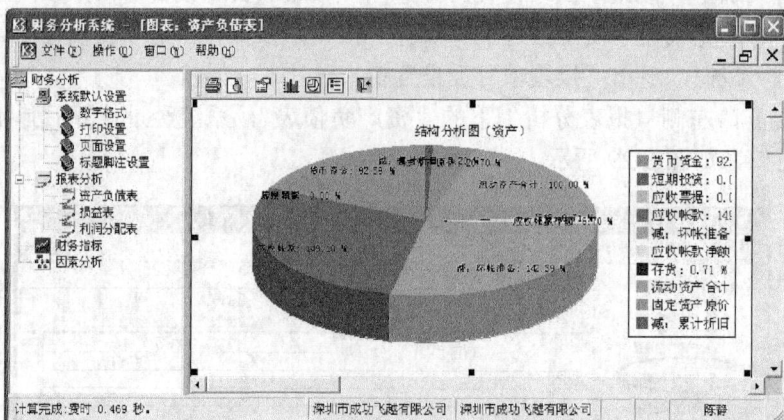

图 6-31

6.3.2 财务指标

在"财务分析"窗口，选中"财务指标"，单击鼠标右键，系统弹出快捷菜单，选择"指标分析"功能，系统进入"指标分析"窗口，如图 6-32 所示。

若要修改指标项目内容，需退出"指标分析"窗口。选中"财务指标"，单击鼠标右键，系统弹出快捷菜单，选择"指标定义"，系统进入"报表项目"设置窗口，如图 6-33 所示。

图 6-32

图 6-33

> **注** 根据指标公式可知，指标分析的数据来源是"报表分析"下的"损益表"数据，所以只有"损益表"数据正确，指标分析出的数据才能正确。

根据"损益表"数据，修改正确的公式项目，再进行指标分析。

6.4　课后习题

（1）如何确定修改单元格的内容？

（2）自定义报表应在什么状态下编辑？

（3）自定义"应付账款"的报表。

（4）财务分析系统提供几种分析功能？

（5）报表项目功能在什么情况下被激活？

第 7 章　应收款应付款管理系统

通过本章学习，了解应收应付往来业务中的发票和收付款处理。本章将对发票处理、收款、往来业务核销、凭证处理和报表查询的操作方法一一讲述。

7.1　系 统 概 述

应收款、应付款管理系统可处理发票、其他应收单、应付单、收款单及付款单等单据，对企业的往来账款进行综合管理，及时、准确地提供客户往来账款资料，并提供各种分析报表，如账龄、周转、欠款、坏账、回款和合同收款情况等分析报表。通过分析各种报表，帮助企业合理地进行资金调配，提高资金利用率。

金蝶 K/3 系统还提供各种预警和控制功能，如显示到期债权列表和合同到期款项列表等，可以帮助企业及时对到期账款进行催收，以防止产生坏账。信用额度的控制有助于企业随时了解客户的信用情况，以防止产生坏账。此外系统还提供应收票据的跟踪管理，可以随时对应收票据的背书、贴现、转出及作废等操作进行监控。

应付款、应收款管理系统既可以单独使用，又能与采购管理、销售管理、存货核算集成使用，提供完整全面的业务和财务流程处理。

1.　使用应付款与应收款管理系统需要设置的内容

- **公共资料**：公共资料是本系统所涉及的最基础资料，其中客户和供应商必须设置，否则在进行单据处理时会受到相应的限制。
- **应付款管理基础资料**：金蝶 K/3 系统为用户提供"公共资料"的同时，又针对单独模块提供了设置该模块"基础资料"的功能。采购管理基础资料有，付款条件、类型维护、凭证模板和采购价格管理。基础资料可以视管理要求选择是否进行设置。
- **应收款管理基础资料**：收款条件、类型维护、凭证模板、信用管理、价格资料和折扣资料。
- **初始化**：系统进行初始化时，需要设置的内容有，系统参数设置、初始数据录入和结束初始化。
- **系统设置资料**：系统设置是针对该模块的参数进行再详细化设置，包含有，系统设置、编码规则和多级审核管理设置。

公共资料和初始化是必须设置项目。基础资料和系统设置资料可以根据管理要求选择是否需要设置，也可以在以后的使用过程中返回再进行修改。

2．应付款、应收款管理系统可执行的查询与生成的报表

应付款可以查询的报表和分析有应付明细表、应付款汇总表、往来对账、到期债务列表、应付款计息表、调汇记录表、应付款趋势分析表、账龄分析、付款分析和付款预测等。

应收款可以查询的报表和分析有应收明细表、应收款汇总表、往来对账、到期债权列表、应收款计息表、调汇记录表、应收款趋势分析表、账龄分析、周转分析、欠款分析、款账分析、回款分析、收款预测、销售分析、信用余额分析、信用期限分析和信用数量分析等。

3．应收款管理系统每期的操作流程

应收款管理系统新用户操作流程如图 7-1（a）所示，老用户操作流程如图 7-1（b）所示。

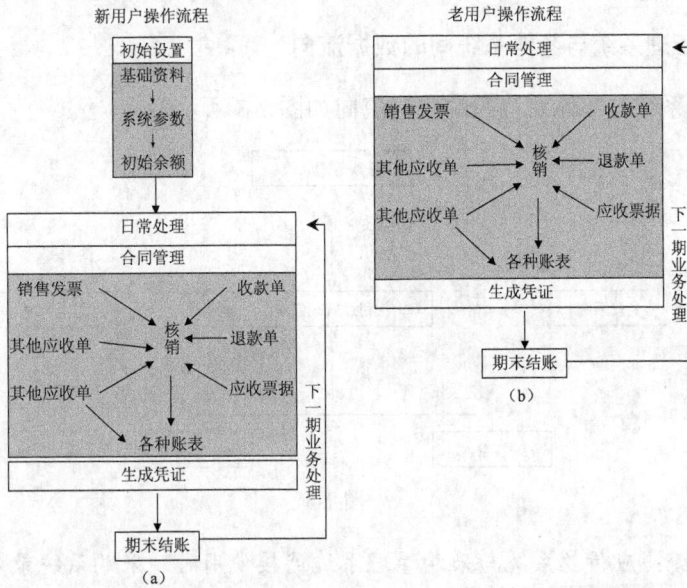

图 7-1

应付款管理系统的操作流程可以参照应收款管理流程。

4．应收款管理系统与其他系统间的数据流向

应收款管理系统与其他系统间的数据流向如图 7-2 所示。

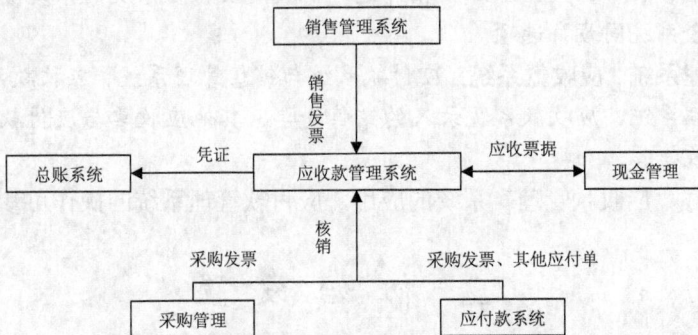

图 7-2

- **销售管理系统**：应收款管理系统与销售系统连接使用时，销售系统录入的销售发票和销售费用发票传入应收款管理系统进行应收账款的核算；不连接使用时，销售发票数据要在应收款管理系统手工录入。

- **总账系统**：应收款系统与总账系统连接使用时，应收款管理系统生成的往来款凭证传递到总账系统；不连接使用时，往来业务凭证要在总账系统中手工录入。

- **现金管理系统**：应收款系统与现金管理系统连接使用时，应收款管理系统的应收票据与现金管理中的票据可以互相传递，前提是应收款系统的系统参数选中"应收票据与现金系统同步"选项。

- **采购系统、应付款系统**：应收款系统与采购系统、应付款系统连接使用时，采购系统、应付款系统录入的采购发票、其他应付单与应收款管理系统进行应收冲应付核算。

5. 应付款管理系统与其他系统间的数据流向

应付款管理系统与其他系统间的数据流向如图 7-3 所示。

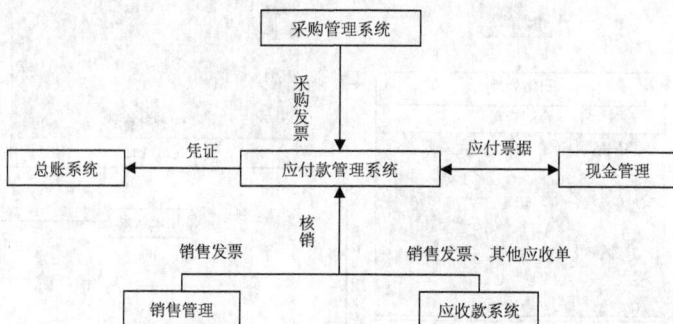

图 7-3

- **采购系统**：应付款系统与采购管理系统连接使用时，采购系统录入的采购发票和采购费用发票传入应付款管理系统进行应付账款的核算；不连接使用时，采购发票要在应付款管理系统手工录入。

- **总账系统**：应付款系统与总账系统连接使用时，应付款管理系统生成的往来款凭证传递到总账系统；不连接使用时，往来业务凭证要在"总账"系统中手工录入。

- **现金管理系统**：应付款系统与现金管理系统连接使用时，应付款管理系统的应付票据与现金管理中的票据可以互相传递，前提是应付款系统的系统参数选中"应付票据与现金系统同步"选项。

- **销售管理系统、应收款系统**：应付款系统与销售管理系统、应收款系统连接使用时，销售管理系统、应收款系统录入的销售发票、其他应收单与应付款管理系统进行应付冲应收核算。

本章重点讲述"应收款管理"系统的应用，应付款管理系统的操作可参照应收款系统。

7.2　初　始　设　置

初始设置包括基础资料、公共资料设置，系统参数和初始化数据录入。公共资料设置方法请参照第 4 章，本小节重点讲解系统参数设置的初始化数据录入。

7.2.1　应收款系统参数

应收款系统参数是针对"应收款管理"系统模块的系统启用会计期间和会计科目的设置等。

双击【系统设置】→【系统设置】→【应收款管理】→【系统参数】，系统弹出"系统参数"设置窗口，如图 7-4 所示。

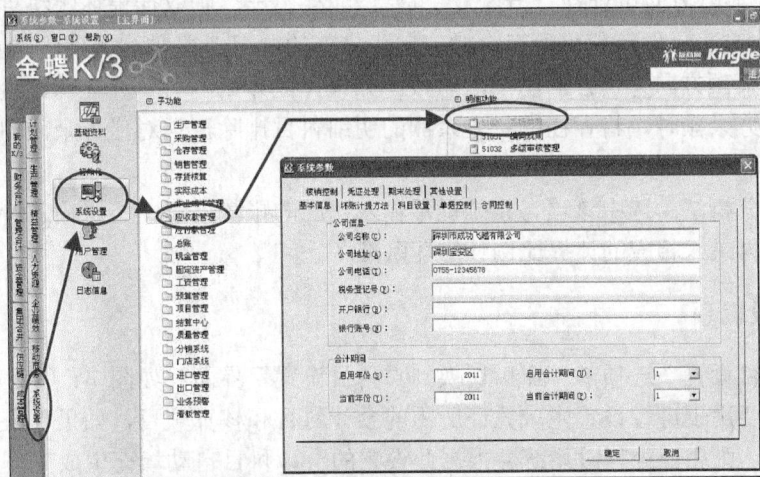

图 7-4

1．基本信息

● **公司信息**：录入公司的基本信息，可采用默认值，也可以完整录入。
● **会计期间**：录入本模块的启用年份和启用会计期间，当前年份、当前会计期间则是随着结账时间而自动更新的。

2．坏账计提方法

单击"坏账计提方法"选项卡，窗口切换到"坏账计提方法"界面，如图 7-5 所示。

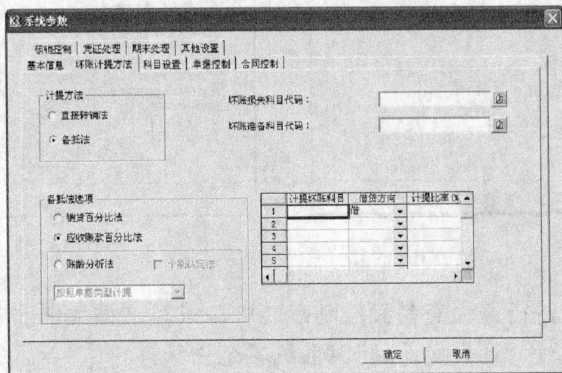

图 7-5

设置计提坏账准备的方法，系统会自动根据设置的方法计提坏账准备，并生成相关凭证。

- **直接转销法**：设置坏账损失科目代码即可，其他选项不用设置。
- **备抵法**：系统提供 3 种方法。

（1）销货百分比法：选中该项，系统提示录入销售收入科目代码、坏账损失百分比（%）。计提坏账时，系统按计提时的已过账销售收入科目余额和坏账损失百分比（%）计算坏账准备。

（2）应收账款百分比法：选中该项，系统提示录入计提坏账科目、科目的借贷方向和计提比率（%）。科目方向可选择"借"或"贷"。如果不选，则取计提坏账科目的余额数；如果选择"借"，则表示取该科目所有余额方向为借方的明细汇总数；如果选择"贷"，则表示取该科目所有余额方向为贷方的明细汇总数。如果计提坏账的科目存在明细科目，并且存在借方余额和贷方余额时，将存在的贷方余额的明细科目排除，只对借方余额的明细科目计提坏账。

（3）账龄分析法：选中该项，系统提示输入相应的账龄分组，不用输入计提比例，在计提坏账准备时再录入相应的计提比例计算坏账准备。

3．科目设置

单击"科目设置"选项卡，窗口切换到"科目设置"界面，如图 7-6 所示。

该窗口主要用于进行设置生成凭证所需的会计科目和核算项目，如果不采用凭证模板的方式生成凭证，则凭证处理时系统会根据此设置的会计科目自动填充生成凭证。

单击"获取"按钮即可选择会计科目代码，注意此处的会计科目属性必须为受控科目。

系统预设 4 种进行往来核算的项目类别，分别是客户、供应商、部门和职员。如果还要对其他核算项目类别进行往来业务核算，可以单击"增加"按钮进行相应操作。

4．单据控制

单击"单据控制"选项卡，窗口切换到"单据控制"窗口，如图 7-7 所示。

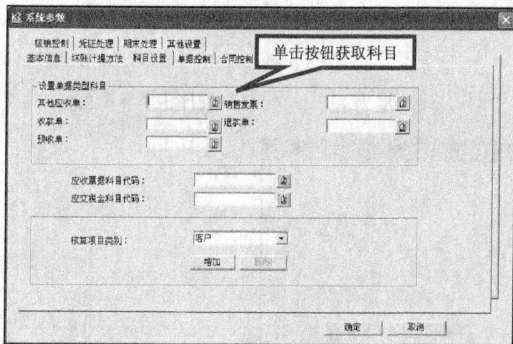

图 7-6

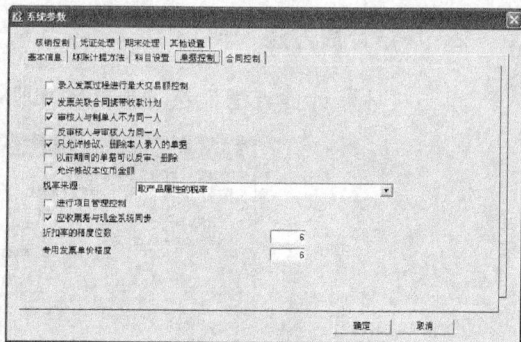

图 7-7

- **录入发票过程进行最大交易额控制**：选中，当客户档案中设有最大交易额时，如果录入发票额超过"最大交易额"，系统不允许保存。
- **发票关联合同携带收款计划**：选中，新增发票和其他应收单关联合同时，不管是否整体关联，均将合同上的收款计划明细表全部携带到发票和其他应收单相应的内容上，并且允许用户手工修改收款计划的内容。反之，新增时不携带合同的收款计划到发票和其他应收单的收款计划上。

- **审核人与制单人不为同一人**：制单人不能审核自己录入的单据。
- **反审核与审核为同一人**：反审核人与原审核人必须为同一人，也就是单据的审核人才可以执行反审核操作。
- **只允许修改、删除本人录入的单据**：选中，则只能修改和删除本操作员所录入的单据，不能修改和删除其他操作员所录入的单据。
- **以前期间的单据可以反审、删除**：选中，对于应收款管理系统当前账套以前期间的单据（指财务日期所在期间<当前账套期间的单据），已经审核但未生成凭证、未核销的单据的可以反审，未审核的可以删除；反之，系统提示"不能反审、删除以前期间的单据"。
- **允许修改本位币金额**：选中，涉及外币核算的单据上的本位币金额可以修改。
- **税率来源**：系统提供 2 种方式。①取产品属性的税率，系统默认值，表示所录入的单据上的税率自动带出该物料档案中所设置的税率；②取核算项目属性的税率，录入单据上的税率自动带出核算项目档案中所设置的税率。
- **进行项目管理控制**：项目管理控制只对收款单和应收退款单有效，并且是在关联对应销售发票或者其他应收单时才有效，在保存收款单和应收退款单时进行检验。
- **应收票据与现金系统同步**：初始化结束后，应收款管理系统的应收票据与现金系统的应收票据可以互相传递、同步更新。反之，两系统的应收票据不互相传递。
- **折扣率的精度位数、专用发票单价精度**：设置小数点的位数，系统默认为 6 位小数。

5. 合同控制

- **允许执行金额或执行数量超过合同金额或数量**：选中，则系统录入单据关联合同时，所录入的金额或数量都可以超过合同资料本身的金额或数量。反之，不能超过。

6. 核销控制

单击"核销控制"选项卡，窗口切换到"核销控制"窗口，如图 7-8 所示。

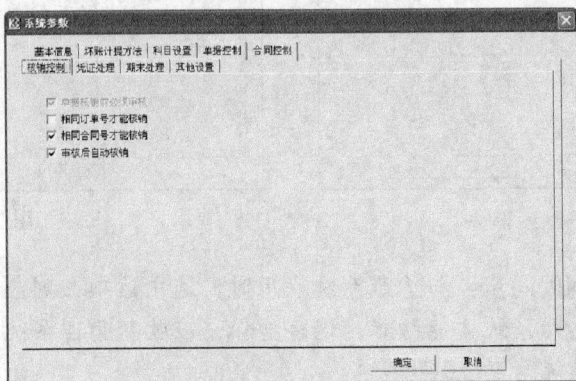

图 7-8

- **单据核销前必须审核**：核销时，只显示所有已审核的单据，没有审核的单据不能进行核销。建议选中。
- **相同合同号才能核销**：选中，则在核销处理时只有相同合同号的单据才能进行核销处理，反之，不能核销。
- **相同订单号才能核销**：选中，则在核销处理时只有相同订单号的单据才能进行核销处理，反之，不能核销。
- **审核后自动核销**：选中，则单据一经审核就自动核销。

7. 凭证处理

单击"凭证处理"选项卡，窗口切换到"凭证处理"窗口，如图7-9所示。

- **凭证处理前单据必须审核**：为了防止随意更改单据上的金额造成与已生成的凭证金额不统一，选中，则单据生成凭证时必须审核，这样能保证单据上的金额与凭证上的金额统一；反之，未审核的单据也可以生成凭证。
- **使用凭证模板**：选中，则采用凭证模板的方式生成凭证，在单据序时簿和单据上生成凭证也采用凭证模板；反之，按应收系统设置的会计科目生成凭证。采用凭证模板方式生成凭证，须首先定义凭证模板。由于模板类型较多，初次使用时工作量可能较大，但模板设置好后生成凭证很方便。按应收系统设置的会计科目生成凭证，可以保留用户的习惯，不需定义模板，在生成凭证时可以灵活处理，同时凭证摘要的内容可以根据单据的单据号、商品明细自动填充。
- **预收冲应收需要生成转账凭证**：选中，预收款冲销应收款的单据也需要生成凭证，反之，可以不生成。

8. 期末处理

单击"期末处理"选项卡，窗口切换到"期末处理"窗口，如图7-10所示。

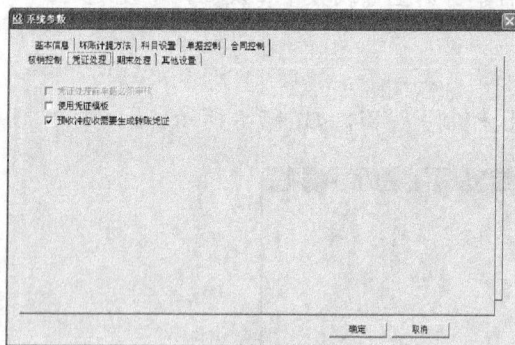

图 7-9

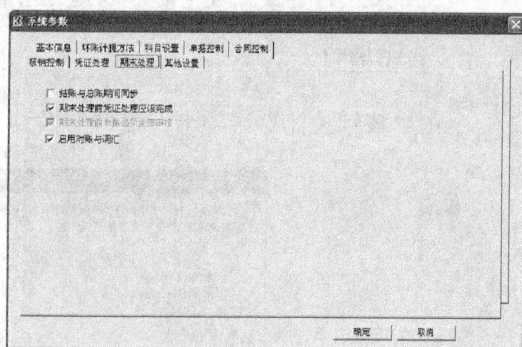

图 7-10

- **结账与总账期间同步**：与总账系统联用时，选中该项，则应收款管理系统必须先结账，之后总账系统才能结账。这样能保证应收款管理系统的数据资料及时准确地传入总账系统。
- **期末处理前凭证处理应该完成**：在期末处理之前，当前会计期间的所有单据必须已生成记账凭证，否则不予结账。建议选择此选项，否则总账数据与应收款数据可能不一致。

- **期末处理前单据必须全部审核**：结账前当前会计期间的所有单据必须已经审核，否则不予结账。
- **启用对账与调汇**：选中，可以使用对账和调汇功能，反之，不能使用。

9. 其他控制

- **使用集团控制**：该选项只有在账套是集团总部账套的情况下才有效，在分支机构的账套中只是显示是否使用集团控制的状态。

10. 应收系统参数设置

（1）将启用会计年份、会计期间设置为 2011 年 1 月。

（2）在"坏账计提方法"窗口，计提方法设置为"直接转销法"，费用科目代码选择"6602.07—坏账损失"科目，如图 7-11 所示。

（3）在科目设置窗口获取相应的会计科目，其他应收单、销售发票、收款单和退款单的科目都设置为"1122—应收账款"，预收单的科目设置为"2203—预收款"，应收票据选择"1121—应收票据"，应交税金选择"2221.03—销项税"科目，如图 7-12 所示。

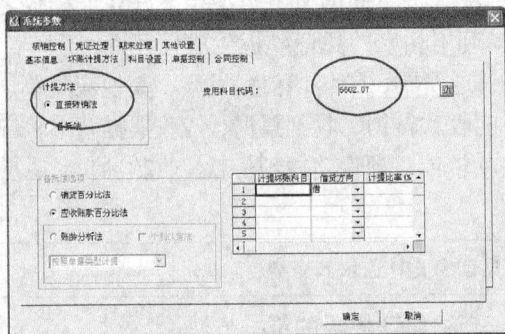

图 7-11

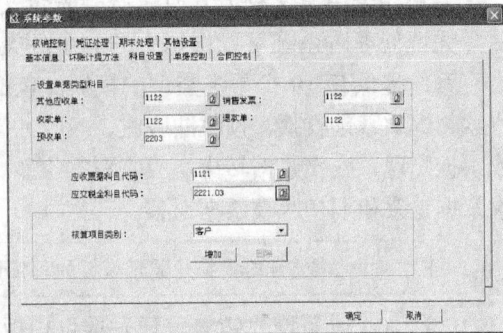

图 7-12

（4）勾选结账与总账期间同步、使用凭证模板，其他采用系统默认值，单击"确定"按钮保存设置。

注　（1）在保存时，若系统提示某某会计科目不为受控时，则需要到"会计科目"管理窗口修改该科目为受控后，再进行设置。会计科目属性的修改可参照第 4 章中的"科目"一节。
　　（2）"2221.03—销项税"需要先新增后获取。

7.2.2　基础资料

1. 收款条件

收款条件是进行销售业务时对客户应收款事项的约定，如出货后 15 天，出货后 30 天，月结 15 天等收款条件。当收款条件设置后，在客户档案中的"应收应付"标签页中关联收款条件，这样在录入销售出库和销售发票时，可以根据预先设置的收款条件计算出该笔业务的应收款日期，从而提醒财务人员进行账龄分析。

2．类型维护

类型维护主要是对应收款系统中的单据类型进行设置，如合同类型有销售合同类和采购合同类等。

3．凭证模板维护

应收款管理系统提供3种生成凭证的方式。

（1）新增单据时，在单据序时簿或单据新增界面即时生成凭证。

（2）采用凭证模板，在凭证处理时直接根据模板生成凭证。

（3）采用凭证处理时随机定义凭证科目的方式生成凭证。

第2种与第3种方式不能并存。采用第1种方式即时生成凭证的单据包括销售发票、其他应收单、收款单和预收单等。一些特殊的事务类型，如预收冲应收、应收冲应付、应收款转销、预收款转销、收到应收票据、应收票据背书、应收票据贴现、应收票据转出和应收票据收款等则必须通过第2种或第3种方式进行凭证处理。坏账必须通过第1种方式进行处理，如坏账损失、坏账收回和坏账计提。应收票据退票必须通过第3种方式处理。

当系统采用第2种方式时，必须先定义凭证模板。按不同的事务类型定义好凭证模板之后，凭证处理时系统可以根据不同的事务类型自动套用相应的凭证模板生成凭证。

系统提供有19个事务类型的模板，包括销售普通发票、销售增值税发票、其他应收单、收款、退款、预收款、预收冲应收、应收冲应付、应收款转销、收到票据、应收票据背书、应收票据贴现、应收票据转出、应收票据收款、预收款转销、预收款冲预付款、收款冲付款、应收票据退票和期初应收票据退票。

> **注** 生成凭证的前提是凭证模板的科目资料和凭证字资料已录入完毕。

7-1：以新增"销售普通发票"模板为例，介绍凭证模板的维护方法。

（1）以"何陈钰"身份登录账套，双击【系统设置】→【基础资料】→【应收款管理】→【凭证模板】，系统进入"凭证模板设置"窗口，如图7-13所示。

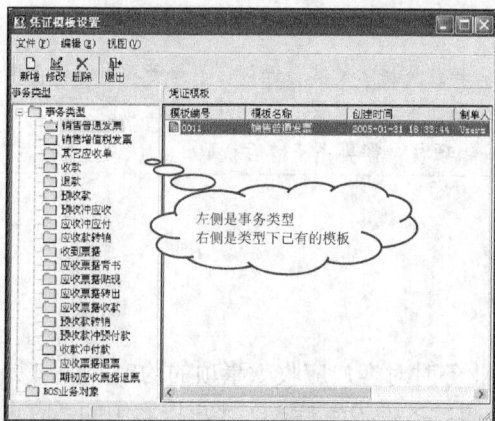

图 7-13

（2）选中左侧"销售普通发票"类型，单击工具栏上"新增"按钮，系统弹出"凭证模板"窗口，如图 7-14 所示。

（3）录入模板编号"999（随意值，只要不与系统内已有编号重复即可）"，模板名称"销售普通发票 2"，选择凭证字"记"。

（4）单击科目来源的下拉按钮，系统弹出来源方式，如图 7-15 所示。选择"单据上单位的应收（付）账款科目"，方向选择"借"方。

图 7-14

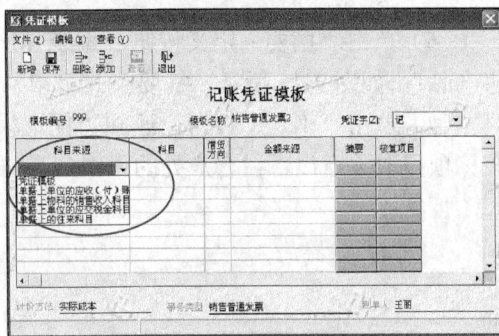

图 7-15

- **凭证模板**：模板上设置的科目。选该项时，在科目处获取正确的科目代码。
- **单据上单位的应收（付）账款科目**：指核算项目客户或供应商基础资料中设置的应收（付）账款科目。
- **单据上物料的销售收入科目**：商品（物料）属性中设置的销售收入科目。
- **单据上单位的应交税金科目**：指核算项目客户或供应商基础资料中设置的应交税金科目。

其他单据凭证模板上的会计科目来源包括如下内容。

- **单据上结算方式对应的会计科目**：主要针对收款单、预收单和应收退款单，是基础资料设置中结算方式所对应的会计科目。
- **背书时的对应科目**：用于票据背书时指定的对应科目。
- **冲销单位的应收（付）账款科目**：指进行预收冲应收时，应收单或者发票上客户或者供应商属性中设置的应收（付）账款科目。
- **冲销单位的预收（付）账款科目**：指进行预收冲预付、预收冲应收时，预收单上客户或者供应商属性中设置的预收（付）账款科目。

（5）单击金额来源选择"应收金额"。

- **销售普通发票**：分为不含税金额、税额和应收金额，应收金额=不含税金额+税额。
- **收款单**：收款金额指收到的现金或银行存款的金额。折扣金额指现金折扣的金额，应收金额指核销的应收款金额。在不涉及多币别换算时，应收金额=收款金额+折扣金额；在涉及多币别换算时，应收金额指要核销的应收款金额，与收款金额币别不一致。
- **票据背书**：票面金额指应收票据的票面金额，利息费用指票据背书的利息及费用，等于背书时的利息减去费用。背书金额一般在凭证的借方，指背书转其他时借方科目的金额。

背书冲应付金额指背书冲应付款时，应付账款核销的金额，背书冲应收金额指背书冲应收款时，应收账款核销的金额。背书转其他、背书冲应付、背书冲应收两两不能同时存在，故背书金额、背书冲应付金额或背书冲应收金额一方有数时，另一方必为 0。设置凭证模板时可以同时包括此 3 种情况。另外，背书金额=票面金额+利息费用。

○ **票据贴现**：贴现额指应收票据的贴现净额，贴息指票据贴现时应付的利息，票面金额指应收票据的票面金额，票面利息指带息票据的利息，贴现额=票面金额+票面利息−贴息。

（6）单击"摘要"定义按钮，系统弹出"摘要定义"窗口，在摘要公式处直接录入"销售产品"，如图 7-16 所示。摘要公式可以从摘要单元中取出或自行定义。

（7）单击"确定"按钮，返回"凭证模板"窗口，再单击"核算项目"按钮，系统弹出核算项目取数窗口，在客户处的"对应单据上项目"选择"核算项目"，如图 7-17 所示。

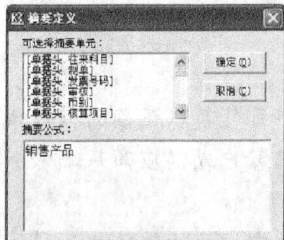

图 7-16

图 7-17

（8）单击"确定"按钮返回，第 2 条分录科目来源选择"单据上物料的销售收入科目"，方向选择"贷"方，金额来源为"应收金额"，摘要同样设为"销售产品"，设置完成的模板如图 7-18 所示。

（9）单击工具栏上的"保存"按钮保存当前的凭证模板。单击"退出"按钮，返回"凭证模板设置"窗口，可以看到新增进来的模板，如图 7-19 所示。

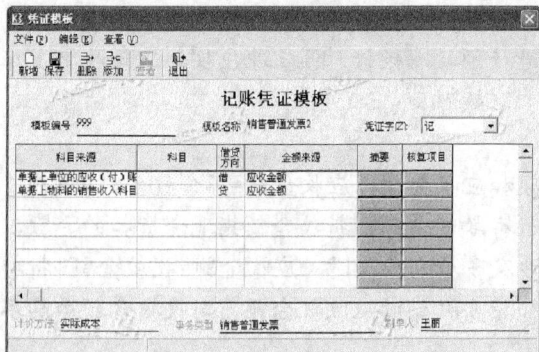

图 7-18

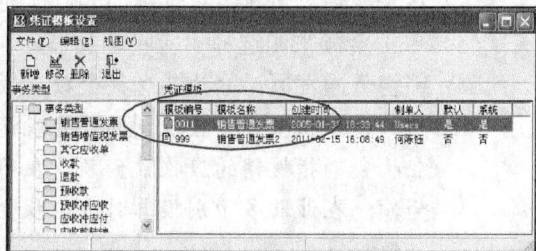

图 7-19

在"凭证模板设置"窗口，如果要对模板进行修改或删除，可以选中模板后单击工具栏上的相应按钮。

（10）调整默认凭证模板。系统自动将系统模板作为默认模板，可将自定义的凭证模板调整为默认模板。系统会根据默认模板生成凭证。例如将"销售普通发票 2"设为"默认模板"，则选中该项目，单击菜单【编辑】→【设为默认模板】即可。

（11）读者可自行修改其他单据类型的凭证模板。注意，使用的模板要设定"凭证字"，每条分录的科目来源、方向和金额来源要正确。

> 注　若在生成凭证时发生错误，可进入"凭证模板"中对相关类型的模板进行修改。若凭证生成后发现科目不对，则建议删除凭证，重新修改模板，然后再生成凭证。

7.2.3 应收初始数据录入

应收初始数据主要有以下 4 项。

- **应收款期初数据**：包括货款核算应收账款科目的期初余额、本年借方累计发生数和本年贷方累计发生数。
- **预收款期初数据**：包括货款核算预收账款科目的期初贷方余额、本年贷方累计发生数。如果预收账款的期初余额为借方余额，建议进行调账处理，把预收账款调入应收账款科目中。
- **应收票据期初数据**：还没有进行票据处理的应收票据，不包括已经背书、贴现、转出或已收款的应收票据。
- **期初坏账数据**：以后有可能收回的坏账。

在主界面窗口，单击【系统设置】→【初始化】→【应收账款管理】，可以查看到需要录入的期初数据，如图 7-20 所示，在录入期初数据时选择相应选项。

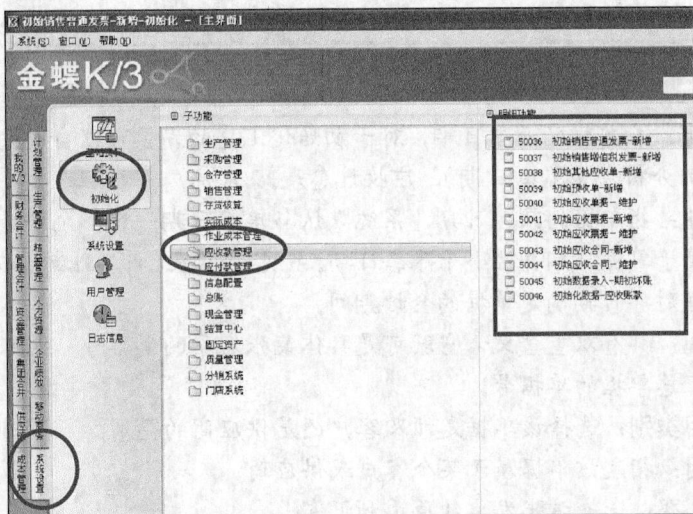

图 7-20

1. 期初数据录入

期初数据录入时在初始化数据窗口，双击选择要录入的"明细功能"即可。

7-2：录入表 7-1 中的"初始销售增值税发票"。

表 7-1 客户初始数据

初 始 类 型	日 期	客 户	往来科目	发 生 额
初始销售增值税发票	2010-12-31	深圳科林	1122	28 600.00
初始销售增值税发票	2010-12-31	东莞丽明	1122	8 800.00
初始销售增值税发票	2010-12-31	深圳爱克	1122	25 000.00

（1）双击【系统设置】→【初始化】→【应收账款管理】→【初始销售增值税发票—新增】，系统进入"初始化_销售增值税发票"录入窗口，如图 7-21 所示。

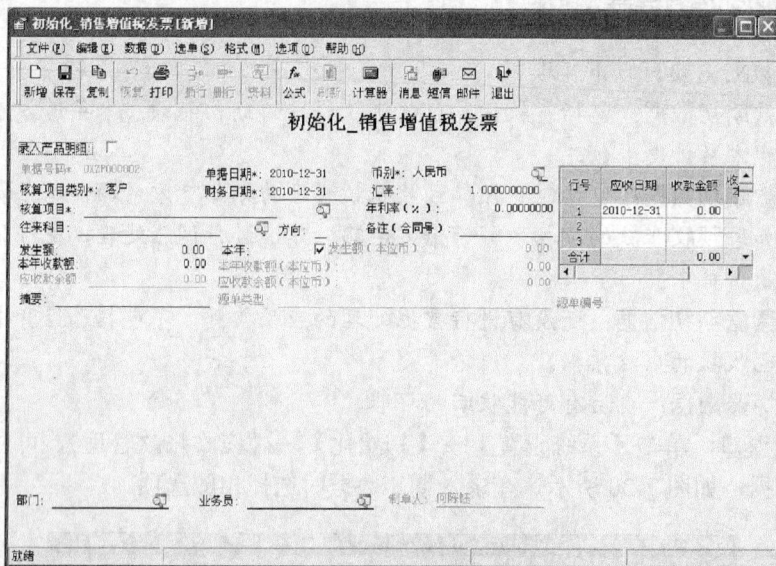

图 7-21

● **单据日期：**指单据的开票日期，对于初始化汇总的发票可以自由设定。系统可以根据此日期计算账龄分析表（单据日期）、应收计息表。

● **财务日期：**指单据的录入日期，系统默认与单据日期一致，允许修改，但是必须控制大于等于单据日期并且小于账套日期。系统可以据此计算账龄分析表（记账日期）。系统根据财务日期确定单据的会计期间。

● **单据号码：**具有双重含义，它既可是具体某张发票的发票号，也可是用户自行设置的一张汇总单据的单据号。

● **核算项目类别：**选择该单据是涉及客户还是供应商的类别。

● **核算项目：**指定该单据属于某个客户或供应商。

● **币别、汇率：**选择该张发票的原币和汇率。

● **往来科目：**不需要将初始化数据传入总账时，此处不用录入。否则必须录入对应的往来会计科目。如应收款会计科目，必须是最明细科目，如果该科目下有核算项目，则不用录入相应核算项目代码，传递到总账系统时会根据该发票的核算项目名称、部门、职员等自动填充。通过该科目系统把相应的应收款初始资料传递至总账系统，避免了总账系统初始化往来资料的重复录入。

- **方向**：往来科目的方向。
- **发生额**：指单据的发生数，即应收款金额。可以按客户汇总金额输入所有销售发票。如该客户有3张销售增值税发票，分别是1 000元，2 000元和3 000元的发票，汇总时则直接录入1张6 000元的发票即可；也可以按单据进行明细录入，按上例则是要分别录入1 000元、2 000元和3 000元3张发票。如果是本年发生额，则选择"本年"项。如果同一个单位的往来款既有去年发生额又有今年发生额，则汇总录入时去年与今年的数据应分开录入。一般反映的是应收账款科目的借方发生数。
- **本年收款额**：录入当前会计年度的收款金额，以前会计年度收款的金额不包括在内。一般反映的是应收账款科目的本年累计贷方发生数。
- **应收款余额**：扣除收款额后的实际应收数，由右侧窗口的明细框汇总得出。一般反映的是应收账款科目的期初余额。由于初始化数据的特殊性，允许明细列表框中同时存在正负数金额。
- **源单类型**：系统根据选单类型回填，不允许修改。
- **源单单号**：系统根据选单时选中的单据号回填，不允许修改。
- **部门**：该单据由何部门操作，可在查询账表时，按部门进行统计。如查询某个部门的销售收入是多少，已收回多少货款等。
- **业务员**：该单据由哪位职员操作，可在查询账表时，按业务员进行统计。如查询某个业务员的赊销收入是多少，已收回多少货款等，从而对业务员进行业绩考核。

选择"录入产品明细"项，在发票窗口下部弹出存货录入窗口，在此可以录入本张销售增值税发票所涉及的存货物料。如果按存货来进行往来账款的核销，则此处必须录入存货资料，否则，按商品明细输出往来核对账单时，单据余额可能不正确。

（2）在"核算项目"处获取"01—深圳科林"客户，往来科目自动带入，发生额录入"28 600"，取消"本年"的选中，在右边应收款余额窗口中的"收款金额"录入"28 600"，如图 7-22 所示。

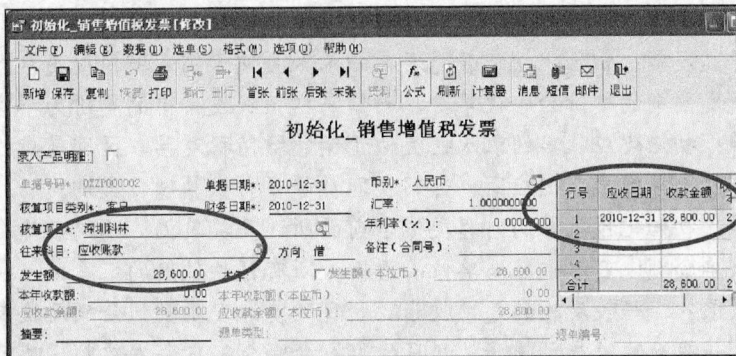

图 7-22

（3）获取部门"销售部"，业务员选择"郝达"，其他保持默认值，单击"保存"按钮保存当前发票。

表 7-1 中其他客户的期初数据请读者自行录入。

2．修改、删除

当期初单据录入错误时，需要修改或删除。方法是：双击【系统设置】→【初始化】→【应收账款管理】→【初始应收单据—维护】，系统弹出"过滤"窗口，如图 7-23 所示。

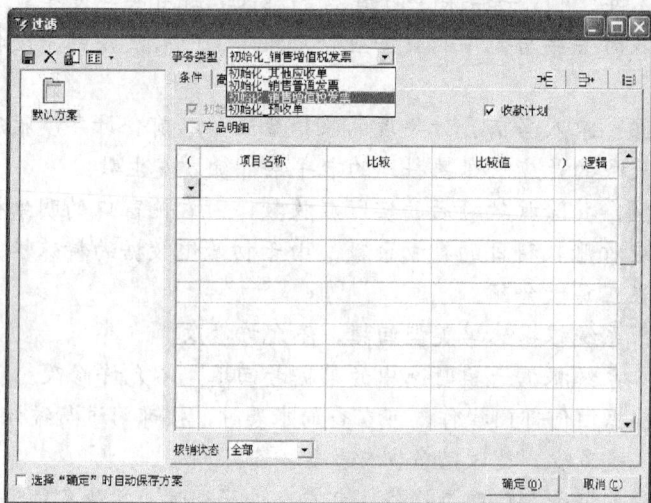

图 7-23

在窗口中选择正确的"事务类型"后，可以根据其他要求设置过滤条件，设置完成后，单击"确定"按钮系统进入"初始化"窗口，在初始化窗口可以对期初数据进行修改、删除和查询等操作，方法是选中对应的单据后，单击相应工具按钮。

> 注 在进行初始化数据修改时，一定要在图 7-23 中选择正确的事务类型，否则不能正确查询到所需要的单据。

3．其他单据

● **销售普通发票**：初始化销售普通发票的录入类似于销售增值税发票，不同之处是销售普通发票中的单价为含税单价，而销售增值税发票中的单价为不含税单价。

● **应收单**：初始化应收单的录入也类似于销售增值税发票，区别是应收单的核算项目类别可以选择客户、供应商、部门和职员等多种核算项目类别。

● **预收单**：初始化预收单的内容类似于前面所述几类单据。不同之处在于，发生额是指预收单金额；可以按往来单位汇总输入所有预收款单的汇总数，也可以按单据进行明细录入，一般反映的是预收账款科目的贷方发生数。余额反映未核销的预收款余额，一般反映的是预收账款科目的期初余额数。本年发票额反映已经发出销售发票的预收金额，一般反映的是预收账款科目的借方发生额。

● **应收票据**：金蝶 K/3 把应收票据作为一种特殊的收款进行处理，因为应收票据与应收账款核销后还可能进行背书、贴现、转出和收款等许多处理，如果应收票据与应收账款直接核销，势必造成单据无法修改，而不能进行以上操作。故在本系统中，应收票据并不直接冲销应收账款，而是在收到应收票据后，进行审核处理时，系统自动产生一张收款单（或预收单），通过该收款单（或预收单）与应收账款核销。票据进行背书、转出、贴现及真正收款时直接冲减应收票据，不再冲销应收账款。此种处理方式也与凭证处理相对应，有助于总账系统与应收款管理系统进行核对。

初始化时，应收账款的金额应是与应收票据核销后的余额，即应收账款不包括应收票据的金额。应收票据录入的是已收到票据并已核销了应收账款，但还未进行背书、转出、贴现和收款处理的票据。已收到票据但没有核销应收账款的应收票据应在初始化结束后录入。

- **应收合同**：应收合同是录入业务未执行完毕的合同资料，如本笔合同的货物没有发货完成、相关款项没有结算完成等。
- **期初坏账**：期初坏账是退出了应收款管理系统的往来核算，但为了对期初坏账在以后期间收回的往来账款进行管理，可以在此处录入期初坏账。

4. 结束初始化

应收款期初数据录入完整、正确后才能结束初始化，结束初始化后应收款系统才能进行日常的业务处理工作。结束初始化功能位于【财务会计】→【应收款管理】→【初始化】下，如图 7-24 所示。

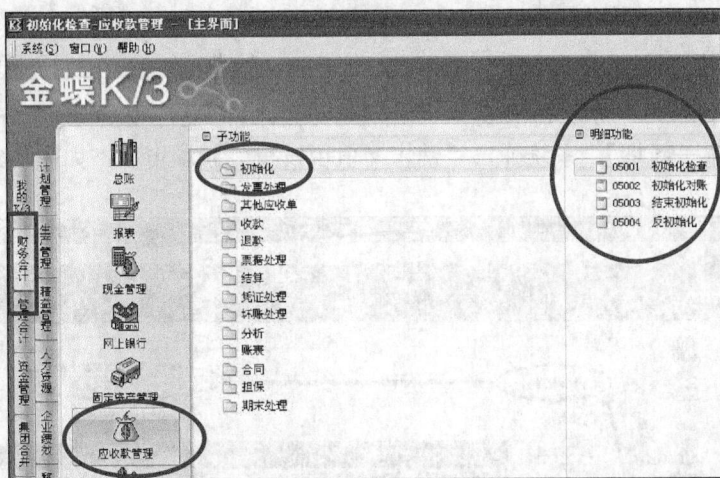

图 7-24

结束初始化工作前，可以进行初始化数据检查，方法是双击【应收款管理】→【初始化】→【初始化检查】，系统检查结束后会弹出相应的提示。

为防止应收款下的应收款余额与总账科目下的余额有出入，系统提供了初始化对账功能，双击【应收款管理】→【初始化】→【初始化对账】，进入"初始化对账"界面。

双击【应收款管理】→【初始化】→【结束初始化】功能，则可以成功启用应收款管理模块。若需要反初始化，返回修改期初数据，双击"反初始化"功能即可。

应付款系统的初始数据录入与应收款系统基本相同，可以参照前面内容。

7.3 日常处理

7.3.1 发票处理

销售发票是往来业务中的重要凭证。系统提供销售普通发票和销售增值税发票的新增、修改、删除、审核和打印等操作。

在"应收款管理"模块新增发票时只能以"合同"资料作为源单据生成或者手工录入发票。当企业采用以销售出库单或销售订单作为生成发票的源单据前，需要在"销售管理"模块中进行新增、审核，在"应收款管理"模块只能查询，不能修改。

在"应收款管理"中查询销售管理系统传递过来的发票时，只有应收款系统初始化结束生成的发票才能查询到。

当由单据生成凭证时，应收款下的单据在"应收款管理"下的"凭证处理"中生成。而由"销售管理"生成的发票是在"存货核算"模块下生成凭证。

1．发票新增

例7-3：以表7-2中的"销售增值税发票"为例，练习销售增值税发票处理方法。

表7-2   销售增值税发票

日期	客户	产品代码	数量	含单价	价税合计	税率	部门	业务员
2011-01-12	东莞丽明	3.01	500	30	7 500	17	销售部	郝达

（1）以"何陈钰"身份登录本账套。双击【财务会计】→【应收款管理】→【发票处理】→【销售增值税发票—新增】，系统弹出"销售增值税发票"新增窗口，如图7-25所示。

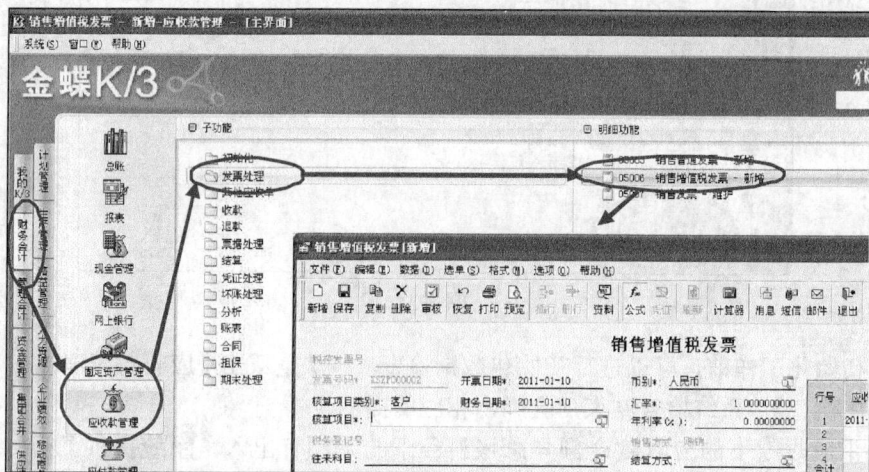

图 7-25

（2）开票日期和财务日期修改为"2011-01-12"，核算项目选择"02—东莞丽明"，往来科目自动带入。

（3）录入产品明细。光标移到产品代码处，此时该单元格激活，单击"（获取）"按钮，系统弹出物料列表，选择"3.01"代码，此时产品名称和规格型号自动带入，数量录入"500"，含税单价录入"30"，如图 7-26 所示。

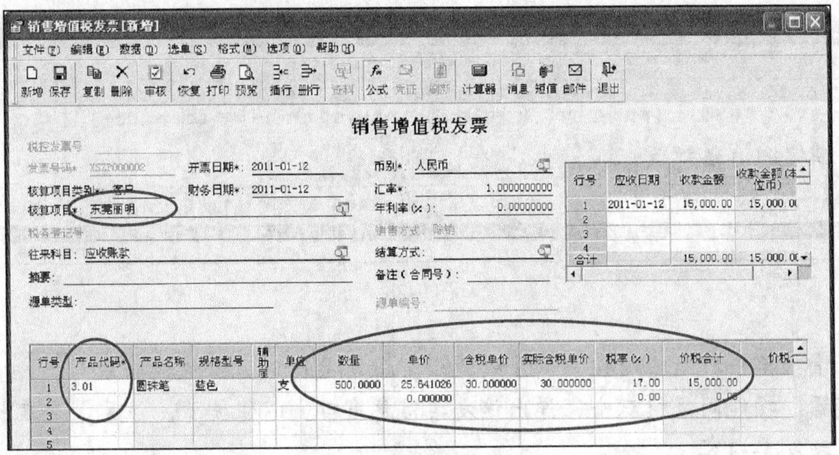

图 7-26

（4）部门选择"销售部"，业务员选择"郝达"，其他保持默认值，单击"保存"按钮保存当前单据。

2．发票维护

发票维护是指通过查询条件进入"发票序时簿"窗口后，可以查询、新增、修改、删除和审核发票等操作。

双击【财务会计】→【应收款管理】→【发票处理】→【销售发票—维护】，系统弹出过滤窗口，如图 7-27 所示。

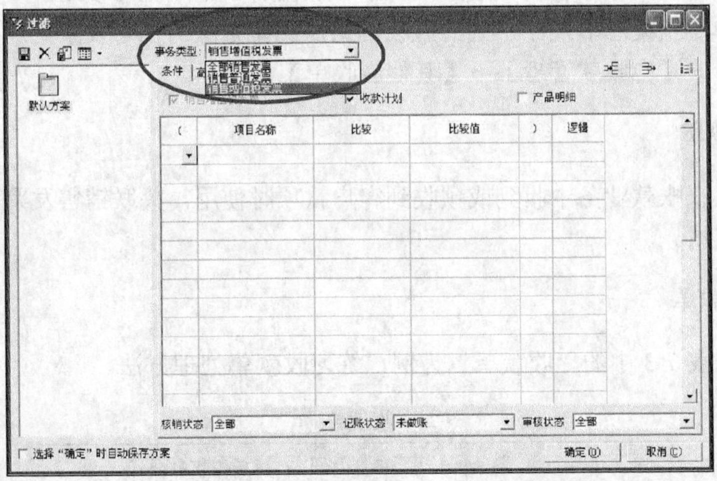

图 7-27

在过滤窗口可以设置事务类型，在过滤条件窗口可以设置条件，如发票日期大小或小于某一个期间值，以及发票所处状态为核销状态、记账状态或审核状态等条件。

在此，事务类型选择"销售增值税发票"，其他保持默认值，单击"确定"按钮，系统进入"销售增值税发票序时簿"窗口，如图 7-28 所示。

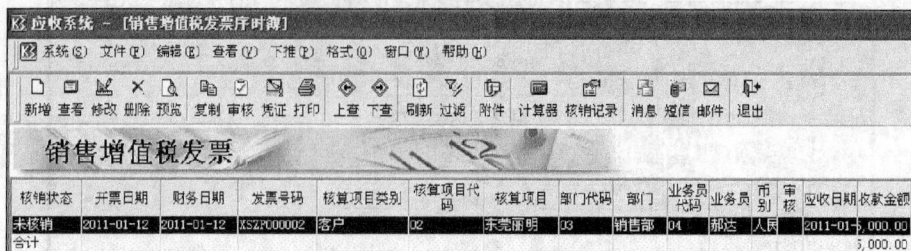

图 7-28

- ● **新增**：单击"新增"按钮，系统弹出空白发票窗口，以供数据录入。
- ● **查看**：功能同鼠标双击，弹出该发票信息窗口，以供阅览。注意，查看状态下不能修改发票内容。
- ● **修改**：单击"修改"按钮，弹出该发票窗口，可以对未审核的发票进行修改，如数量、单价等项目。
- ● **删除**：选中未审核的发票，可以将其从系统中删除。
- ● **审核**：对选中的发票进行审核。当系统参数选中"审核人与制单人不能为同一人"时，必须更换操作员来互相审核。取消审核位于【编辑】菜单下。
- ● **上查、下查**：向上查，是审核该张发票由什么数据源单据生成；向下查是查询当前单据被何种单据引用生成。
- ● **过滤**：单击该按钮，系统弹出过滤条件窗口，重新设置条件后查询发票信息。
- ● **核销记录**：查询选中发票的核销记录情况，实时掌控往来核销情况。

以"陈静"身份登录账套，审核该张发票，以供后项章节练习使用。

其他应收单是指处理非发票形式的应收单据，操作方法与销售发票处理类似，该功能位于【财务会计】→【应收款管理】→【其他应收单】。

7.3.2 收款单

收款单在往来账款业务中收到或预收到客户款项时使用，关联销售发票和合同，为往来核算提供核销依据。

1. 新增收款单

例 7-4：以表 7-3 中的"收款单"为例，练习收款单处理方法。

表 7-3   收款单

日　期	客　户	源 单 类 型	源 单 代 码	结算实收金额	部　门	业 务 员
2011-01-18	东莞丽明	销售发票	XSZP000002	1 200	销售部	郝达
2011-01-18	东莞丽明	销售发票	OXZP000003	8 800	销售部	郝达

表 7-3 中有两笔收款数据。发票 OXZP000003 的期初金额为 8 800 元。XSZP000002 为 2011-01-12 产生的销售发票，原应收款为 15 000 元，实际只收到部分款项 1 200 元。

（1）以"何陈钰"的身份登录本账套。双击【财务会计】→【应收款管理】→【收款单】→【收款单—新增】，系统弹出"收款单【新增】"窗口，如图 7-29 所示。

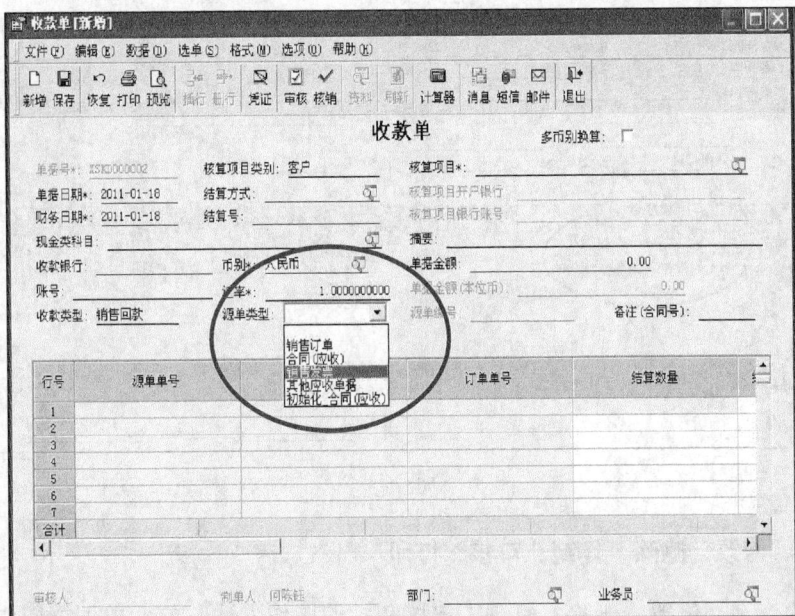

图 7-29

新增"预收款"时，双击"预收款—新增"功能。

（2）在上表核算项目中选择"02—东莞丽明"，源单类型选择"销售发票"，将光标移至"源单编号"处，按 F7 功能键获取单据信息，会以"02"客户过滤出满足条件的发票信息，如图 7-30 所示。

图 7-30

（3）使用 Ctrl 键功能，同时选中 OXZP000003 和 XSZP000002 发票后单击"返回"按钮，此时系统将所引用的源单显示在收款明细表中，如图 7-31 所示。

如结算时有"折扣金额"，则在"结算折扣金额"处录入对应的折扣额数据。

（4）发票号 XSZP000002 的结算实收金额修改为"1 200"，表头结算方式选择"支票"，结算号录入"123456"，现金科目选择"1002.01—工行东桥支行 125"，其他项目保持默认值，单击"保存"按钮保存当前单据。

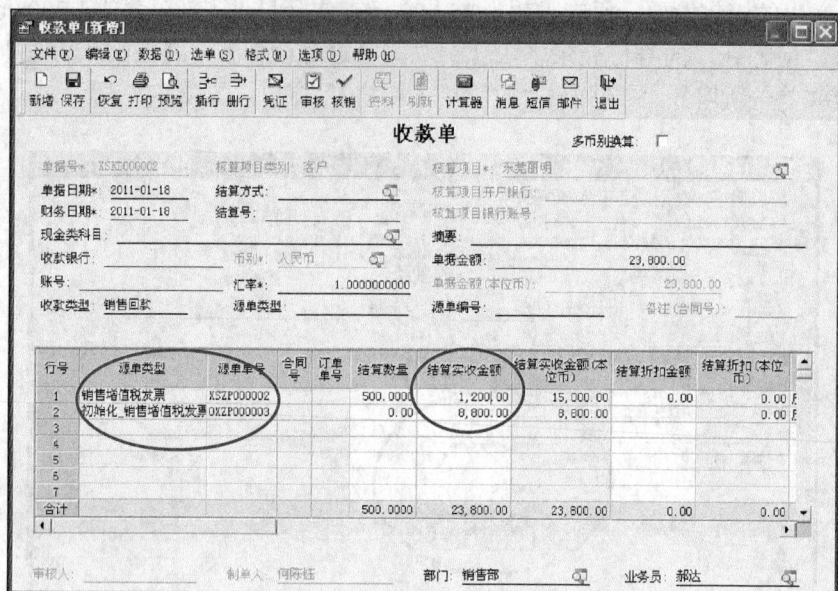

图 7-31

2．查询、修改、删除、复制、审核、打印

收款单的查询、修改、删除、复制、审核和打印操作方法与前面单据的操作方法类似。以"陈静"的身份审核所有单据。

预收单是处理未开发票，但是已经收到销售款项的单据，处理方法可以参照"收款单"。

退款单用于处理已经收到的货款并已录入"收款单"单据，因为某种原因需要退还货款。退款单的操作方法基本同收款单。

7.3.3 票据处理

票据是公司因销售商品、产品和提供劳务等而收到的商业汇票，包括银行承兑汇票和商业承兑汇票。票据处理包括应收票据的新增、修改、删除、背书、转出、贴现和退票等操作，还可以生成收款单。

如果勾选应收款管理"系统参数"中的"应收票据与现金系统同步"选项，则系统初始化结束后，应收款管理系统录入的应收票据可以传到现金管理系统，现金管理系统的应收票据也可以传到应收款管理系统。当应收款管理系统对应收票据进行转出、贴现、收款或背书操作时，现金管理系统也同时进行相应的操作，以保证两系统票据管理的同步。

1．新增

双击【财务会计】→【应收款管理】→【票据处理】→【应收票据—新增】，系统弹出"应收票据【新增】"窗口，如图 7-32 所示。

● **票据类型**：选择票据的类型，票据类型在类型维护中进行设置。

● **票据编号**：指应收票据的号码。应收票据与现金系统同步时，系统根据该号码与现

金管理系统的票据进行对应。初始化时，应收款系统的票据与现金管理系统的票据
分别录入，初始化结束后，可以互相传递，同步更新。

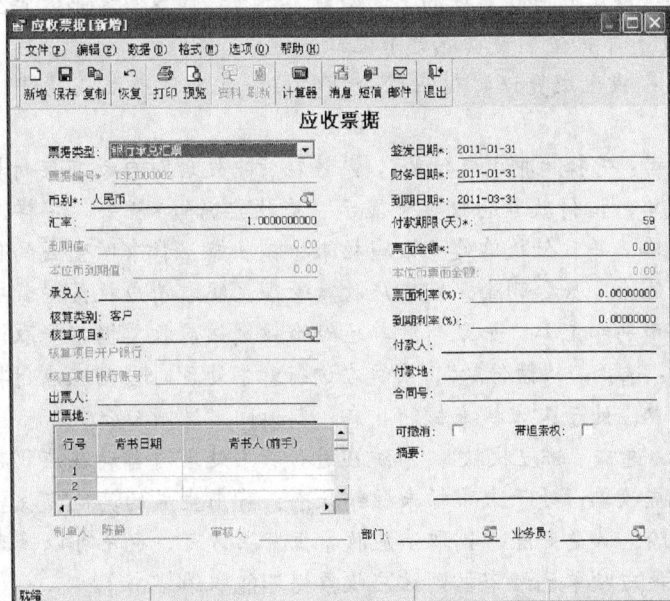

图 7-32

- **到期值**：票据到期时的面值，"到期值=票面金额+票面金额×票面利率÷360×付款期限（天）"。系统根据公式自动计算。
- **承兑人**：一般是针对银行承兑汇票。可手工录入承兑银行名称，或按 F7 功能键获取。
- **出票人**：录入出票人的名称，可手工录入或按 F7 功能键获取。若出票人为无关第三方，可以手工录入，同时在前手栏录入客户信息资料，如果有多个前手信息，则无关前手可以手工录入，系统默认最后一个前手必须为客户。
- **合同号**：若不按合同进行往来款的管理，此处可以为空。如果录入了合同号，则审核生成的收款单或预收单可以携带合同号，据此可以进行合同收款的跟踪。
- **背书人（前手）**：是应收票据背书记录中的前手。如果有多个前手信息，则无关前手可以手工录入，系统默认最后一个前手必须为客户。

2．背书

收到应收票据后，如果到期可以收取现金或银行存款，则要进行收款处理。若应收票据没有到期，由于急需资金，可以对票据进行背书处理。

在"应收票据"维护窗口，选中要背书的票据，单击工具栏上的"背书"按钮，系统弹出"应收票据背书"窗口，如图 7-33 所示。

- **背书日期**：应收票据背书处理的日期。

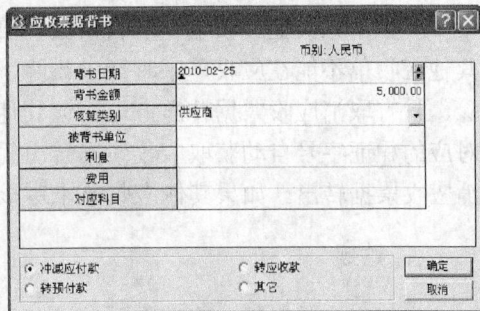

图 7-33

背书处理时系统会自动产生相应的单据（付款单、应收单、预付单），自动产生的单据日期和财务日期均自动取背书日期。

- **背书金额**：默认取应收票据的票面金额，不允许修改。背书时产生单据的实付金额（或金额）和单据金额自动取背书金额。

- **对应科目**：指生成凭证时对应的会计科目，票据背书生成凭证时可以自动获取该科目。

- **冲减应付款**：选择"冲减应付款"，系统在背书处理时自动在应付款管理系统中产生一张付款单，该付款单的摘要中显示"应收票据×××背书"字样，以区别于手工录入的付款单，并且付款单处于未审核未核销状态。背书所生成的付款单不能在应付款系统中删除，如要删除，则在应收款管理系统取消应收票据背书方可，不可以修改金额、币别和汇率。如果付款单已经审核则该应收票据不能取消背书。

- **转预付款**：选择"转预付款"，系统在进行背书处理时自动在应付款管理系统中产生一张预付单，处于未审核未核销状态。其他同"冲减应付款"。

- **转应收款**：选择"转应收款"，系统在进行背书处理时自动在应收款管理系统中产生一张其他应收单，处于未审核未核销状态。背书生成的其他应收单不能在应收款管理系统删除，如要删除，则取消应收票据背书方可，也不可以修改金额、币别和汇率。若其他应收单已经审核则该应收票据不能取消背书。

- **其他**：选择"其他"，即直接增加原材料或材料采购等，不涉及冲销应收应付账款，生成背书凭证冲销应收票据即可，并且不在应收应付系统增加任何单据。

应收票据只有"审核"后才能进行"背书"处理，应收票据背书成功后会在查询窗口的"状态"栏中显示"背书"。

3. 转出

应收票据未到期，暂不能收到钱款，可以作转出处理，即再重新增加应收账款。

在"应收票据"查询窗口，选中要转出的票据，单击工具栏上【转出】按钮，系统弹出"应收票据转出"窗口，如图 7-34 所示。

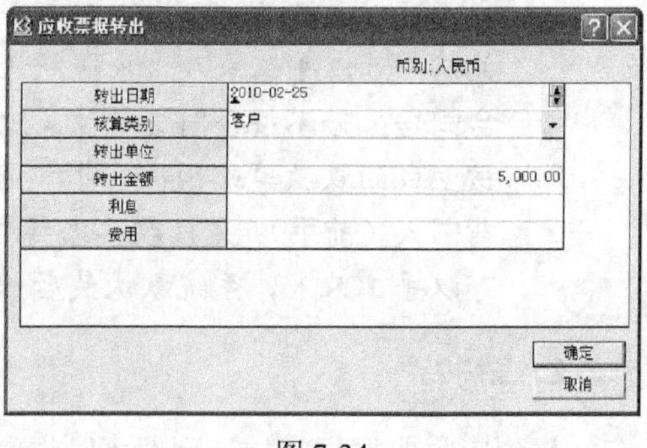

应收票据只有审核后才能作转出处理。应收票据转出成功后状态显示"转出"。应收票据作转出处理时，应收票据减少，同时系统自动在应收单中产生一张其他应收单。应收票据转出生成的其他应收单不能在应收单序时簿中删除，如要删除，只有取消应收票据转出方可。该其他应收单对应的凭证字号自动获取应收票据转出凭证的凭证字号。若其他应收单已经审核，则不能取消应收票据转出。如果其他应收单未审核，则应收票据转出不能生成凭证。

图 7-34

4. 贴现

收到应收票据后，若应收票据没有到期，且急需资金，可以对票据进行贴现处理。

在"应收票据"查询窗口，选中要贴现的票据，单击工具栏上的"贴现"按钮，系统弹出"应收票据贴现"窗口，如图 7-35 所示。

只有审核后的票据才能贴现。应收票据贴现处理后不在应收款管理系统产生任何单据，并且应收票据的状态变为"贴现"。取消贴现的方法是在"应收票据"查询窗口单击菜单【编辑】→【取消处理】功能。

应收票据与现金管理系统同步时，在应收系统进行了贴现的应收票据，传到现金管理系统时会回填相关的贴现信息。

5．收款

应收票据到期后可以收取现金或银行存款，此时要进行收款处理。

在"应收票据"查询窗口，选中票据，单击工具栏上的"收款"按钮，系统弹出"应收票据到期收款"窗口，如图 7-36 所示。

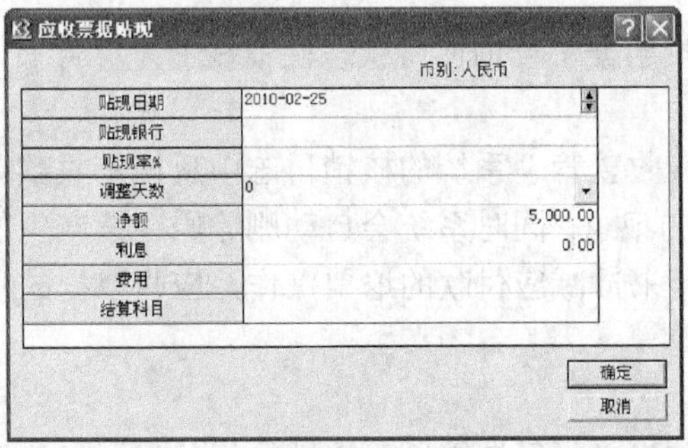

图 7-35 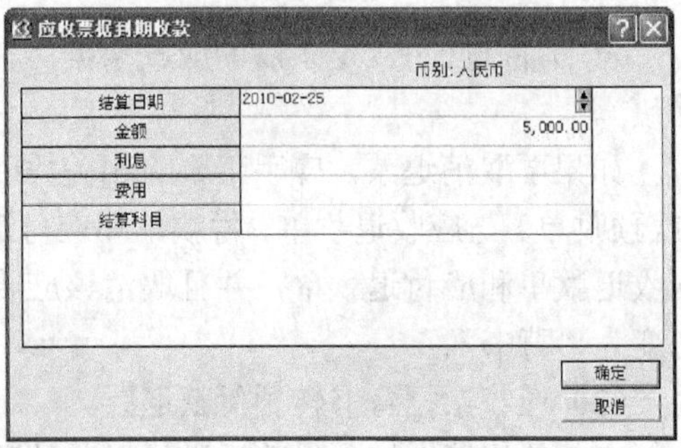　　　　　　　　　　　　图 7-36

必填项包括结算日期、金额和结算科目。

应收票据只有审核后才能作收款处理。应收票据收款凭证只能在凭证处理模块中生成。应收票据进行收款处理后，不在应收款管理系统产生任何单据，只是状态变为"收款"。应收票据收款处理后，也不应再作收款单的录入。取消票据的收款处理，是在"应收票据"查询窗口中单击菜单【编辑】→【取消处理】选项。

6．退票

应收票据收到后，作贴现处理或到期提款时，因票据填写错误或印章不清晰等原因，有可能要作退票处理。

在"应收票据"查询窗口，选中要退票的票据，单击工具栏"退票"按钮，可以对应收票据进行退票操作。

系统提供应收票据退票的情况有应收票据审核后、应收票据背书冲减应付款、应收票据背书转预付款、应收票据背书转其他、期初应收票据、期初应收票据背书冲减应付款、期初应收票据背书转预付款和期初应收票据背书转其他等情况。

（1）应收票据审核后退票。

对已审核的应收票据进行退票处理时，首先必须反核销原已核销的相关记录，如收款单、预收单等，退票成功后在应收款管理系统自动产生一张应收退款单，与原票据审核时自动产生的收款单（或预收单）自动核销。应收退款单摘要中注明了"票据×××退票"的字样。

退票的凭证在凭证处理模块的应收票据退票中进行处理。

退票后的应收票据在"应收票据"查询窗口的状态栏中显示"作废"字样。

如果取消退票，要手工删除相关凭证并在核销日志中反核销收款单（或预收单）与应收退款单的记录，同时系统会自动删除原退票产生的应收退款单，并且该应收票据取消退票并且状态变为"审核"。

（2）应收票据背书冲减应付款退票。

应收票据背书冲减应付款后进行退票处理时，首先必须反核销原已核销的相关记录（包括应收款管理系统与应付款管理系统），退票成功后在应收款管理系统产生一张应收退款单、在应付款管理系统产生一张应付退款单，应收退款单冲销原应收票据审核时自动产生的收款单（或预收单），应付退款单冲销背书冲减应付款处理时产生的付款单。应收退款单和应付退款单的摘要中均注明"票据×××退票"字样。退票的凭证在凭证处理模块的应收票据退票中进行处理。

背书冲减应付款退票后的应收票据，在"应收票据"查询窗口状态栏中显示为"背书、作废"。

如果要取消退票，应手工删除相关凭证并在应收款管理系统的核销日志中反核销收款单（或预收单）与应收退款单、付款单和应付退款单的记录，同时系统会自动删除原退票产生的应收退款单和应付退款单，并且取消该应收票据背书冲减应付款的退票操作，应收票据的状态变为"背书"。

（3）应收票据背书转预付款退票。

应收票据背书转预付款后进行退票处理时，首先必须反核销原已核销的相关记录（包括应收款管理系统与应付款管理系统），退票成功后在应收款管理系统产生一张应收退款单，在应付款管理系统产生一张应付退款单，应收退款单冲销原应收票据审核时自动产生的收款单（或预收单），应付退款单冲销背书转预付款处理时产生的预付单。应收退款单和应付退款单的摘要中均注明"票据×××退票"字样。退票的凭证在凭证处理模块的应收票据退票中进行处理。

背书转预付款的应收票据退票后在"应收票据"查询窗口状态栏中显示为"背书、作废"。

如果取消退票，应手工删除相关凭证并在应收款管理系统的核销日志中反核销收款单（或预收单）与应收退款单、预付单和应付退款单的记录，同时系统会自动删除原退票产生的应收退款单和应付退款单，并且取消该应收票据背书转预付款的退票操作，应收票据的状态变为"背书"。

（4）应收票据背书转其他退票。

应收票据背书转其他进行退票处理时，系统直接在应收票据序时簿的状态栏中显示"背书、作废"，并且不在应收应付款系统中增加任何单据。

（5）期初应收票据退票。

期初应收票据进行退票处理时，系统在应收款管理系统中自动产生一张其他应收单，摘要中注明了"期初票据×××退票"，并且该应收单处于未审核未核销状态，由用户自行核销。期初应收票据退票的凭证只能在【凭证处理】→【凭证—生成】中的应收票据退票中进行处理。

（6）期初应收票据背书冲减应付款退票。

期初应收票据背书冲减应付款后进行退票处理时，首先必须反核销原已核销的相关记录

（应付款管理系统），退票成功后在应付款管理系统产生一张应付退款单，并与期初应收票据背书冲减应付款生成的付款单自动核销，该应付退款单摘要中注明了"期初票据×××退票"字样；同时在应收款管理系统产生一张其他应收单，并且该其他应收单处于未审核未核销状态，由用户自行核销，该应收单的摘要中注明"期初票据×××退票"字样。期初应收票据背书冲减应付款退票的凭证只能在【凭证处理】→【凭证—生成】中的应收票据退票中进行处理。

（7）期初应收票据背书转预付款退票。

期初应收票据背书转预付款后进行退票处理时，首先必须反核销原已核销的相关记录，退票成功后在应付款管理系统产生一张应付退款单，并与期初应收票据背书转预付款生成的预付单自动核销，该应付退款单摘要中注明了"期初票据×××退票"字样；同时在应收款管理系统产生一张其他应收单，并且该其他应收单处于未审核未核销状态，由用户自行核销，该其他应收单的摘要中注明"期初票据×××退票"字样。期初应收票据背书转预付款退票的凭证只能在【凭证处理】→【凭证—生成】中的应收票据退票中进行处理。

（8）期初应收票据背书转其他退票。

期初应收票据背书转其他进行退票处理时，系统自动产生一张其他应收单，摘要中注明了"期初票据×××退票"，并且该其他应收单是未审核未核销状态，由用户自行核销。期初应收票据背书转其他退票的凭证只能在【凭证处理】→【凭证—生成】中的应收票据退票中进行处理。

> 注　退票后，不能查看原背书记录。取消退票只能针对当前期间已经退票的票据。

7.3.4　结算

结算管理主要是指应收发票、其他应收单与收款单、退款单的核销处理，系统提供 7 种核销类型和 3 种核销方式。

1. 核销类型

- **到款结算**：包括收款单、退款单与销售发票、其他应收单核销，或收款单与退款单互冲，红字销售发票、其他应收单与蓝字销售发票、其他应收单互冲，不包括预收单。
- **预收款冲应收款**：预收款与销售发票、其他应收单核销，或预收单与退款单互冲。预收款冲应收款与到款结算的区别之处在于，预收冲应收要根据相应的核销记录生成预收冲应收凭证，而到款结算则不用。
- **应收款冲应付款**：销售发票、其他应收单与采购发票、其他应付单的核销处理。
- **应收款转销**：属于单边核销，即从一个客户转为另一个客户，实际应收款的总额并不减少。
- **预收款转销**：属于单边核销，即从一个客户转为另一个客户，实际预收款的总额并不减少。
- **预收款冲预付款**：预收单与预付单进行核销。
- **收款冲付款**：收款单与付款单进行核销。

2. 核销方式

- **单据**：用户选择单据进行核销时，系统内部仍然按行依次核销。

- **存货数量**：用户可以对发票上的存货数量行进行选择并核销。
- **关联关系**：对存在结算关联关系的单据，进行核销，包括收款单关联应收单、退款单关联负数应收单、退款单关联收款单和退款单关联预收单。

3. 到款结算

在主界面窗口，双击【财务会计】→【应收款管理】→【结算】→【应收款核销—到款结算】，系统弹出"单据核销"窗口，如图7-37所示。

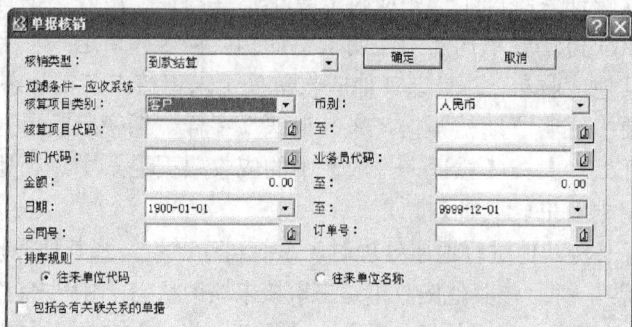

图 7-37

选择"核销类型"和设置过滤条件后，单击"确定"按钮，系统进入"核销（应收）"窗口，如图7-38所示。

选择核销方式后，可以单击"自动"按钮，此时系统会根据选项设置自动进行核销处理；"核销"则只是对选中的单据进行核销处理。

在此单击"自动"按钮，稍后窗口中被选中的记录被隐藏，表示核销成功。

预收款冲应收款、应收款冲应付款、应收款转销、预收款转销、预收款冲预付款、收款冲付款可以参照"到款核销"一节。

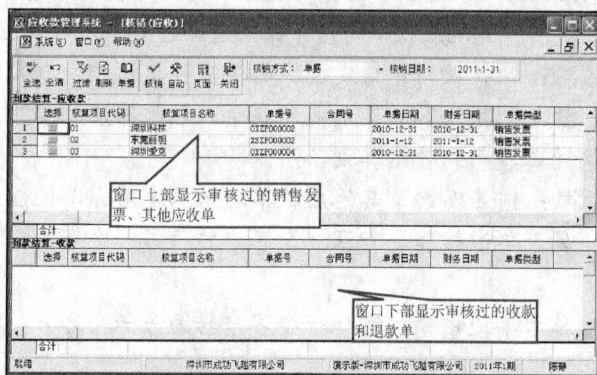

图 7-38

> 注 若系统参数中选择"审核后自动核销"，则单据在审核时就自动与存在关联的单据进行核销处理，核销日志可以在"核销日志—查看"中查询。如前面例7-4中，当收款单审核时，由于是关联发票生成的收款单，审核收款单时，系统已经自动进行核销处理。

核销日志用于查看当前系统中的单据核销情况，如×××应收单与×××收款单进行核销时，核销了多少金额等。当已核销的单据需要修改时，可以在"核销日志"中反核销单据，之后再进行修改。

在主界面窗口，双击【财务会计】→【应收款管理】→【结算】→【核销日志—维护】，系统弹出"过滤条件"窗口，设置查询条件后单击"确定"进入"核销日志"窗口，如图 7-39 所示。

图 7-39

通过核销日志能有效地查询每一笔单据的结算情况。若要查看记录的单据情况，选中记录后，单击"单据"按钮即可。

反核销的方法是双击选中核销记录，再单击工具栏上的"反核销"按钮。

7.3.5　凭证处理

凭证处理是指将应收款系统中的各种单据生成凭证并转到总账系统，总账经过过账、汇总后得出相关的财务报表，这样省去在总账系统中手工录入凭证的工作量。若应收款系统单独使用，则可不作凭证处理。

在主界面窗口，双击【财务会计】→【应收款管理】→【凭证处理】→【凭证—生成】，系统弹出"选择事务类型"窗口，如图 7-40 所示。

选择"销售增值税发票"，单击"确定"按钮，系统进入过滤窗口，保持默认值，单击确定按钮，进入"生成记账凭证"窗口，如图 7-41 所示。

单击工具栏"类型"按钮，可以切换到要生成凭证的单据列表，再选择要生成的记录，单击"按单"按钮则系统是按照当前单据的内容生成一张凭证，单击"汇总"按钮则系统会将所有选中的单据汇总成一张凭证。单击"选项"按钮，系统弹出生成凭证选项设置窗口，如图 7-42 所示。

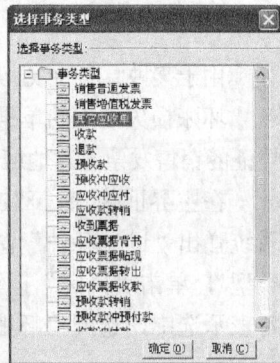

图 7-40

图 7-41

在选项窗口可以设置和修改生成凭证时的异常处理、凭证模板和科目合并选项等内容。

当选中单据，单击按单或汇总后，系统会自动生成凭证，如有错误，系统会显示相应的信息，操作员根据信息调整后，再生成凭证即可。

要查询、修改和删除凭证，双击【财务会计】→【应收款管理】→【凭证处理】→【凭证—维护】，系统弹出过滤窗口，设置条件后，单击"确定"按钮，系统会将满足条件的凭证显示出来，如图 7-43 所示。

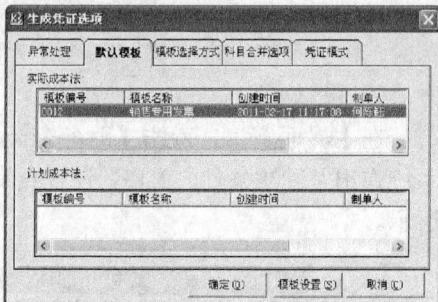

图 7-42

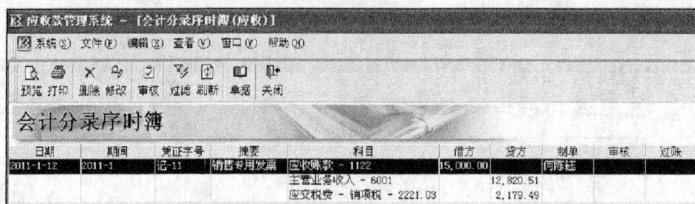

图 7-43

7.3.6 坏账处理

坏账处理包括坏账损失、坏账收回、计提坏账准备、生成坏账的相关凭证以及生成坏账备查簿、坏账计提明细表等。

1. 坏账损失

由于某种原因导致应收款无法收回时，需要作坏账损失处理，并要说明损失原因和损失金额。

坏账损失处理的单据只能是初始化的销售发票、其他应收单，初始化结束后新增的已生成凭证的销售发票、其他应收单、未生成凭证的销售发票及其他应收单不能进行坏账损失处理。

在主界面窗口，双击【财务会计】→【应收款管理】→【坏账处理】→【坏账损失】，系统弹出"过滤条件"窗口，在条件窗口中录入"核算项目的代码"，并选择要处理的"单据类型"，单击"确定"按钮，系统进入"坏账损失处理"窗口，在"坏账"项目下的方框上打勾表示选中，选择"坏账原因"，设置"坏账日期"和"本次坏账金额"，如图 7-44 所示。

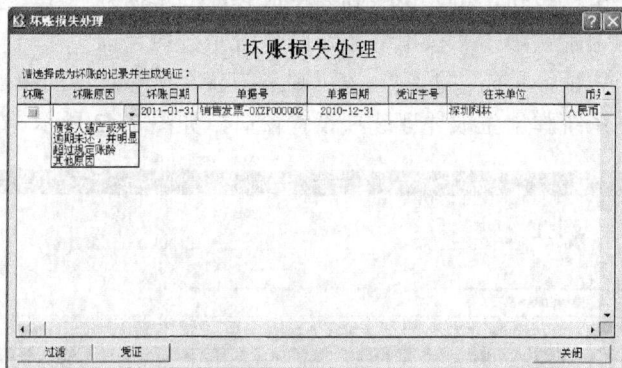

图 7-44

单击"凭证"按钮，系统弹出"凭证—新增"窗口，将"坏账损失"凭证修改正确并保存后，坏账损失的处理才算结束。若生成的凭证没有保存表示没有成功设置好"坏账损失"。

2．坏账收回

双击【财务会计】→【应收款管理】→【坏账处理】→【坏账收回】，系统弹出"过滤条件"窗口，在条件窗口中设置要进行坏账收回的客户代码，选择单据类型、单据号和凭证字等。如果收回的是期初坏账，则选中右下角的"期初坏账"，单击"确定"按钮，系统弹出"坏账收回"窗口，如图 7-45 所示。

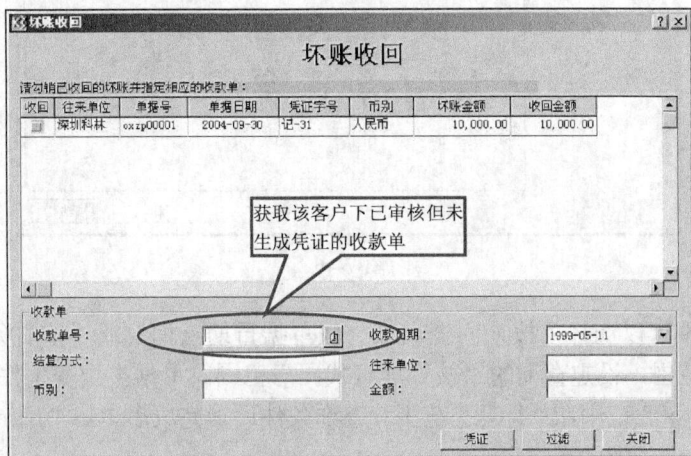

图 7-45

> **注** 进行坏账收回时，一定要有该客户的收款单，只有已审核但未生成凭证的收款单才可以参与坏账收回处理。

在要收回处理单据的"收回"项上打勾，修改"收回金额"，获取对应的收款单，一次只能选择一张收款单进行坏账收回处理。坏账收回金额与收款单的金额必须相等。单击"凭证"按钮，系统将生成一张有关坏账收回的凭证。

3．坏账准备

坏账准备可以一年计提一次，也可以随时计提。坏账准备的计提方法可以随时更改。系统根据"应收款管理系统参数"设置的方法计提坏账准备，并产生相应的凭证。

7.4 账表查询

应收款管理系统提供各种明细表、汇总表和分析报表。应收款的报表查询方法可以参照前面章节的报表查询，操作的重点是选择正确的"报表"，设置正确的"过滤"条件才可查询到自己所需要的报表。下面以"应收款明细表"为例，介绍报表的查询方法。

应收款明细表用于查询系统中应收账款的明细情况，可以按期间或日期查询，也可以通过应收款明细表查询往来账款的日报表。

（1）在主界面窗口，双击【财务会计】→【应收款管理】→【账表】→【应收款明细表】，系统弹出"过滤条件"窗口，如图 7-46 所示。

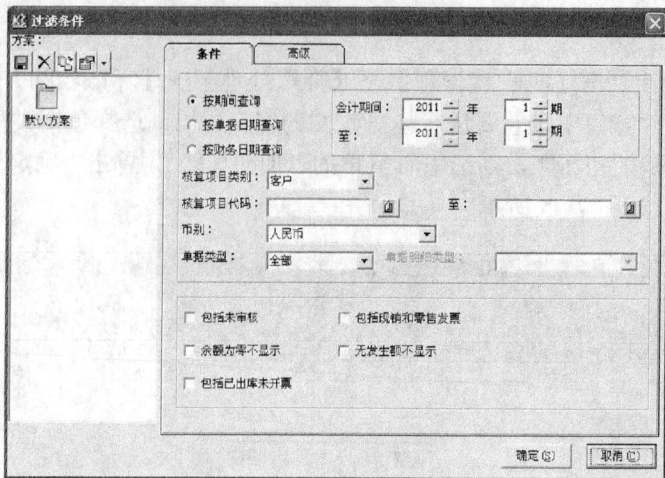

图 7-46

（2）在窗口中可以选择"按期间查询"、"按单据日期查询"或"按财务日期查询"，并设置期间或日期范围，设定查询的"核算项目代码"范围、单据类型等条件，单击"高级"按钮，可设定"地区"范围和"行业"范围。查询条件设置完成后单击"确定"按钮进入"应收款明细表"窗口，如图 7-47 所示。

图 7-47

单击"最前"、"向前"、"向后"、"最后"按钮查询不同客户的明细账，选中记录单击"单据"按钮弹出该记录的单据查看窗口，单击"过滤"按钮可重新设定查询条件。

7.5 期 末 处 理

当本期所有操作完成之后，如果所有单据已审核、核销，相关单据已生成凭证，同时与总账等系统已核对完毕，系统可以进行期末结账，期末结账完毕后系统进入下一会计期间。期末处理同时提供反结账功能。

期末处理前系统提供对账检查提示，如果不需要检查，则单击"否"按钮后，系统进入"结账"向导窗口，如图 7-48 所示。

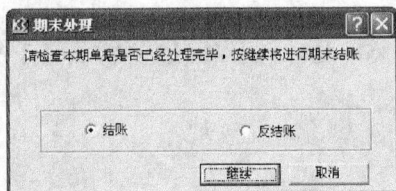

图 7-48

选择"结账"或"反结账"，单击"继续"按钮，若本期所有单据处理正确，稍后系统将弹出"期末结账完毕"提示对话框。

若系统参数选中"期末处理前凭证处理应该完成"和"期末处理前单据必须全部审核"选项，结账前必须保证本期所有的单据已生成凭证并且本期所有的单据已全部审核，否则弹出不予结账的提示。

对已结账期间的单据不能再进行反审、修改等操作，若要修改已结账的数据，可以反结账，然后系统回到上一会计期间，再重新录入、修改上一期间的数据资料。

注　　　反结账前，必须保证当前期间的单据已取消审核、取消核销且取消坏账处理。

7.6　课后习题

（1）应收款管理系统提供哪 3 种生成凭证的方式？

（2）结算处理提供哪些核销类型和核销方式？

（3）应收款系统生成的凭证在什么模块下过账？

第 8 章   固定资产管理

通过本章学习，了解固定资产模块的操作方法，掌握固定资产初始化处理、固定资产卡片录入、固定资产凭证生成、期末计提折旧和固定资产报表查询方法。

8.1   系 统 概 述

固定资产管理系统可以对企业的固定资产物品进行有效管理，包括对固定资产增加、变动和设备维护情况进行管理。变动可以生成凭证并传递到"总账"系统，在月末处理时可以根据固定资产所设定的折旧方法自动计提折旧，生成计提折旧凭证并传递到"总账"系统。系统同时提供各种财务所需的报表，如固定资产清单、资产增减表、固定资产明细账和折旧费用明细表等。

1. 使用固定资产管理系统需要设置的内容

- ⬤ **公共资料**：包括科目、币别、计量单位、部门和职员等。
- ⬤ **初始化**：需要设置的内容包括系统参数设置、初始数据录入和结束初始化。
- ⬤ **系统设置资料**：系统设置是针对该模块的参数进行详细化的设置。

2. 固定资产管理系统可执行的查询与生成的报表

可查询的报表有资产清单、固定资产价值变动表、数量统计表、到期提示表、处理情况表、附属设备明细表、修购基金计提情况表、固定资产变动及结存表、折旧费用分配表、固定资产明细账、折旧明细表、折旧汇总表、资产构成表及变动历史记录表等。

3. 固定资产管理系统与其他系统间的数据流向

固定资产系统与其他系统间的数据传输如图 8-1 所示。

- ⬤ **总账系统**：可以接收固定资产业务处理后生成的凭证以及固定资产初始余额。
- ⬤ **报表系统**：自定义报表时可以利用公式向导从固定资产系统取数。
- ⬤ **成本管理系统**：可以从固定资产管理系统提取成本数据。

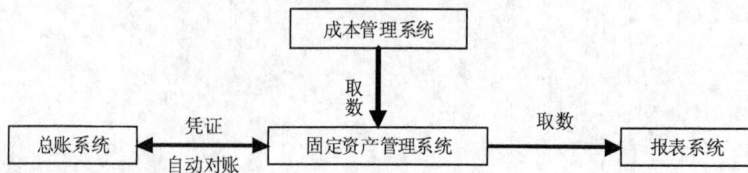

图 8-1

4. 固定资产管理系统每期的操作流程

固定资产管理系统新用户操作流程如图 8-2（a）所示，老用户操作流程如图 8-2（b）所示。

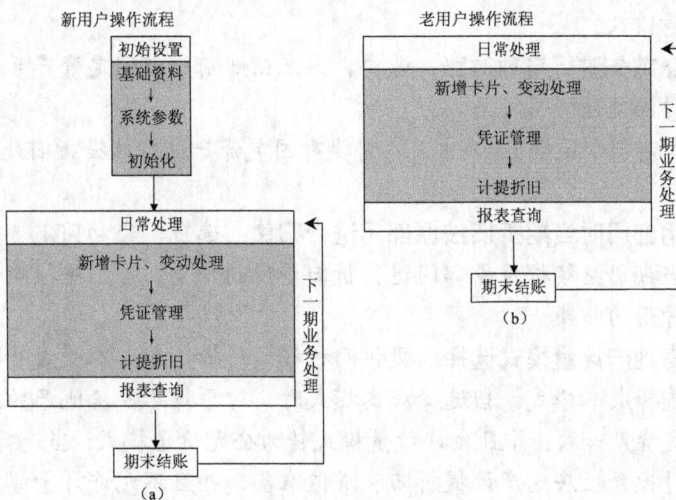

图 8-2

8.2 初 始 设 置

初始设置是对本系统的核算参数和基础资料进行设置，只有基础资料设置成功后才能进行正常的单据处理。基础资料设置请参照第 4 章内容。

初始化设置是对本系统的核算参数进行设置和初始化数据录入，只有正确进行初始化设置，在随后的日常业务处理中，查询各种报表才能正确和完整，所以初始化工作显得非常重要。

1. 系统参数设置

系统参数设置是对系统的启用期间和核算方式等进行设置。双击【系统设置】→【系统设置】→【固定资产管理】→【系统参数】，系统弹出"系统选项"设置窗口，如图 8-3 所示。

"基本设置"标签页主要用来设置账套的基本信息，"固定资产"标签页主要对固定资产管理模块的系统参数进行设置。

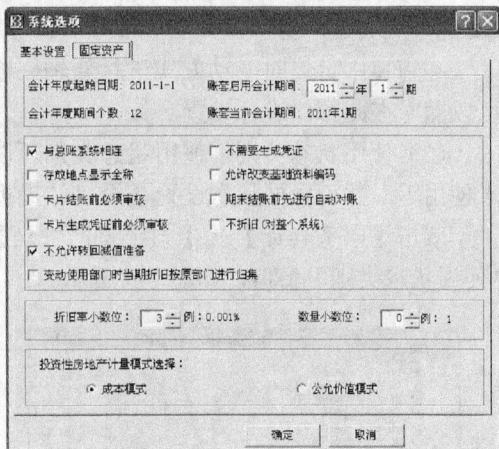

图 8-3

- 账套启用会计期间：设置固定资产管理模块的启用会计期间。
- 与总账系统相连：选中，则固定资产管理与总账系统集成应用，固定资产系统生成的凭证传递到总账模块，并且总账必须在固定资产管理系统结账后方可进行结账工作。
- 卡片结账前必须审核：选中，则卡片审核后方能结账。
- 卡片生成凭证前必须审核：选中，则在卡片生成凭证前必须审核。

- **不需要生成凭证**：选中，则固定资产的相关业务可以不用生成凭证。
- **允许改变基础资料编码**：选中，可以对变动方式、使用状态、卡片类别、存放地点等基础资料的编码进行修改。通常为了保证管理严肃性，基础资料编码一经使用，不能随意修改。
- **期末结账前先进行自动对账**：选中，期末结账前进行固定资产系统的业务数据与总账系统对账处理。
- **不折旧（对整个系统）**：选中，不需要对固定资产进行计提折旧处理，只登记固定资产卡片。
- **变动使用部门时当期折旧按原部门进行归集**：选中，变动固定资产卡片上的使用部门后，当期仍继续按照原部门进行折旧费用的归集；否则将按变动后的使用部门进行折旧费用的归集。
- **投资性房地产计量模式选择**：提供两种模式选择，即成本模式和公允价值模式，系统默认选择成本模式。当选择成本模式时，对于投资性房地产的业务处理与其他类别的固定资产一致，并且允许计量模式转为公允价值模式；当选择公允价值模式时，不允许对投资性房地产计提折旧和减值准备，并且不允许计量模式转为成本模式。

练习账套设置：启用会计期间设置为 2011 年 1 期，选中"卡片结账前必须审核"和"卡片生成凭证前必须审核"。

2．基础资料

固定资产的基础资料主要包括变动方式类别、使用状态类别、折旧方法定义、卡片类别管理和存放地点维护，以上资料都要在初始化之前设置完成。

（1）变动方式类别。变动方式指固定资产的增加和减少方式，如购入、接受捐赠及出售等。

双击【财务会计】→【固定资产管理】→【基础资料】→【变动方式类别】，系统弹出"变动方式类别"窗口，如图 8-4 所示。

在窗口中可以对变动方式进行新增、修改、删除或打印等操作。在此采用默认值，以后可以随时在此窗口进行设置。

（2）使用状态类别。使用状态类别可以设置固定资产的状态，如正常使用、融资租入或未使用等，并可根据状态设置是否"计提折旧"。

双击【财务会计】→【固定资产管理】→【基础资料】→【使用状态类别】，系统弹出"使用状态类别"窗口，如图 8-5 所示。

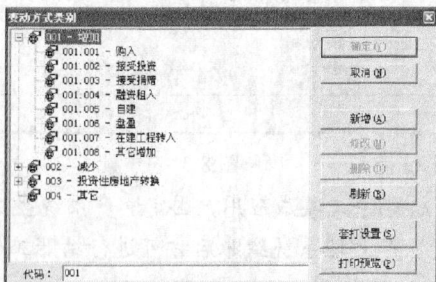

图 8-4

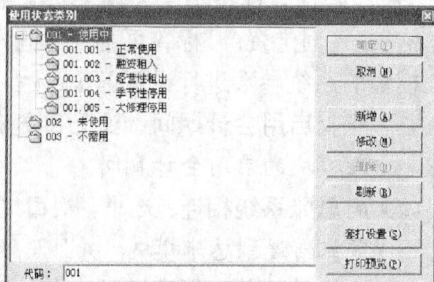

图 8-5

　　在窗口中可以对使用状态类别进行新增、修改、删除或打印等操作。在此采用默认值，以后可以随时在此窗口进行设置。

　　（3）折旧方法定义。固定资产系统的一大特点就是期末为用户提供自动计提折旧费用凭证的功能。实现自动计提折旧的功能时，必须预先在固定资产卡片设置好折旧方法，如平均年限法、工作量法等，这样系统在计提固定资产折旧时会根据折旧方法、使用年限等数据自动计算出应计提的折旧费用。

　　双击【财务会计】→【固定资产管理】→【基础资料】→【折旧方法定义】，系统弹出"折旧方法定义"窗口，如图8-6所示。

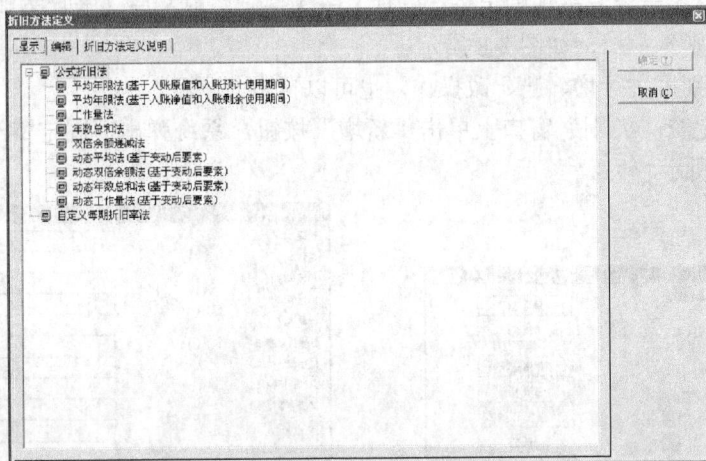

图 8-6

　　系统预设9种折旧法，包括直线法和加速折旧法的静态方法及动态方法，能分别针对无变动的固定资产和变动折旧要素后的固定资产计提折旧。单击"折旧方法定义说明"标签，系统切换到"折旧方法说明"窗口，可以查看各折旧方法定义的说明。

　　若需要新增折旧方法、修改折旧方法的公式内容，可单击"编辑"标签，系统切换到"编辑"窗口，如图8-7所示。

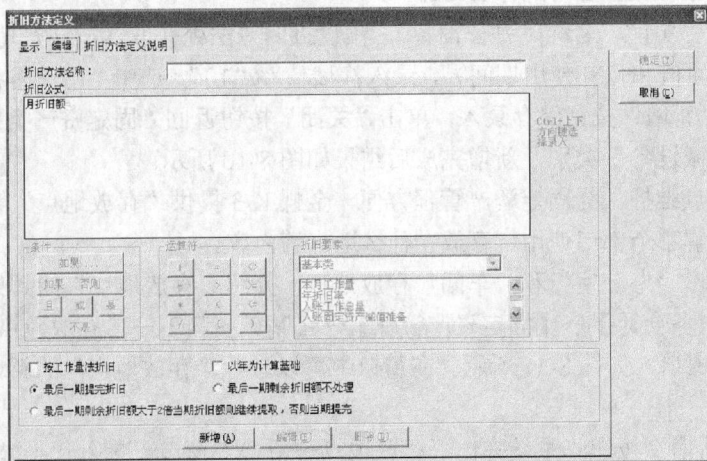

图 8-7

- **折旧公式**：折旧方式的公式定义，由条件语句、运算符和折旧要素组成。
- **折旧要素**：首先选择"类别"，再选择类别下的详细要素，双击鼠标即可将该要素填入"折旧公式"。
- **以年为计算基础**：系统默认以期间（月）作为计算基础，选中该项则以"年"作为计算基础。

在编辑窗口可以修改或定义折旧方法。

（4）卡片类别管理。为方便管理固定资产，可以对卡片进行分类管理。

例 8-1：新增"办公设备"和"机械设备"类别。

① 双击【财务会计】→【固定资产管理】→【基础资料】→【卡片类别管理】，系统弹出"固定资产类别"窗口，如图 8-8 所示。

在此窗口类别可进行增、删、改操作，也可以自定义项目。

② 在"固定资产类别"窗口上单击"新增"按钮，系统弹出"固定资产类别—新增"窗口，如图 8-9 所示。

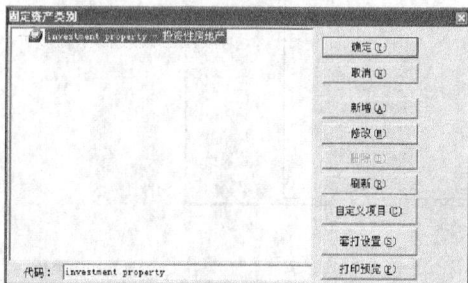

图 8-8

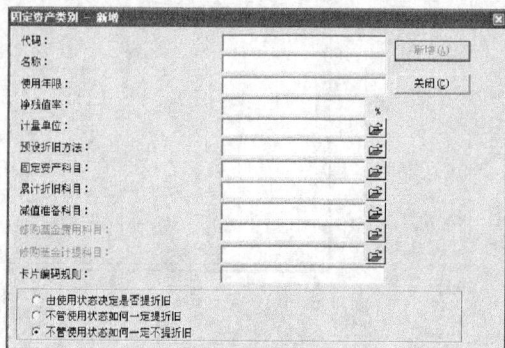

图 8-9

- **代码**：设定类别代码。
- **名称**：设定类别的名称。
- **卡片编码规则**：设定编码原则，如 B001，则录入该类别下的第一张卡片为 B001，第二张时系统会自动改为 B002。

③ 录入代码"01"、名称"办公设备"，预设折旧方法处获取（按 F7 功能键）"平均年限法（基于入账原值和预计使用期间）"，录入净残值率"10"，选中"由使用状态决定是否计提折旧"，单击"新增"按钮保存录入，单击"关闭"按钮返回"固定资产类别"窗口，以同样方法新增"机械设备"类别，新增完成后结果如图 8-10 所示。

（5）存放地点维护。为固定资产管理方便，金蝶 K/3 提供"存放地点"管理，这样在卡片中能清晰地了解哪个部门使用、存放在什么地点等内容。

例 8-2：新增"办公室"和"车间"存放地点，介绍"存放地点"的具体操作方法。

① 双击【财务会计】→【固定资产管理】→【基础资料】→【存放地点维护】，系统弹出"存放地点"窗口，如图 8-11 所示。在窗口中可以进行"存放地点"的新增、修改、删除等操作。

② 单击"新增"按钮，系统弹出"存放地点—新增"窗口，录入代码"01"、名称"办公室"，如图 8-12 所示。单击"新增"按钮保存设置。

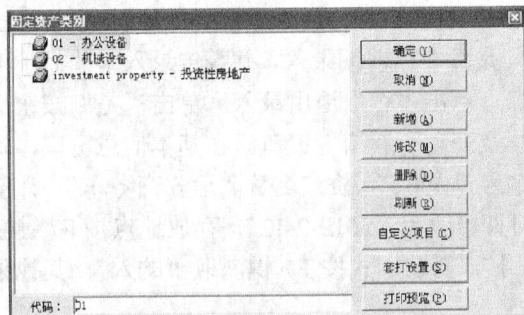
图 8-10

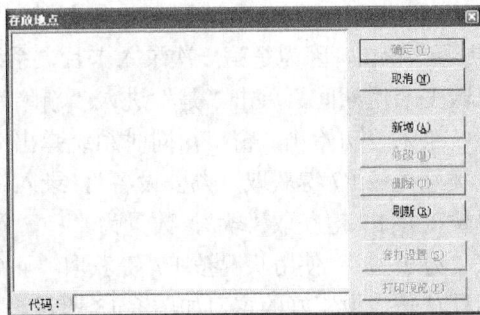
图 8-11

3. 初始卡片录入

基础资料设置完成后，下一步是录入初始卡片。可以直接录入，也可以使用"标准卡片引入"，在此重点讲述直接录入的方式。下面以表 8-1 及 8-2 中固定资产卡片为例介绍卡片的具体录入方法。

图 8-12

表 8-1　　　　　　　　　固定资产初始卡片 1

基 本 信 息		部门及其他		原值与折旧	
资产类别	办公设备	固定资产科目	1601.01	币别	人民币
资产编码	B001	累计折旧科目	1602	原币金额	183 600
名称	途安商务车	使用部门	总经办	开始使用日期	2010-02-12
计量单位	辆	折旧费用科目	6602.05	预计使用期间数	60
数量	1			已使用期间数	10
入账日期	2010-02-12			累计折旧	27 540
存放地点	办公室			预计净残值	18 360
使用状况	正常使用			折旧方法	平均年限法（基于入账原值和预计使用期间）
变动方式	购入				

表 8-2　　　　　　　　　固定资产初始卡片 2

基 本 信 息		部门及其他		原值与折旧	
资产类别	机械设备	固定资产科目	1601.02	币别	人民币
资产编码	J001	累计折旧科目	1602	原币金额	9 800
名称	彩印机	使用部门	生产部	开始使用日期	2009-08-20
计量单位	台	折旧费用科目	5101.02	预计使用期间数	60
数量	1			已使用期间数	16
入账日期	2009-08-20			累计折旧	2 352
存放地点	车间			预计净残值	980
使用状况	正常使用			折旧方法	平均年限法（基于入账原值和预计使用期间）
变动方式	购入				

（1）双击【财务会计】→【固定资产管理】→【业务处理】→【新增卡片】，系统弹出"提示"窗口，因为是第一次录入卡片，系统询问是否在当前期录入，并警告录入卡片后不可以改变启用期间，单击"是"进入"新增"窗口，单击"否"退出录入。单击"是"按钮，系统进入"初始化"窗口，同时系统弹出"卡片及变动—新增"窗口。在基本信息窗口，资产类别处按 F7 键获取"办公设备"，录入资产编号"B001"，资产名称"途安商务车"，计量单位处按 F7 键获取"辆"，数量为"1"，入账日期修改为"2010-2-12"，存放地点按 F7 键获取"办公室"，使用状况按 F7 键获取"正常使用"，变动方式按 F7 键获取"购入"，其他采用默认值，设置好的窗口如图 8-13 所示。

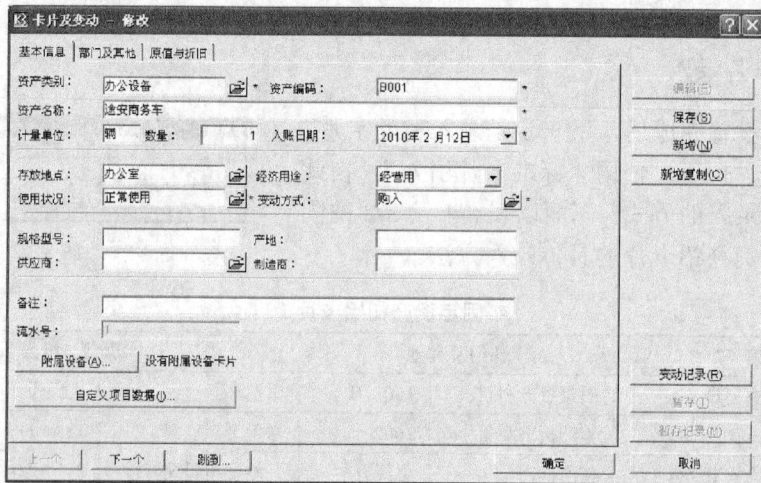

图 8-13

若该固定资产有附属设备时，单击"附属设备"按钮，进入"附属设置清单—编辑"窗口，如图 8-14 所示，在窗口中可以新增、编辑和删除附属清单。

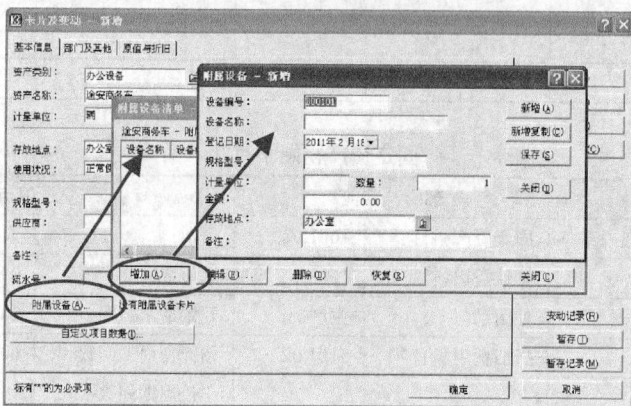

图 8-14

（2）单击"部门及其他"选项卡，窗口切换到"部门及其他"界面。固定资产科目处按 F7 功能键获取"1601.01"，累计折旧科目处按 F7 功能键获取"1602"科目，使用部门处按 F7 功能键获取"总经办"，折旧费用分配科目处按 F7 功能键获取"6602.05"科目，设置好的窗口如图 8-15 所示。

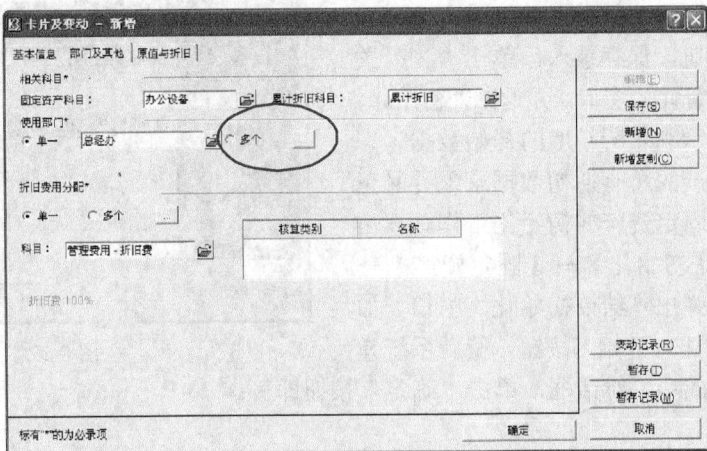

图 8-15

当该固定资产由多个部门使用时，选中使用部门下的"多个"项目，单击"…（获取）"按钮，系统弹出"部门分配情况—编辑"窗口，在窗口中可以设置该固定资产使用的部门，以及折旧费用的分配比例。

当折旧费用分配也有多个科目时，选择折旧费用分配下的"多个"项目，单击"…（获取）"按钮，系统弹出"折旧费用分配情况—编辑"窗口，在窗口中可以设置不同部门的折旧费用科目。

（3）单击"原值与折旧"标签，窗口切换到"原值与折旧"界面。币别选择"人民币"，原币金额录入"183 600"，开始使用日期修改为"2010-02-12"，录入预计使用期间数"60"，累计折旧录入"27 540"，选择折旧方法"平均年限法（基于入账原值和预计使用期间）"，设置好的窗口如图 8-16 所示。

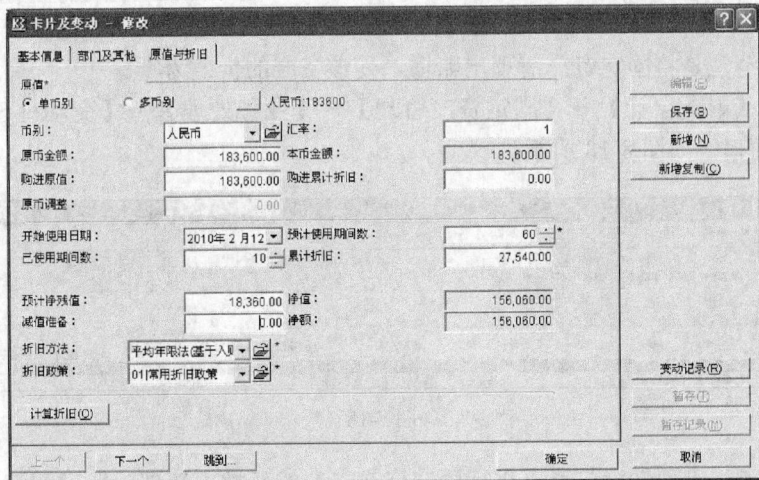

图 8-16

注　期间数是以"月"为单位，"60"即是 60 个月。

（4）单击"新增"按钮，系统经检查数据录入完整后保存卡片资料并新增一张空白卡片。用同样方法录入表 8-2 初始卡片，录入完成，单击"保存"按钮，保存录入，单击"×（关闭）"按钮退出"新增"窗口，并返回"初始化"窗口，窗口会显示刚才所新增的初始数据。

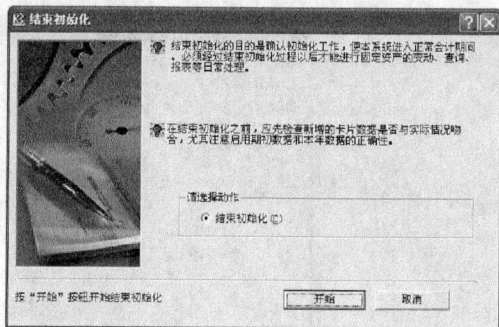

（5）固定资产的所有期初数据录入并且正确后，可以结束固定资产的初始化工作。双击【系统设置】→【初始化】→【固定资产】→【初始化】，系统弹出"结束初始化"窗口，如图 8-17 所示。单击"开始"按钮，稍后系统弹出"结束初始化成功"对话框，单击"确定"按钮即可。

图 8-17

8.3　日常处理

固定资产的日常处理包括固定资产的增加、固定资产的清理、固定资产的变动、卡片查询和凭证管理等。

8.3.1　固定资产新增

随着公司业务的开展，企业可能需要随时增加新的固定资产，本功能就是将新增加的固定资产记入账册，以做到固定资产的明细管理。

双击【财务会计】→【固定资产管理】→【业务处理】→【新增卡片】，系统弹出"卡片及变动—新增"窗口，此处的固定资产卡片新增窗口与"初始化"时卡片录入方法相同，可以参照前面章节。

8.3.2　固定资产清理

固定资产清理是将固定资产清理出账簿，使该资产的价值为零。

（1）双击【财务会计】→【固定资产管理】→【业务处理】→【变动处理】，系统进入"卡片管理"窗口，如图 8-18 所示。

图 8-18

（2）在"卡片管理"窗口可以进行固定资产卡片的新增、清理、变动和编辑等操作。

在卡片管理窗口中，选中要进行清理的固定资产，单击工具栏"清理"按钮，系统弹出"固定资产清理—新增"窗口，如图 8-19 所示。

● 原数量：固定资产现有数量。

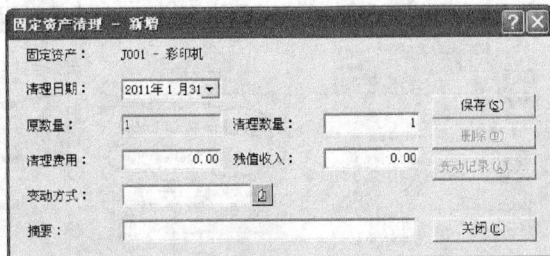

图 8-19

- 清理数量：需要清理的数量，若清理的固定资产是一批时，可以录入清理的数量。
- 清理费用：清理时发生的费用。
- 残值收入：清理时的残值收入。
- 变动方式：选择清理时的变动方式。

（3）例如选中"J001 彩印机"，单击"清理"按钮，"残值收入"录入"7 800"，"变动方式"选择"出售"，单击"保存"按钮，弹出'保存清理数据前必须生成一条变动记录，确认要生成吗？'提示窗口，单击"确定"按钮，会在"卡片管理"窗口显示一条清理记录。单击"关闭"返回"卡片管理"窗口。

注　当期已进行变动的资产不能清理。当期新增及当期清理的功能只适用于单个固定资产清理，不适用于批量清理。

8.3.3　固定资产变动、批量清理与变动

固定资产变动业务处理固定资产减少或卡片项目内容有变动的情况，如固定资产原值、部门、使用情况、类别和使用寿命等发生变动。

在"卡片管理"窗口，选中要变动的固定资产，单击工具栏上"变动"按钮，系统弹出该固定资产的"卡片及变动—新增"窗口，单击"变动方式"选择本笔固定资产的变动方式，以及在相应的项目下获取正确的数据。如是部门变动，则在使用部门处修改为正确的部门；如是价值发生变化，则在"原值与折旧"处修改为正确的数据。变动完成后，单击"确定"按钮保存本次变动。

为提高工作效率，系统提供固定资产批量清理功能。在"卡片管理"窗口，按住 Shift 键或 Ctrl 键选中多条需要清理的资产，单击菜单【变动】→【批量清理】，系统弹出"批量清理"窗口，录入清理数量、清理收入、清理费用和变动方式等内容后，单击"确定"按钮。

为提高工作效率，系统可以批量处理固定资产变动。在"卡片管理"窗口，按住 Shift 键或 Ctrl 键选中多条需要变动的固定资产，单击菜单【变动】→【批量变动】，系统弹出"批量变动"窗口，录入变动内容后，单击"确定"按钮即可。

8.3.4　固定资产卡片查看、编辑和删除

在"卡片管理"窗口，选中要查看的卡片（含变动卡片），单击工具栏"查看"按钮，系统弹出"查看"窗口，如图 8-20 所示。

在"卡片管理"窗口选中要修改的内容，单击"编辑"按钮即可进入"卡片及变动—修改"窗口，可以在此修改卡片资料。

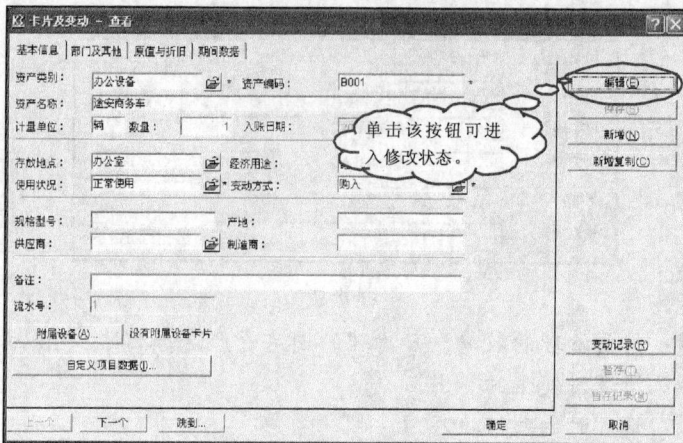

图 8-20

注　只能修改当前会计期间的业务资料。

在"卡片管理"窗口选中要删除的变动资料，单击"删除"按钮即可取消该固定资产的变动。

注　固定资产清理记录的编辑和删除有所不同，选中生成的清理记录，单击工具栏的"清理"按钮，系统弹出提示窗口，单击"是"，系统弹出"固定资产清理—编辑"窗口，可以修改清理内容；单击"删除"按钮，可以取消该固定资产的清理工作。

8.3.5　固定资产拆分

固定资产拆分功能可以将原来成批、成套资产拆分成单个资产进行管理。卡片拆分既可以处理当期新的卡片，也可以拆分以前期间录入的卡片。

（1）在"卡片管理"窗口选中要拆分的卡片，选中要拆分的固定资产，单击菜单【变动】→【拆分】，系统弹出"卡片拆分"设置窗口，如图 8-21 所示。

● **按金额进行拆分**：系统自动按金额百分比进行拆分，不对资产数量进行控制。

● **按数量进行拆分**：系统自动按数量所占百分比对固定资产进行拆分，并且控制使拆分后卡片上的资产数量之和与原卡片上的资产数量之和相等。

（2）录入拆分数量后，单击"确定"按钮进入"卡片拆分"窗口，如图 8-22 所示。

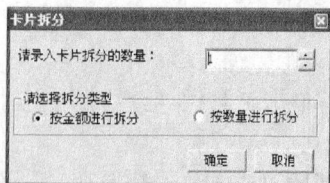

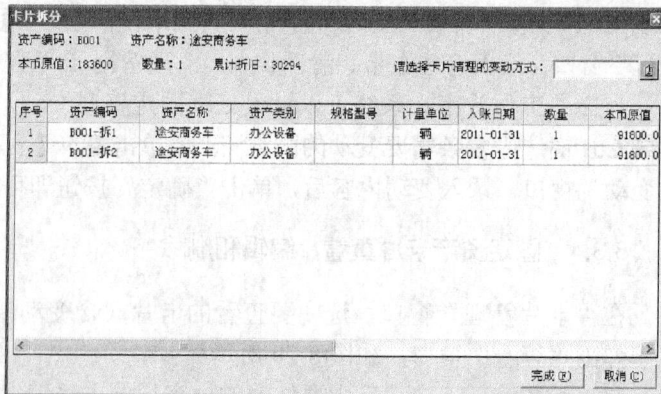

图 8-21　　　　　　　　　　　　　　　　　　图 8-22

在窗口中可以录入拆分后的每一项资产的原值、累计折旧等内容，还可以设置"变动方式"。设置完成后，单击"完成"按钮即可。

注　拆分后卡片的原值、累计折旧、净值和减值准备等的和与拆分前的卡片一致。为了保证固定资产的完整，应把刚才所做的拆分业务删除掉。

8.3.6　固定资产审核

固定资产审核以"审核人与制单人不是同一人"为基础，所以审核人不能是制单人，更换身份登录后，在"卡片管理"窗口中，选中要审核的卡片记录，单击菜单【编辑】→【审核】项即可审核。

8.3.7　凭证管理

凭证管理主要根据固定资产增加、变动等业务资料生成凭证，并对凭证进行有效的管理，包括生成凭证、修改凭证、审核凭证等操作。固定资产系统和总账系统连接使用时，生成的凭证传递到总账系统，以保证固定资产系统和总账系统的固定资产科目、累计折旧科目数据一致。

（1）在主界面窗口，双击【财务会计】→【固定资产管理】→【业务处理】→【凭证管理】，系统弹出"过滤方案设置"窗口，在窗口中可以设置过滤的事务类型、会计年度、会计期间和审核等项目。条件设置完成后，单击"确定"按钮，系统进入"凭证管理"窗口，如图 8-23 所示。

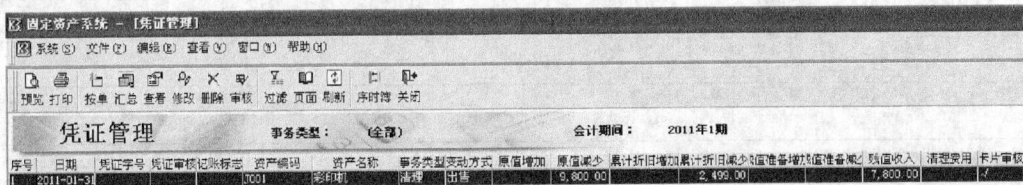

图 8-23

（2）选中需要生成凭证的记录，单击工具栏上"按单"按钮，系统弹出"按单生成凭证"向导窗口，如图 8-24 所示。

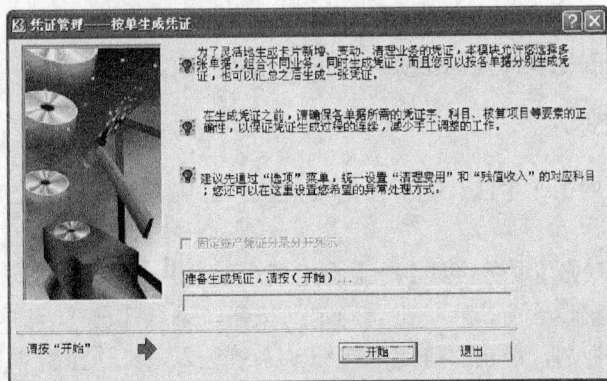

图 8-24

（3）单击"开始"按钮，稍后系统弹出提示"凭证出错是否手工修改字样"的对话框，单击"是"按钮，系统进入"记账凭证"窗口，修改正确的凭证分录后，单击"保存"按钮保存当前凭证，单击"关闭"返回"按单生成凭证"窗口，系统显示生成几张凭证，单击"查看报告"按钮，可以查看生成凭证的过程，单击"退出"按钮返回"凭证管理"窗口。此时注意已生成凭证后记录的显示颜色。

> 🐝 注　　生成凭证时出错不是系统原因，是因为系统不知道相应的固定资产对方科目，如固定资产增加时，系统不知道是付的现金还是银行存款，所以需要手工将凭证补充完整。

8.4　报　　表

固定资产管理系统提供统计报表和管理报表。统计报表主要是查看有关固定资产的数据统计，以便对比、分析；管理报表用于查询、分析固定资产的使用情况。报表的查询方法基本相同，以查询固定资产清单为例，介绍报表的查询方法。

在主界面窗口，双击【财务会计】→【固定资产管理】→【统计报表】→【资产清单】，系统弹出"方案设置"窗口，在窗口中可以设置查询的期间、固定资产状态及显示部门资料与否等内容。方案过滤条件设置完成后单击"确定"按钮，系统进入"固定资产清单"窗口，如图 8-25 所示。

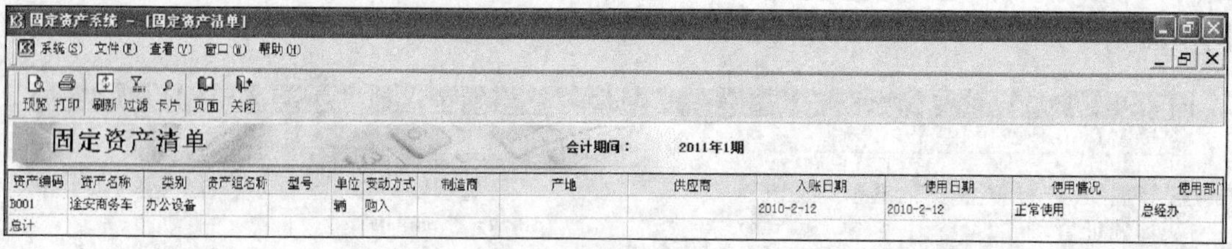

图 8-25

若要查看固定资产的卡片情况，选中记录后单击工具栏上的"卡片"按钮即可。

8.5　期　末　处　理

期末处理主要用于处理计提固定资产折旧费用和期末结账。

8.5.1　工作量管理

如果账套中有采用工作量法计提折旧的固定资产，则在计提折旧之前需输入本期完成的实际工作量。

在主界面窗口，双击【财务会计】→【固定资产管理】→【期末处理】→【工作量管理】，系统弹出"过滤"方案设置窗口，单击"确定"按钮，系统弹出"方案名称"录入窗口，录入所要的"方案名称"后，单击"确定"按钮，系统进入"工作量管理"窗口，录入本期工作量，如图 8-26 所示。单击工具栏上"保存"按钮，保存对工作量的修改。

8.5.2　计提折旧

计提折旧主要根据固定资产卡片上的折旧方法生成计提折旧凭证。

図 8-26

（1）在主界面窗口，双击【财务会计】→【固定资产管理】→【期末处理】→【计提折旧】，系统弹出"计提折旧"窗口，如图 8-27 所示。

（2）单击"下一步"按钮，在弹出的窗口中录入摘要和凭证字，如图 8-28 所示。

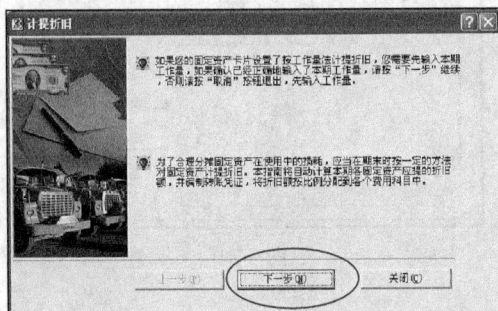

图 8-27

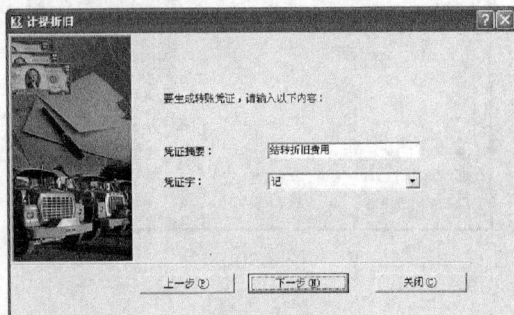

图 8-28

（3）单击"下一步"按钮，在弹出的窗口中单击"计提折旧"按钮计算计提折旧，稍后系统提示计提成功。

计提折旧生成的凭证可以在"会计分录序时簿"中进行管理。在"凭证管理"窗口单击工具栏上"序时簿"按钮，系统进入"会计分录序时簿"，找到"计提"凭证进行相应的操作即可。该笔计提凭证在"总账"系统中也可以进行查询，但不能编辑。

8.5.3　折旧管理

折旧管理是对已提折旧的金额进行查看和修改，修改后的数据会自动更改所提的计提折旧凭证金额。

在主界面窗口，双击【财务会计】→【固定资产管理】→【期末处理】→【折旧管理】，系统弹出"过滤"窗口，条件设定后，单击"确定"按钮进入如图 8-29 所示的窗口。

图 8-29

在"本期折旧额"中修改所需要的数据，单击"保存"按钮后，系统保存当前修改，并自动修改"计提折旧凭证"的数据。

8.5.4 自动对账

固定资产系统与总账系统连接使用时，自动对账功能是将固定资产系统的业务数据与总账系统的财务数据进行核对，以保证双方系统数据的一致性。

在主界面窗口，双击【财务会计】→【固定资产管理】→【期末处理】→【自动对账】，系统弹出"对账方案"窗口，如图 8-30 所示。

首先增加一个方案。单击"增加"按钮，系统弹出"固定资产对账"窗口，分别设置对账的会计科目，如图 8-31 所示。

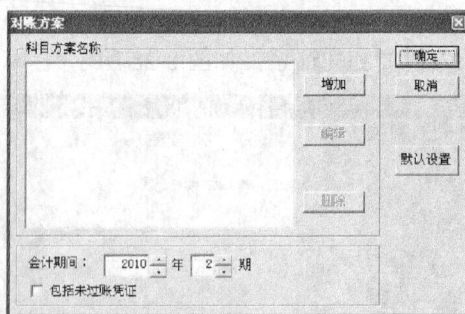

图 8-30

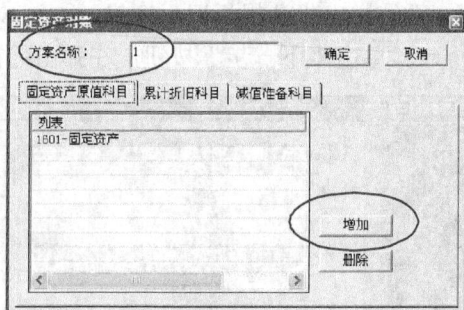

图 8-31

录入方案名称，单击"确定"按钮，系统弹出提示对话框，单击"确定"按钮，并返回"对账方案"窗口，可以看到已经新增的"方案名称"。若对"自动对账"的方案不满意，可以对方案进行编辑和删除操作。

选中"1"方案，单击"默认设置"，将当前方案设定为"默认方案"，选中"包括未过账凭证"，单击"确定"按钮进入"自动对账"窗口，如图 8-32 所示。

图 8-32

> 注　自动对账时，建议审核并过账本期所有的固定资产业务凭证。

8.5.5 期末结账

期末结账在完成当前会计期间的业务处理，结转到下一期间进行新的业务处理时进行，包括将固定资产的有关账务处理，如折旧或变动等信息转入已结账状态。已结账的业务不能再进行修改和删除操作。

（1）在主界面窗口，双击【财务会计】→【固定资产管理】→【期末处理】→【期末结账】，系统弹出"期末结账"窗口，如图 8-33 所示。

（2）单击"开始"按钮，系统检测本期工作符合结账条件后，弹出"结账成功"提示窗口，单击"确定"按钮，结束"期末结账"工作。

系统提供反结账功能。在期末处理模块中，按住 Shift 键并双击"期末结账"，系统弹出"期末结账"窗口，选择"反结账"并单击"开始"按钮即可完成反结账，如图 8-34 所示。

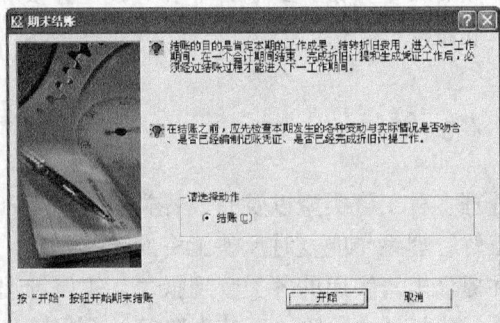
图 8-33

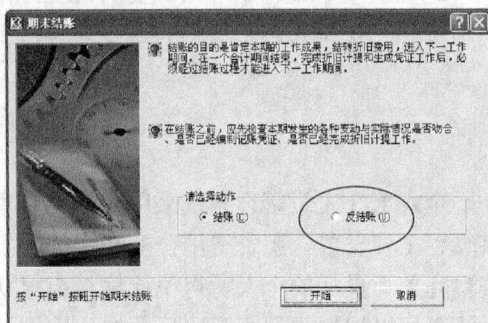
图 8-34

注　　只有系统管理员才能进行反结账。

8.6　课后习题

（1）当期已进行变动的资产能否清理？

（2）固定资产清理资料的删除方法是什么？

（3）固定资产系统反结账的方法和要求是什么？

第9章 工资管理系统

学习重点

———

通过本章学习，了解工资类别设置方法、工资项目设置方法、工资计算公式设置方法和个人所得税计算方法，了解如何查询和输出各种工资报表。

9.1 系 统 概 述

金蝶 K/3 工资管理系统采用多类别管理，可处理多种工资类型以及完成各类企业的工资核算、工资发放、工资费用分配和银行代发等。工资管理系统能及时反映工资的动态变化，实现完备而灵活的个人所得税计算与申报功能，并提供丰富实用的各类管理报表。工资管理系统还可以根据职员工资项目数据和比例计提基金，包括社会保险、医疗保险等社会保障基金的计提，并对工资职员的基金转入、转出进行管理。

1. 使用工资管理系统需要设置的内容

- 🔘 **公共资料**：包括科目、币别、部门和职员等，公共资料是本系统所涉及的最基础资料，必须设置，否则在进行单据处理时会受到相应的限制。
- 🔘 **系统设置资料**：系统设置是针对该模块的参数进行再详细化设置。

2. 工资管理系统可查询的报表

工资管理系统可查询的报表包括工资条、工资发放表、工资汇总表、工资统计表、银行代发表、职员台账表、职员台账汇总表、个人所得税报表、工资费用分配表、工资配款表、人员结构分析表和年龄工龄分析表等。

3. 应用流程

工资管理系统新用户操作流程如图 9-1（a）所示，老用户操作流程如图 9-1（b）所示。

4. 工资管理系统与其他系统间的数据流向

工资管理系统与其他系统间的数据流向如图 9-2 所示。

- 🔘 **总账系统**：接收工资管理系统生成的费用分配凭证。
- 🔘 **报表系统**：利用公式向导可以从工资系统中提取数据。
- 🔘 **人力资源管理系统**：金蝶人力资源管理系统与工资管理系统可共享一套基础资料，并且将绩效考核、考勤记录导入工资系统中，作为工资发放的依据。

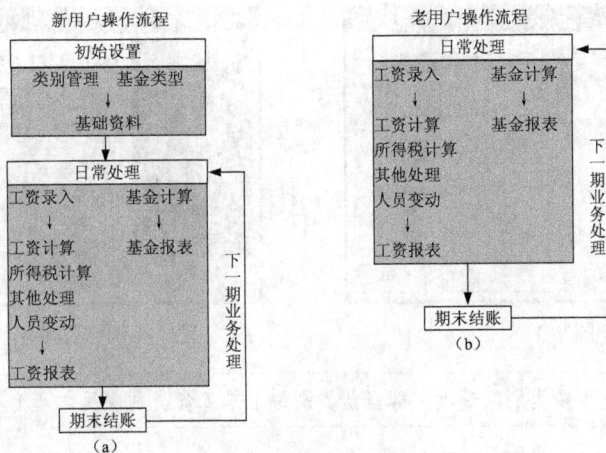

图 9-1

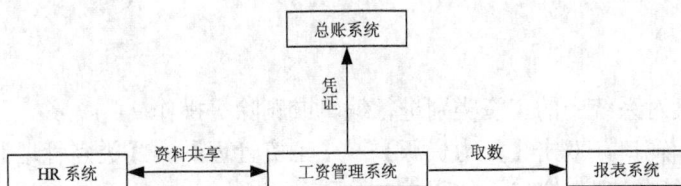

图 9-2

9.2　初　始　设　置

初始设置主要包括类别管理和基础设置。

9.2.1　类别管理

为方便工资管理，可以将工资分成几种类别进行管理，如外籍人员、国内人员、管理人员和计件工资人员等。类别管理包括类别新增、编辑及删除等操作。

> 注　账套中要至少存在一个工资类别。

1．新建类别

例 9-1：新增表 9-1 中的工资类别。

表 9-1　　　　　　　　　　　工资类别

类别 1	管理人员
类别 2	计件工资

（1）以"何陈钰"身份登录本账套。在主界面窗口，双击【人力资源】→【工资管理】→【类别管理】→【新建类别】，系统弹出"打开工资类别"窗口，单击窗口左下角"类别向导"按钮，系统弹出"新建工资类别"窗口，录入类别名称"管理人员"，如图 9-3 所示。

（2）单击"下一步"按钮，系统进入下一窗口，选择币别"人民币"，如图 9-4 所示。

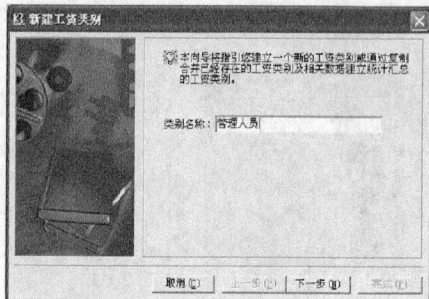

图 9-3

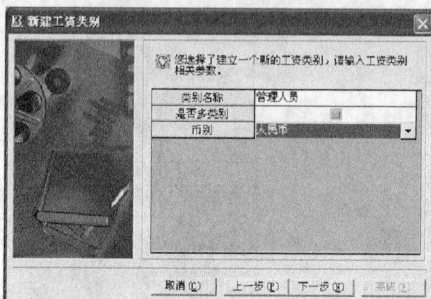

图 9-4

🐝 **注** 选中"是否多类别"选项，即当前类别为汇总工资类别，反之，为单一工资类别。

（3）单击"下一步"按钮，系统进入下一窗口，单击"完成"按钮保存当前类别。

（4）以同样的方法新增"计件工资"类别。

2．类别管理

类别管理包括对系统中的工资类别进行编辑或删除等操作。

（1）在主界面窗口，双击【人力资源】→【工资管理】→【类别管理】→【类别管理】，系统弹出"工资类别管理"窗口，如图 9-5 所示。

（2）"浏览"窗口用于显示系统中已有的工资类别。单击"编辑"选项卡，系统切换到"编辑"窗口。在"编辑"窗口，单击"编辑"按钮可以对当前选中的工资类别进行修改；单击"新增"按钮，可以新增类别，单击"保存"按钮保存当前修改；单击"删除"按钮，删除当前显示的工资类别。

3．选择类别

选择类别是选择当前要处理什么类别下的工资业务。如要处理管理人员的工资业务，必须选择"管理人员"类别；处理计件工资的工资业务，必须选择"计件工资"类别。

选择类别很重要，每次进入工资系统时都要求选择类别。

在主界面窗口，双击【人力资源】→【工资管理】→【类别管理】→【选择类别】，系统弹出"打开工资类别"窗口，如图 9-6 所示。

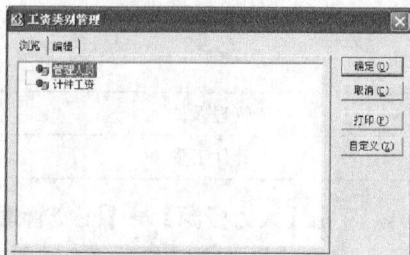

图 9-5

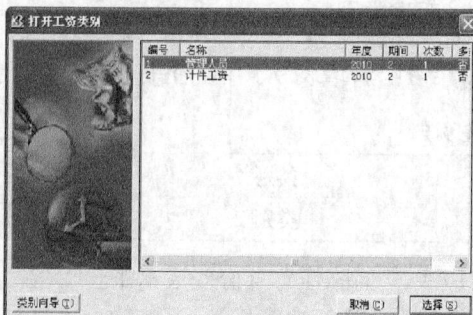

图 9-6

在窗口中选择要处理的工资类别，单击"选择"按钮即可。

9.2.2 设置

设置主要处理当前工资类别下的部门、职员、工资项目和公式定义等基础设置资料。应进行"管理人员"类别设置,选择类别"管理人员"。

1. 部门管理

(1)在主界面窗口,双击【人力资源】→【工资管理】→【设置】→【部门管理】,系统弹出"部门"窗口,如图9-7所示。在"部门"窗口可以直接新增或从外部引入部门资料。

(2)单击工具栏上的"导入"按钮,系统切换到"导入"状态窗口,导入数据源选择"总账数据",系统会显示基础资料中的部门信息,按住键盘上Shift或Ctrl键选择部门信息,如图9-8所示。

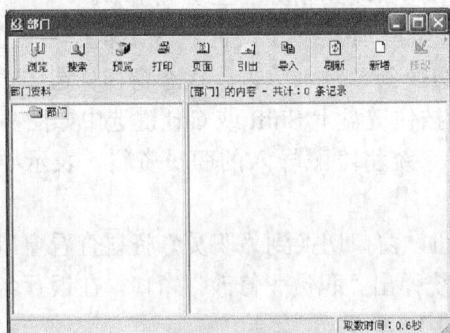

图 9-7

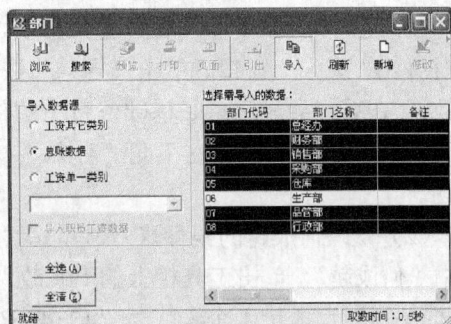

图 9-8

单击窗口左下角"导入"按钮,稍后系统将选中的部门资料隐藏,表示导入成功。

> 注　导入数据源中工资其他类别是指从其他工资类别中导入部门信息。工资单一类别是指从某一个类别下导入部门信息。全选是选中窗口右侧所显示的全部部门资料,全清是取消全部部门资料的选中。

单击工具栏"浏览"按钮,系统切换到部门信息查看状态,可以浏览到刚才导入的部门资料。在部门"浏览"窗口中可以对部门资料进行修改和删除,选中记录后单击相应按钮即可。单击"引出"按钮,可将部门资料引出为其他类型的文件,单击"导入"按钮将从系统外引入部门资料。

2. 币别管理

币别管理是对工资系统所涉及的币别进行管理。具体可参照本书第4章。

3. 银行管理

企业采用银行代发工资时,在银行管理中要录入银行名称,然后在职员管理中录入每位职员的"银行账号",以方便输出相应的银行代发工资表。

(1)在主界面窗口,双击【人力资源】→【工资管理】→【设置】→【银行管理】,系统弹出"银行"窗口，如图 9-9 所示。

（2）单击工具栏上的"新增"按钮，系统弹出"银行—新增"窗口。录入代码"1"，录入名称"招行"，如图 9-10 所示。

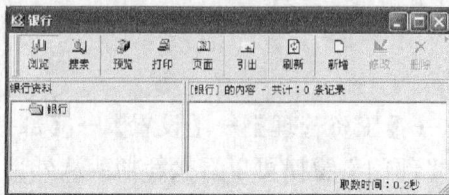
图 9-9

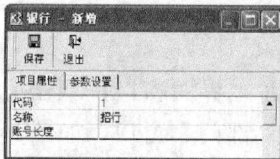
图 9-10

4．职员管理

职员管理是将账套中需要进行工资计算的职员信息获取到相应的工资类别下。

（1）在主界面窗口，双击【人力资源】→【工资管理】→【设置】→【职员管理】，系统弹出"职员"窗口，单击"导入"按钮，系统切换到"导入数据"状态窗口。选中"总账数据"，系统会显示总账基础资料中的部门资料，按住键盘上 Shift 或 Ctrl 键选中如图 9-11 所示的职员信息。单击左下角"导入"按钮，稍后系统将隐藏导入的职员资料，表示导入成功。

（2）修改何成越的银行账号。单击"浏览"按钮，窗口切换到"职员"资料查看窗口，选中"何成越"，单击工具栏上的"修改"按钮，系统弹出"职员—修改"窗口，在银行名称处选择"招行"，录入个人账号"12345678"，如图 9-12 所示。

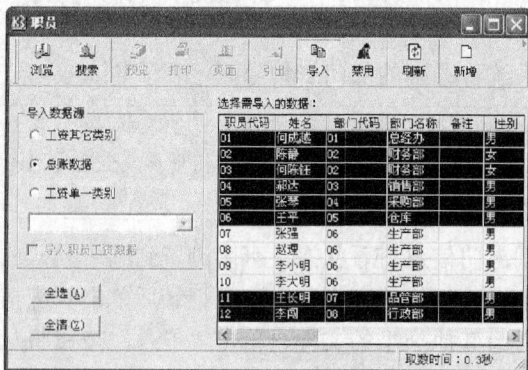
图 9-11

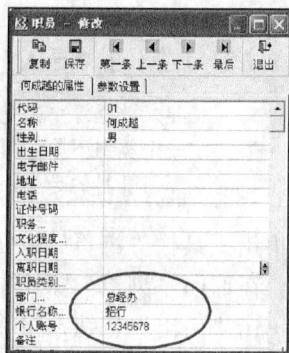
图 9-12

（3）单击"保存"按钮保存当前修改，单击"退出"返回"职员"查看窗口。

5．项目设置

项目是工资管理中的重要组成部分，它是工资计算时的计算和判断数据。下面以新增"计件工资"和"扣零实发"项目为例，介绍工资项目设置方法。

（1）在主界面窗口，双击【人力资源】→【工资管理】→【设置】→【项目设置】，系统弹出"工资核算项目设置"窗口，如图 9-13 所示。

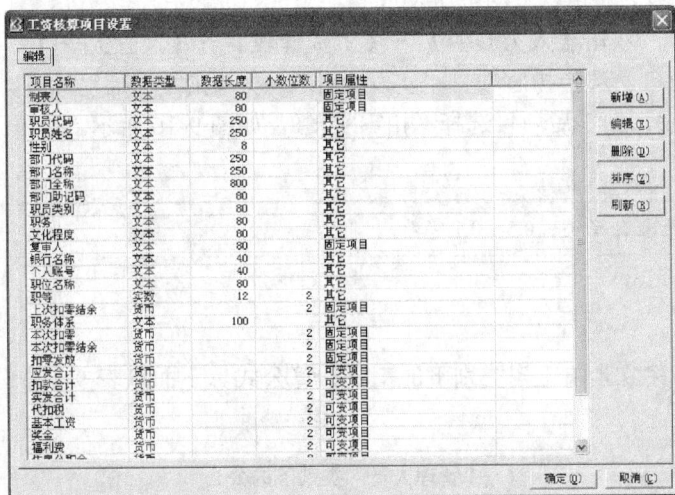

图 9-13

（2）窗口中预设有部分项目，选中后可以对其进行编辑或删除。选中"基本工资"项目，单击"编辑"按钮，系统弹出该项目的"修改"窗口，修改项目属性为"固定项目"，如图 9-14 所示。单击"确定"按钮保存修改。

（3）单击"新增"按钮，系统弹出"工资项目—新增"窗口，录入项目名称"计件工资"，选择数据类型"实数"，输入数据长度"18"、小数位数"2"，选择项目属性"可变项目"，如图 9-15 所示。

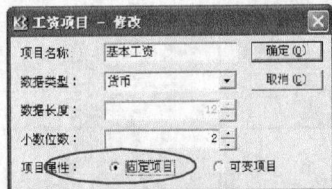
图 9-14

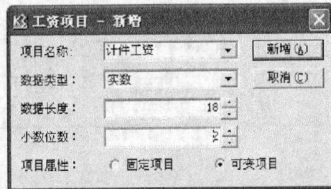
图 9-15

图 9-16

● **项目名称**：单击下拉按钮可选择系统已有的项目，也可直接录入新的项目名称。

● **数据类型**：系统预设日期型、实数型等类型，单击下拉按钮选择。

● **数据长度**：设置当前项目的最大长度。

● **项目属性**：固定项目为一般工资计算所需要的基本要素，不需要经常改变，其内容可以直接带入下一次工资计算，如预设的职员姓名项。可变项目的内容随工资计算发生改变，如预设的应发合计项。

（4）单击"新增"按钮，系统保存新增项目并返回"工资核算项目设置"窗口，在窗口可以查看到新增成功的项目。用同样方法增加"扣零实发"项目。

在以后的工作中，需要修改、新增项目时，可以随时进入该功能进行操作。

6. 扣零设置

扣零设置是设置扣除零钱，如实发工资为 2 345.58 元，可以设置工资发到元还是角，或者是 5 角以上的要发，5 角以下的下次发放等。

在主界面窗口，双击【人力资源】→【工资管理】→【设置】→【扣零设置】，系统弹出"扣零设置"窗口，选择扣零项目"实发合计"，录入扣零标准"0.5"（5 角以上要发，5 角以下的下次再发），扣零后项目选择"扣零实发"，如图 9-16 所示。单击"确定"按钮保存当前设置。

> 注　扣零标准有 5、1、0.5、0.1 等数。

7. 公式设置

公式设置是指建立当前工资类别下的工资计算公式。下面以表 9-2 中公式为例介绍公式设置的操作方法。

表 9-2　　　　　　　　　　　　　　"管理人员"类别下的公式

公式 1	应发合计=基本工资+奖金+福利费
公式 2	扣款合计=其他扣款+代扣税
公式 3	实发合计=应发合计−扣款合计

（1）在主界面窗口，双击【人力资源】→【工资管理】→【设置】→【公式设置】，系统弹出"工资公式设置"窗口，如图 9-17 所示。

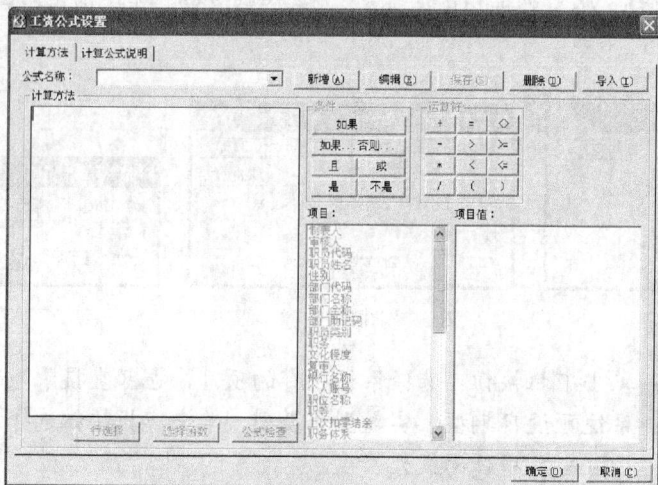

图 9-17

"计算方法"选项卡用于对工资计算公式进行管理。

- **公式名称**：录入新增的名称或选择要查看、编辑的名称。
- **导入**：从外部导入计算公式。
- **计算方法**：该窗口显示所选择公式名称下的计算公式。
- **条件**：系统内部的判断条件。
- **运算符**：计算公式经常用到的计算符号。
- **项目**：在项目设置中所有建立的项目都显示出来，供选择。

● 　**项目值**：显示当前项目的内容。如选中"部门"项目，右侧会自动显示当前工资类别下的所有部门。

（2）建立公式 1。在"计算方法"选项卡下，首先单击"新增"按钮，窗口切换到可编辑状态。双击项目下的"应发合计"，单击运算符下的"="，然后双击项目下的"基本工资"，单击运算符下的"+"，再双击项目下的"奖金"，单击运算符下的"+"，最后双击项目下的"福利费"即可。

注　　公式可手工录入，也可用上面的方法录入。手工录入时一定要注意所录入的项目是否存在。录入时一定要注意光标的位置，以防公式录入错误。修改公式方法是，将光标移到要修改的位置，按键盘上的"退格"或"删除"键进行修改即可。

（3）建立公式 2。光标在第一条公式最末，按下键盘上"Enter（回车）"键，光标移动到第二行。首先双击项目下"扣款合计"，单击运算符下"="，然后双击项目下"其他扣款"，单击运算符下的"+"，最后双击项目下"代扣税"即可。

（4）按照前面的设置方法将公式 3 录入，之后，录入公式名称"管理计算方法"，如图 9-18 所示。

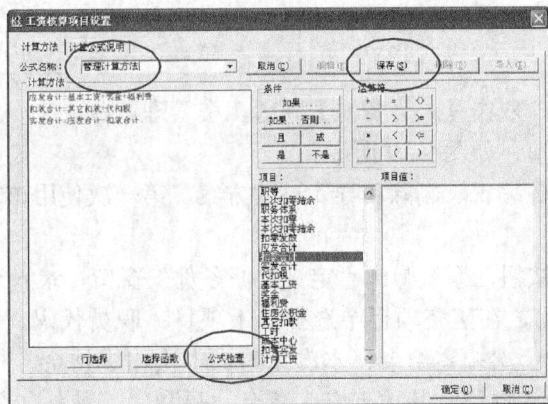

图 9-18

（5）单击"公式检查"按钮可检查公式是否正确。单击"保存"按钮保存当前公式名称和计算方法的定义。

注　　要修改公式，一定要先选中"公式名称"，然后单击"编辑"按钮，在"计算方法"选项卡下修改为正确公式，最后单击"保存"按钮。

9.3　日　常　处　理

日常处理包括工资的录入、计算以及工资报表的查看和输出等操作。下面以"管理人员"类别的工资为例，介绍工资的日常处理工作。

在主界面窗口，双击【人力资源】→【工资管理】→【类别管理】→【选择类别】，系统弹出"类别选择"窗口，选中"管理人员"，单击窗口右下角的"选择"按钮，表示当前要处理"管理人员"类别下的业务。

9.3.1 工资业务

工资业务主要包括工资的录入、计算和费用分配等操作。

1．工资录入

下面以表9-3中数据为例介绍工资录入的方法。

表9-3　　　　　　　　　　　　要录入的工资数据

职员代码	职员姓名	基本工资	奖　金	福利费	其他扣款
01	何成越	5 000	200	50	50.23
02	陈静	3 000	150	50	45.78
03	何陈钰	2 000	100	50	23.18
04	郝达	2 000	100	50	45
05	张琴	1 800	100	50	12.98
06	王平	1 500	100	50	24.5
11	王长明	1 650	100	50	33.85
12	李闯	1 250	50	50	22.35

（1）在主界面窗口，双击【人力资源】→【工资管理】→【工资业务】→【工资录入】，系统弹出"过滤器"窗口，如图9-19所示。

在窗口中可以新增、编辑、删除和导入过滤方案。第一次使用该功能时首先要建立一个"过滤方案"。

（2）单击"增加"按钮，系统弹出"定义过滤条件"窗口，录入过滤名称"1"，选择计算公式"管理计算方法"，在工资项目中选择以下项目：职员代码、职员姓名、部门名称、银行名称、个人账号、上次扣零结余、本次扣零、本次扣零结余、扣零发放、应发合计、扣款合计、实发合计、代扣税、基本工资、奖金、福利费、其他扣款、扣零实发、审核人和制表人，如图9-20所示。

图9-19

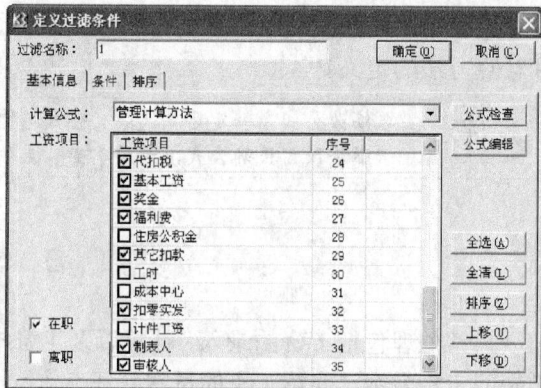

图9-20

窗口中的"序号"是当前项目显示的列号，单击"上移"、"下移"按钮，可以将所选中的项目移动到所要的序号处，选中制表人、审核人项目，单击"下移"按钮，将此两项移到最后位置。

（3）单击"确定"按钮，系统弹出提示对话框，单击"确定"按钮，系统返回"过滤器"窗口，并显示刚才所增加的方案，选中"1"方案，单击"确定"按钮，系统进入"工资数据录入"窗口，如图 9-21 所示。

图 9-21

窗口上的项目有两种颜色数据，黄色表示是由系统自动生成，如职员代码、实发合计等，白色是可修改选项。

（4）录入表 9-3 中数据。移动窗口下部的"滚动条"，移到相关项目，并录入数据，录入完成单击"保存"按钮保存工资。单击菜单【编辑】→【重新计算】，系统会根据所设置的公式在相应项目下计算出新的结果。单击工具栏上的"扣零"按钮，系统进入扣零处理工作，请注意"扣零实发"与"实发合计"之间的对比。

为确保工资核算的正确，需要对工资数据进行审核，审核后的工资数据不能修改，只有反审核后才能修改。工资审核通常是在"期末结账"前才处理。

审核功能位于"工资数据录入"窗口中的"编辑"菜单下。

注　　由于个人所得税还未计算，所以在此暂时不用审核。

2　所得税计算

所得税计算可以灵活处理不同标准计算下的个人所得税，为财务人员减轻工作量。下面练习在"管理人员工资"类别下进行个人所得税的设置，操作步骤如下。

（1）在主界面窗口，双击【人力资源】→【工资管理】→【工资业务】→【所得税计算】，系统弹出"过滤"窗口，保持默认值，单击"确定"按钮进入"个人所得税数据录入"窗口，如图 9-22 所示。单击"方法"按钮，系统弹出"所得税计算"方法设置窗口。

（2）选择"按工资发放期间计算"，单击"确定"按钮返回录入窗口，再单击"设置"按钮，系统进入"个人所得税初始设置"窗口，切换到"编辑"选项页，如图 9-23 所示。

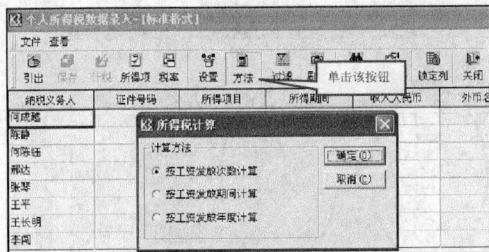

图 9-22

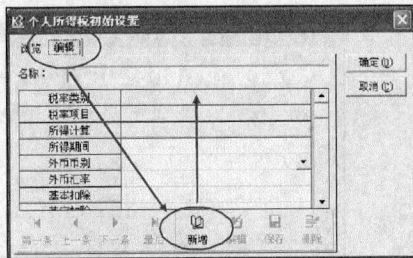

图 9-23

（3）单击"新增"按钮，再单击"税率类别"右侧按钮，系统进入"个人所得税税率设置"窗口，切换到"编辑"窗口，单击"新增"按钮，系统弹出提示窗口，单击"是"按钮，系统将显示税率设置，名称录入"税率"，如图9-24所示。

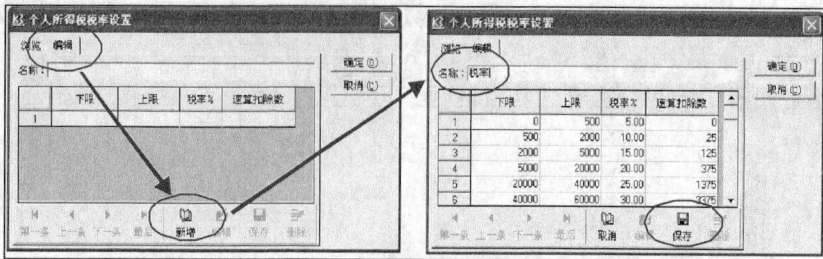

图 9-24

（4）单击"保存"按钮保存设置，单击"确定"按钮返回"个人所得税初始设置"窗口，请注意"税率类别"旁的按钮变化。单击"税率项目"旁按钮，系统弹出"所得项目计算"窗口，切换到"编辑"窗口，单击"新增"按钮，在所得项目1选择"实发合计"，并选择"增项"，所得项目2选择"住房公积金"，并选择"减项"，名称录入"税项目"，如图9-25所示。

"增项"表示计算所得税时作为计算基础的增项，而"减项"表示计算所得税时作为计算基础的减项，如住房公积金和社保费用等。

（5）单击"保存"按钮保存设置，单击"确定"按钮返回"个人所得税初始设置"窗口，请注意"税率项目"旁的按钮变化。单击"所得计算"旁按钮，系统弹出"所得项目计算"窗口，双击"税项目"，并返回"个人所得税初始设置"，所得期间录入"1-12"，币别选择"人民币"，基本扣除录入"2 000"，名称录入"个人所得税"，如图9-26所示。

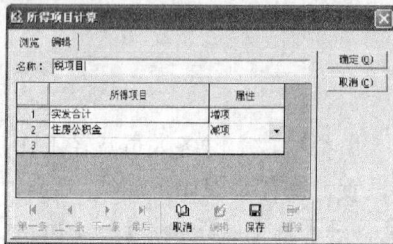

图 9-25

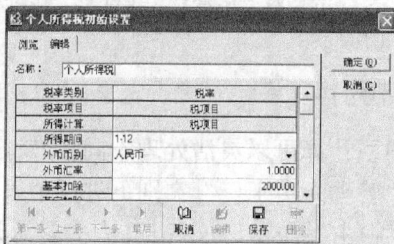

图 9-26

（6）单击"保存"按钮保存设置，单击"确定"返回"个人所得税数据录入"窗口，系统弹出提示窗口，单击"确定"按钮，系统获取数据成功后，再次弹出提示窗口，单击"确定"按钮，系统开始计算所得税，计算成功的窗口，如图9-27所示。

图 9-27

（7）单击“保存”按钮保存所得税计算。

单击“引出”按钮可以引出其他类型文件，并上交税务局。

个人所得税计算后，并未直接使用在工资表中，只有在“工资录入”窗口，引入个人所得税数据，然后再进行工资计算，才是正确的工资数据。下面将刚才所计算的个人所得税数据引入到工资表中，操作步骤如下。

在主界面窗口，双击【人力资源】→【工资管理】→【工资业务】→【工资录入】，系统弹出“过滤”窗口，选中“1”方案，单击“确定”按钮进入“工资数据录入”窗口，注意此时“代扣税”列为空白无数据，光标放置该列，单击工具栏上“区选”按钮，再单击“代扣税”列头，选中整列并反黑显示，单击“所得税”按钮，系统弹出提示窗口，单击“确定”按钮，引入所有职员个人所得税数据，如图 9-28 所示。单击“保存”按钮保存个人所得税数据引入。

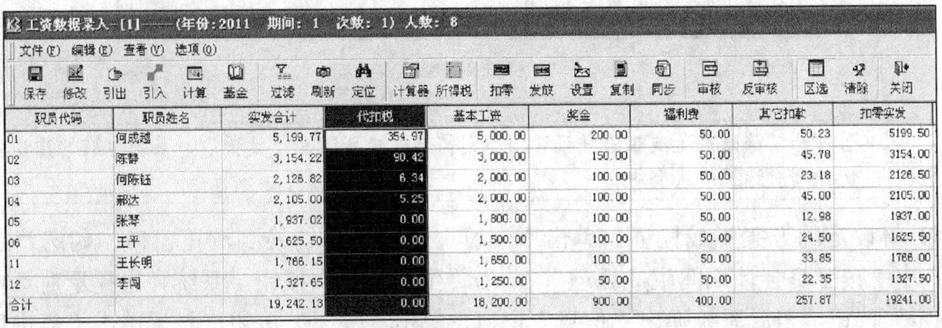

职员代码	职员姓名	实发合计	代扣税	基本工资	奖金	福利费	其它扣款	扣零实发
01	何成越	5,199.77	354.97	5,000.00	200.00	50.00	50.23	5199.50
02	陈静	3,154.22	90.42	3,000.00	150.00	50.00	45.78	3154.00
03	何陈钰	2,128.82	6.34	2,000.00	100.00	50.00	23.18	2128.50
04	郝达	2,105.00	5.25	2,000.00	100.00	50.00	45.00	2105.00
05	张琴	1,937.02	0.00	1,800.00	100.00	50.00	12.98	1937.00
06	王平	1,625.50	0.00	1,500.00	100.00	50.00	24.50	1625.50
11	王长明	1,766.15	0.00	1,650.00	100.00	50.00	33.85	1766.00
12	李闯	1,327.65	0.00	1,250.00	50.00	50.00	22.35	1327.50
合计		19,242.13	0.00	18,200.00	900.00	400.00	257.87	19241.00

图 9-28

3．费用分配

费用分配是指根据系统所设置的分配方案或计提方案生成凭证的过程。

将总经办、财务部、采购部和仓库下的“扣零实发”分配到“管理费用——工资”科目，将“销售部”下的“扣零实发”分配到“销售费用——员工工资”科目。

（1）在主界面窗口，双击【人力资源】→【工资管理】→【工资业务】→【费用分配】，系统弹出“费用分配”窗口。窗口分为两个选项卡，在“浏览”选项卡可以查看系统中已有的分配方案，可以进行生成凭证或查询凭证；“编辑”选项卡中可以对分配方案进行新增、编辑、删除等操作。

（2）切换到“编辑”窗口，单击“新增”按钮，系统切换到编辑状态，录入分配名称“工资分配”、摘要内容“工资分配”。单击第一行部门项的“（获取）”按钮，获取“总经办”，工资项目处选择“扣零实发”项目，费用科目获取“6602.04—管理员工资”科目，工资科目获取“2211—应付职工薪酬”科目；在第二行部门处获取“财务部”，其他同第一行；第三行部门获取销售部，费用科目获取“6601.04—业务员工资”，其他同第一行；第四行、第五行除部门外同第一行，设置完成的窗口如图 9-29 所示。

（3）单击“保存”按钮保存当前设置。若需修改、删除该方案，单击工具栏上“编辑”或“删除”按钮即可。

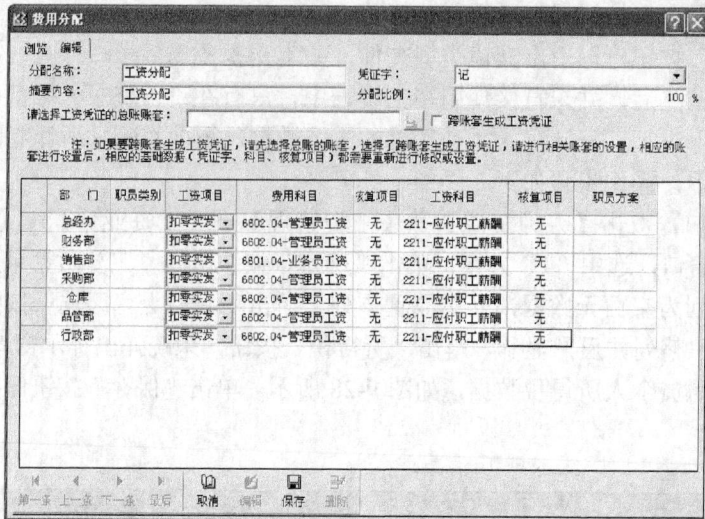

图 9-29

> **注** 若勾选"跨账套生成工资凭证"项，则需选择总账账套，设置后，系统生成的凭证会自动传递到所选择的账套中。

（4）将设定的方案生成凭证。单击"浏览"选项卡，切换到浏览窗口，勾选"工资分配"，选中"按工资会计期间生成凭证"，单击"生成凭证"按钮，系统弹出提示对话框，单击"确定"按钮。稍后系统弹出"信息"窗口，单击"关闭"按钮，然后单击"查询凭证"按钮，系统进入"凭证处理"窗口，选中该记录后双击鼠标，系统弹出该凭证的查看窗口，如图 9-30 所示。

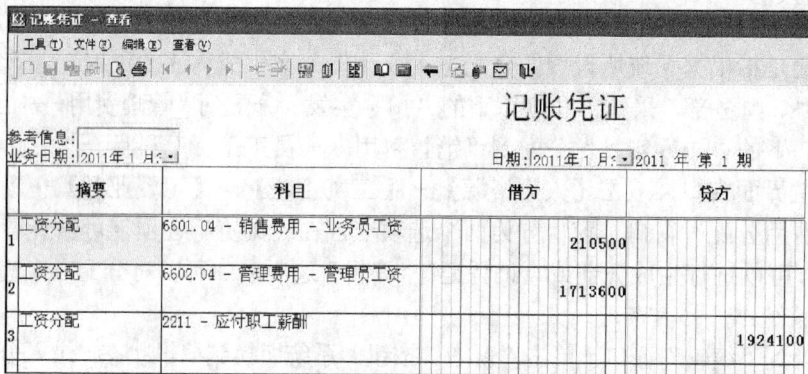

图 9-30

> **注** 按总账会计期间生成凭证：分配工资生成的凭证的会计期间为总账系统所在的会计期间。按工资会计期间生成凭证：分配工资生成的凭证的会计期间为工资管理系统所在的会计期间。

4．凭证管理

凭证管理用于对工资管理系统生成的凭证进行处理，如查看、打印、删除等操作。

5. 工资审核

为确保工资核算的正确，需要对工资数据进行审核，审核后的工资数据不能修改，只有反审核后才能修改。

在主界面窗口，双击【人力资源】→【工资管理】→【工资业务】→【工资审核】，系统弹出"工资审核"窗口，如图 9-31 所示。

窗口左侧显示系统中已有的部门信息，单击"+"，层层展开该部门下的职员信息，职员前面方框中打上勾表示选中。

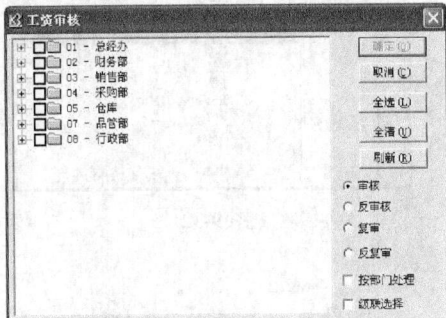

- **审核**：选中该项，窗口左侧显示未审核过的职员信息。选中要审核的职员，单击"确定"按钮，如果稍后该职员记录隐藏，表示审核成功。

图 9-31

- **反审核**：选中该项，窗口左侧显示审核过的职员信息。选中要反审核的职员，单击"确定"按钮，如果稍后该职员记录隐藏，表示反审核成功。
- **复审**：工资复审必须在工资审核的基础之上进行。选中该项，窗口左侧显示未复审过的职员信息。选中要复审的职员，单击"确定"按钮，如果稍后该职员记录隐藏，表示复审成功。
- **反复审**：选中该项，窗口左侧显示复审过的职员信息。选中要反复审的职员，单击"确定"按钮，如果稍后该职员记录隐藏，表示反复审成功。
- **按部门处理**：选中该项，则在左侧窗口只能看到部门信息，不能看到职员信息。
- **级联选择**：按层级关系选择。

> 注　反审核人和审核人、反复审人和复审人都应是同一个人。

9.3.2　人员变动

人员变动处理企业中职员的信息变动，如部门更换、职位变动等，这可以保证财务人员核算工资时的准确性。

（1）双击【人力资源】→【工资管理】→【人员变动】→【人员变动处理】，系统弹出"职员变动"窗口，单击"新增"按钮，系统弹出"职员"管理窗口，如图 9-32 所示。

（2）双击要变动的记录，系统返回"职员变动"窗口，选中后，单击"下一步"按钮，系统进入变动信息处理窗口，职员项目选择"部门"，按 F7 键获取变动参数"总经办"，如图 9-33 所示。

> 注　如果选中"禁用"，表示该职员以后不能进行工资业务的处理。

（3）单击"完成"按钮，系统弹出提示变动成功，单击"确定"按钮返回主界面。

人员变动一览表是查询变动情况的报表。双击【人力资源】→【工资管理】→【人员变动】→【人员变动一览表】，系统弹出"过滤条件"窗口，设置好过滤条件后，单击"确定"

按钮，系统进入"人员变动一览表"窗口。

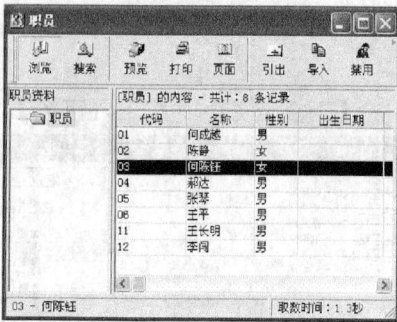

图 9-32

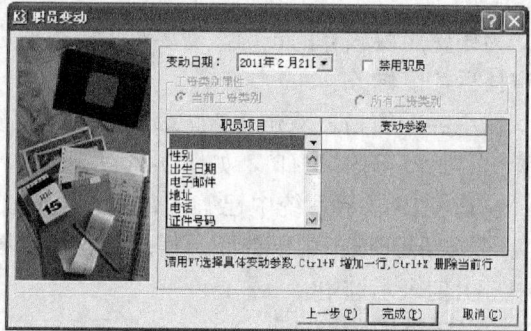

图 9-33

9.4 工 资 报 表

金蝶 K/3 工资管理系统提供丰富的工资报表，有工资条、工资发放表及工资汇总表等报表。通过报表能全面掌握企业工资总额、分部门水平构成、人员工龄及年龄结构等，为制定合理的薪资管理提供详细的资料。工资报表的应用重点是过滤方案的设置和打印输出时纸张大小及方向的调整。

下面以输出"管理人员"类别下的工资条以及表 9-4 所示数据为例，介绍工资条的操作。

表 9-4　　　　　　　　　　　　　　　　工资条项目排列顺序

1	2	3	4	5	6	7	8	9	10	11	12	13	14	15	16
职员代码	职员姓名	部门名称	上次扣零结余	本次扣零	本次扣零结余	扣零发放	基本工资	奖金	福利费	应发合计	代扣税	其他扣款	扣款合计	实发合计	扣零实发

（1）在主界面窗口，双击【人力资源】→【工资管理】→【工资报表】→【工资条】，系统弹出"过滤器"窗口，如图 9-34 所示。

● **标准格式**：系统预设的标准过滤方案。

● **当期查询**：查询当前工资会计期间的工资条。

（2）新增过滤方案。单击"增加"按钮，系统弹出"定义过滤条件"窗口，录入过滤名称"工资条 1"，根据表 9-4 中数据选中相应工资项目，并单击"上移"、"下移"按钮，按表中序号进行排列，设置完成的窗口如图 9-35 所示。

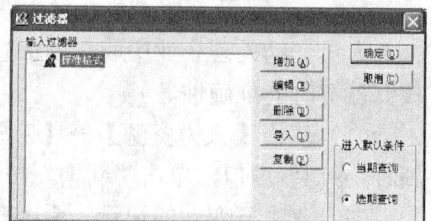

图 9-34

在条件选项卡可以设置过滤方案，在排序选项卡可以设置排序字段。

（3）单击"确定"按钮，系统弹出提示，单击"确定"按钮。新增"工资条 1"过滤方案，并返回"过滤器"窗口。选中"工资条 1"方案，单击"确定"按钮，系统弹出"工资条打印"窗口，如图 9-36 所示。

● **发放设置**：选择工资条的会计年度、会计期间和发放次数。

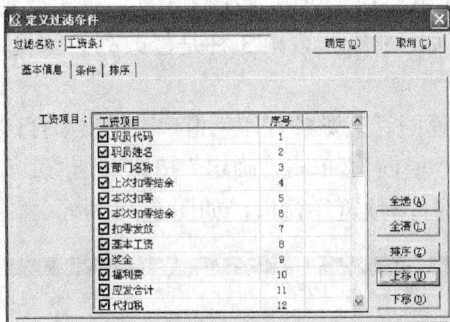

图 9-35

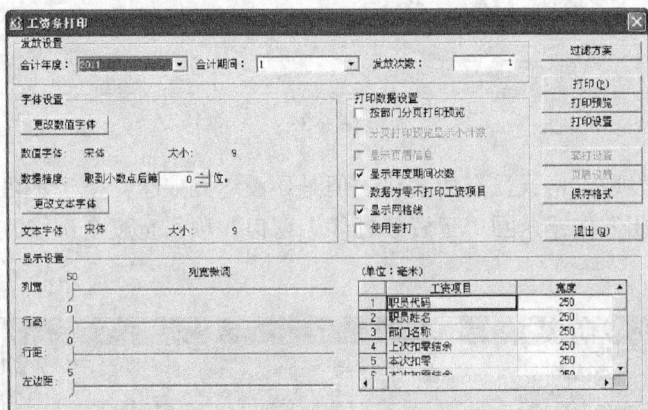

图 9-36

- 字体设置：单击更改按钮可以进行数值和文本字体的修改，数据精度可以设置小数位。
- 显示设置：微调选中右下角项目的列宽和行高等。
- 过滤方案：重新选择过滤方案。
- 打印设置：设置打印时的打印机、纸张大小和方向等内容。
- 使用套打、套打设置：选中使用套打，则可以进行套打设置。
- 数据为零不打印工资项目：选中该项，当项目数据为零时不打印，反之打印出来。

（4）单击"打印预览"按钮，系统进入"打印预览"窗口，如图 9-37 所示。

图 9-37

通过预览发现打印格式不美观，更改方法有 3 种。第 1 种是纸张方向选择"横向"，第 2 种是选择尽量大的纸张，如 A3 纸张，第 3 种是修改列的宽度，在此采用第 1 种和第 3 种方法。

（5）单击"关闭"按钮返回"工资条打印"窗口，单击"打印设置"按钮，系统弹出"打印设置"窗口，修改方向为"横向"，单击"确定"按钮返回"工资条打印"窗口，再单击"打印预览"按钮，系统进入"打印预览"窗口，如图 9-38 所示。

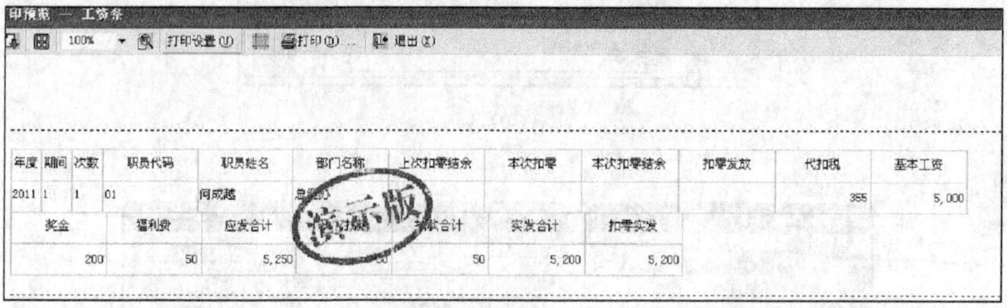

图 9-38

通过预览窗口发现，格式虽有所变化，但是还没达到要求，下一步可以修改每一个项目的列宽。单击"关闭"按钮返回"工资条打印"窗口，项目宽度全部修改为 140，如图 9-39 所示。

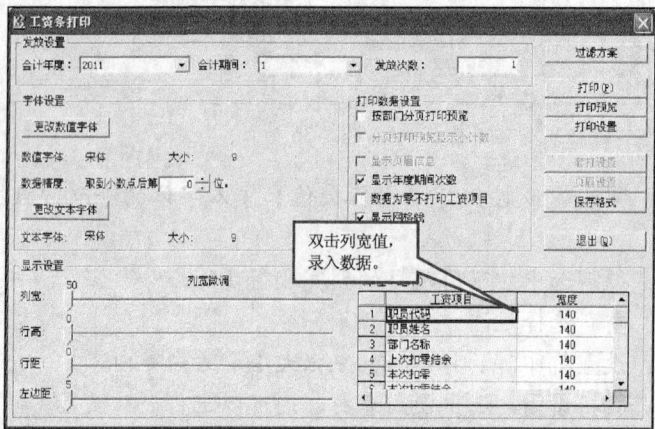

图 9-39

（6）单击"打印预览"按钮，系统进入"打印预览"窗口，打印格式基本达到要求后，单击工具栏上的"打印"按钮即可输出工资条内容。

注 调整打印格式时，先使用"打印预览"，可随时查看输出效果，以供参考调整。

9.5 期末结账

期末结账主要是在月末对相应的数据进行结账处理，以便进入到下一期或下一次工资发放时处理新的工资业务。

在主界面窗口，双击【人力资源】→【工资管理】→【工资业务】→【期末结账】，系统弹出"期末结账"窗口，如图9-40所示。

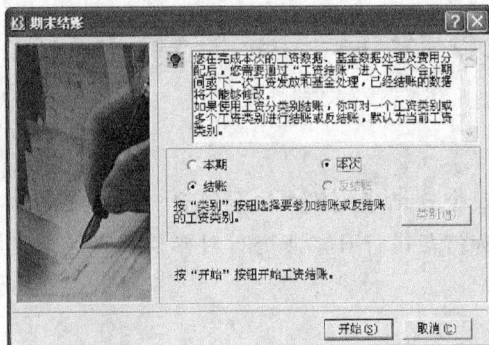

图9-40

- **本次结账**：如果一月多次发放工资，在分配完本次工资费用数据后，可以采用本次结账方式进入到本月下一次工资发放。
- **本期结账**：一月内多次发放工资时，应先采用本次结账方式终结各次工资发放数据，然后把本期内多次工资数据结转，从而进入到下一期工资发放。
- **类别**：选择要结账的工资类别。

在此选中"本期"，单击"开始"按钮即可完成结账工作。

> **注**
> （1）结账时，系统会自动复制每个类别下的固定工资项目数据。当对其中一个工资类别进行反结账操作时，若选取删除当前工资数据功能，则自动删除当前工资数据，而且其他所有工资类别也同时跟着反结账并自动删除当前工资数据。
> （2）工资管理的"系统参数"中设置了工资结账前必须审核或者必须复审，则需要在结账前对工资数据进行审核或者复审，否则不给予结账处理。

系统同时提供了反结账功能，在"期末结账"窗口，选中"反结账"，单击"开始"即可。

> **注**
> 反结账时，如果未勾选"删除当前工资数据"选项，则在反结账时，不删除已经存在的工资数据，这样再结账时，会保留修改过后的固定工资项目数据。

9.6　课后习题

（1）在什么时候要求选择类别？

（2）部门导入数据时有几种数据源？

（3）工资期末结账的基本条件是什么？

第10章　现金管理系统

—— 学习重点 ——

通过本章学习，了解现金日记账处理方法和现金对账；了解银行日记账处理方法；了解银行对账单录入，对账单如何与银行日记账进行对账处理；了解支票管理和各种出纳报表的查询。

10.1　系 统 概 述

现金管理系统主要处理企业中的日常出纳业务，包括现金业务、银行业务、票据管理及其相关报表和系统维护等内容。会计人员在该系统中可以根据出纳录入的收付款信息生成凭证并将其传递到总账系统。现金管理系统既可同总账系统联用，也可单独使用。

1. 使用现金管理系统需要设置的内容

- ◉ **公共资料**：包括科目、币别、供应商、客户、部门和职员等。公共资料是本系统所涉及的最基础资料，必须设置，否则在进行单据处理时会受到相应的限制。
- ◉ **系统设置资料**：系统设置是对该模块的参数进行详细化设置。

2. 现金管理系统可执行的查询的报表

现金管理系统可查询的报表有现金日报表、现金收付流水账、银行对账日报表、银行存款日报表、资金头寸表和到期预警表。

3. 应用流程

现金管理系统新用户操作流程如图 10-1（a）所示，老用户操作流程如图 10-1（b）所示。新用户的使用需从系统初始化开始；老用户使用时因已经完成系统初始设置，所以可以直接进行日常业务处理。

4. 现金管理系统与其他系统间的数据流向

现金管理系统与其他系统的数据传输如图 10-2 所示。

- ◉ **总账系统**：现金管理系统从总账系统引入现金和存款日记账数据，根据录入的收付款数据生成凭证并传送到总账系统。
- ◉ **应收系统**：应收票据（指商业承兑汇票和银行承兑汇票）完全与应收款管理系统中的应收票据共享。此参数通过"应收款系统"参数进行设置。
- ◉ **应付系统**：应付票据（指商业承兑汇票和银行承兑汇票）与应付款管理系统中的应付票据完全共享。此参数通过"应付款系统"参数进行设置。

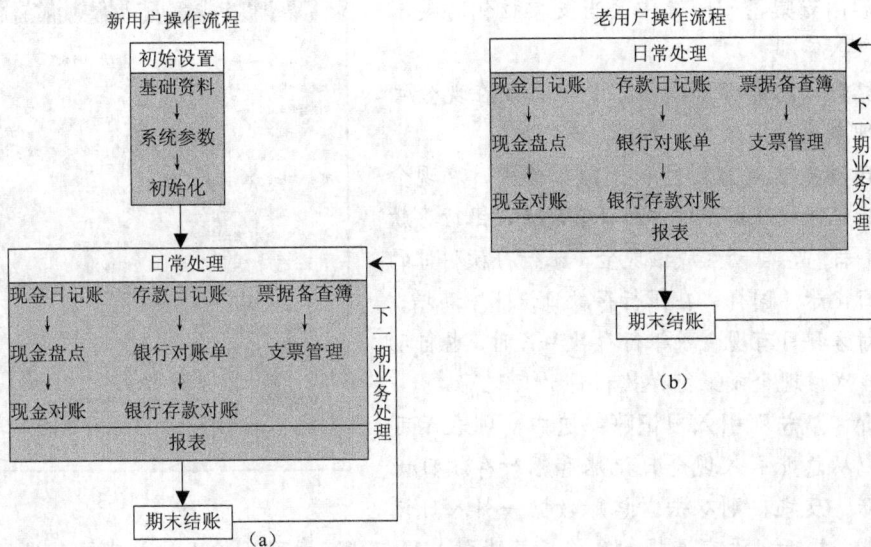

图 10-1

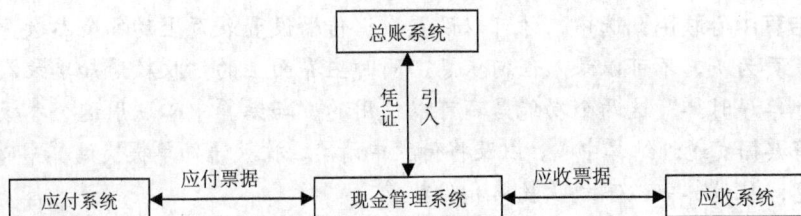

图 10-2

10.2 初 始 设 置

初始设置包括基础资料、系统参数和初始化数据录入。基础资料设置方法请参照第 4 章，本小节重点讲解系统参数设置和初始化数据录入。

10.2.1 现金管理参数

现金管理参数是针对"现金管理"系统模块的。

【系统设置】→【系统设置】→【现金管理】→【系统参数】，系统弹出"系统参数"设置窗口，如图 10-3 所示。

1. 现金管理

● **启用会计年度、会计期间**：启用现金管理系统的会计年度和会计期间。

● **当前会计年度、会计期间**：现金管理系统目前的会计年度和会计期间。

● **预录入数据会计年度、会计期间**：现金管理系统预录入数据的会计年度和会计期间。

● **现金汇率、银行汇率设置**：有固定汇率和浮动汇率选择，并设置汇率的小数位。

- **启用支票密码**：选中，当支票核销时要求录入密码。
- **结账与总账期间同步**：总账必须在现金管理系统结账后方可结账。
- **自动生成对方科目日记账**：选中，在现金日记账中新增，对方科目有现金、银行存款科目时，自动生成该现金、银行存款科目的日记账；同样，在银行存款日记账中新增，对方科目有现金或银行存款科目时，也自动生成该现金或银行存款科目的日记账。
- **允许从总账引入日记账**：选中，则表示可以从总账引入现金日记账和银行存款日记账。反之，则双击"总账数据—引入日记

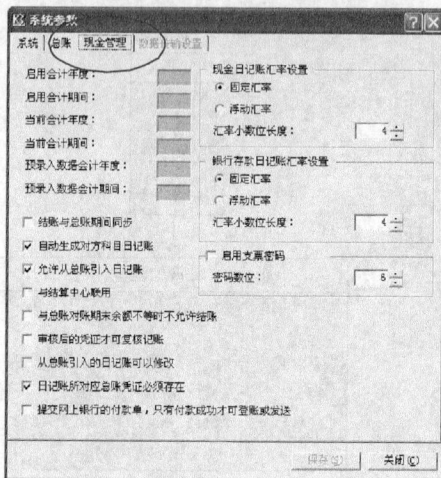

图 10-3

账"提示"没有选择'允许从总账引入日记账'参数，禁止从总账引入日记账"，不可操作，同时现金日记账和银行存款日记账的引入按钮和文件菜单中从总账引入日记账都为灰色。

- **与结算中心联用**：选中，才可以设置数据传输设置表页上的各个参数，否则数据传输表页为灰，不可以录入任何信息。同时主界面上的"收款通知单录入"和"收款通知单序时簿"这两个功能是不可以使用的。与结算中心联用这个参数设置主要用于将票据发送到结算中心，以及将付款申请单、收款通知单提交结算中心，获取结算信息；从结算中心下载收款单和付款单。
- **与总账对账期末余额不等时不允许结账**：现金管理系统在结账时，系统判断银行日记账与现金日记账所有科目以及科目的所有币别与总账的对应科目和币别的余额是否相等，只有相等的情况下才允许结账。
- **审核后的凭证才可复核记账**：选中，总账凭证经审核后才可复核记账；否则不能复核记账。
- **从总账引入的日记账可以修改**：选中，从总账引入的日记账可以修改；反之，不可修改。
- **日记账所对应总账凭证必须存在**：选中，录入日记账所对应凭证字号在总账中必须存在；反之，系统不判断录入日记账对应凭证字号在总账中是否存在。
- **提交网上银行的付款单，只有付款成功才可登账或发送**：选中，提交网上银行的付款单，只有提交银行付款成功后才可登账或发送；否则系统不判断银行处理状态就可以登账或发送。

2. 现金管理参数设置

在此勾选结账与总账期间同步。

注　　财务工作主要任务就是凭证处理，若应收、应付、固定资产等系统单独使用，则只能在总账系统中自行录入应收、应付等的业务凭证，这样数据不能共享，而且费时费力，所以建议各系统都与总账系统相连。

10.2.2 现金管理初始数据录入

现金管理初始数据涉及单位的现金科目和银行存款科目的引入，期初余额、累计发生额录入，银行未达账、企业未达账初始数据的录入和余额调节表的平衡检查、综合币的定义等内容。

1．科目维护

现金管理系统没有自己的科目，必须从总账系统中引入现金和银行存款科目。使用从"从总账中引入科目"功能引入科目。

（1）双击【系统设置】→【初始化】→【现金管理】→【初始数据录入】，系统进入"初始数据录入"窗口，如图 10-4 所示。

（2）单击菜单【编辑】→【从总账引入科目】，系统弹出"从总账引入科目"设置窗口，如图 10-5 所示。

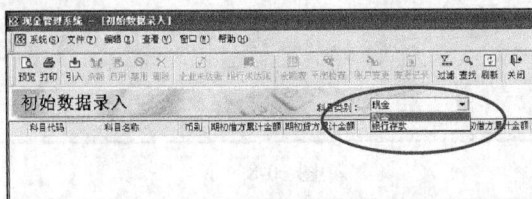

图 10-4

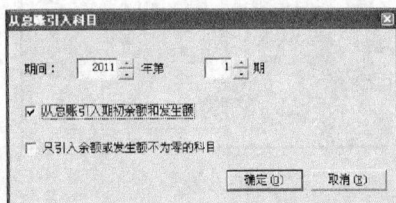

图 10-5

（3）采用默认值，单击"确定"按钮。稍后系统会将引入的数据显示在窗口中，如图 10-6 所示。

图 10-6

（1）设置核算"所有币别"的科目，会自动分币别引入多个账户。
（2）从总账引入的科目，其科目属性必须有"现金科目"或"银行存款科目"，否则科目不能引入；引入时只引入总账中的明细科目。
（3）切换现金、银行存款科目的方法是单击"科目类别"右侧的下拉按钮，属银行存款科目的要填好"银行账号"。
（4）引入科目时系统会自动将数据引入，不用再"从总账中引入余额"。

2．未达账

未达账设置包括企业未达账和银行未达账设置。
（1）企业未达账。
单击工具栏上"企业未达账"按钮，系统切换到"企业未达账"窗口，选中未达账的科目，如"1002.01 工行东桥支行 125"，单击工具栏上"新增"按钮，系统弹出"企业未达账—新增"窗口，如图 10-7 所示。必填项有科目、币别、日期、结算方式和金额。

（2）银行未达账。

在"初始数据录入"窗口，单击工具栏上"银行未达账"按钮，系统切换到"银行未达账"窗口，单击工具栏上的"新增"按钮，系统弹出"银行未达账—新增"窗口，如图 10-8 所示。必填项有科目、币别、日期和金额。

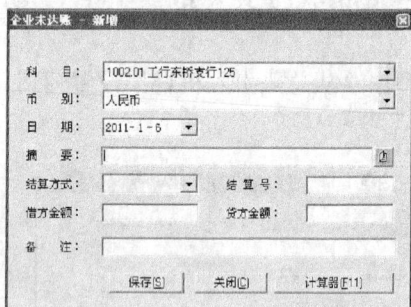

图 10-7

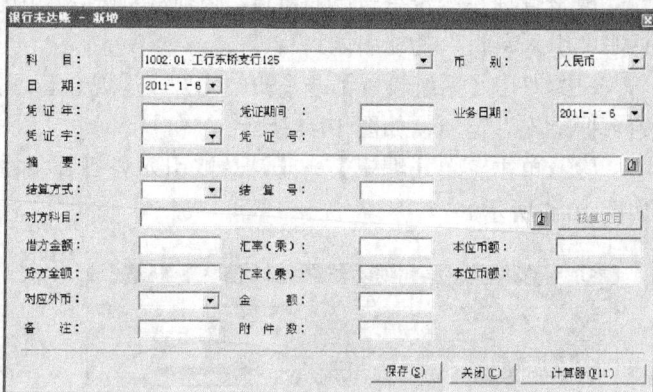

图 10-8

3. 余额调节表

存在未达账时，企业单位银行存款日记账的余额和银行对账单的余额往往是不相等的，可以通过单击工具栏上的"余额表"进行查看。

具体调整方法如下：银行存款日记账的余额+银行已收企业未收的金额-银行已付企业未付的金额=调整后（企业账面）余额；银行对账单的余额+企业已收银行未收的金额-企业已付银行未付的金额=调整后（银行对账单）余额。调整后两者的余额相等，表明企业银行存款账相符。

4. 平衡检查

平衡检查是指检查所有的银行存款科目的余额调节表是否都平衡，系统会给予相应提示。

5. 结束初始化

科目维护完成，所有的银行存款科目的余额调节表都平衡后，单击菜单【编辑】→【结束初始化】，系统弹出"启用会计期间"窗口，选择正确的期间后单击"确定"按钮，系统提示"结束初始化后不能修改数据，是否继续？"，这里单击"是"按钮，系统稍后弹出"初始化完毕"提示。

结束初始化后，若发现初始数据错误，在启用当期可选择菜单【编辑】→【反初始化】，回到初始化状态，修改初始数据。待数据修改完成后，再结束初始化。

🐝 注　　初始化账套的启用时间和引入的总账科目及其余额的时间应一致。

10.3 日常处理

日常处理包括初始设置完成后，日常的现金日记账和银行存款日记账的引入、新增、修改、删除、打印及对账等工作。

10.3.1 总账数据

总账数据主要从总账系统引入现金日记账和存款日记账，引入数据后可与总账系统的数据进行对比，若现金管理系统单独使用则不能使用此功能。

1. 复核记账

复核记账是将总账系统中有关现金和银行存款科目的凭证引入到现金管理系统，省去手工录入日记账的繁琐。

(1) 在主界面窗口，双击【财务会计】→【现金管理】→【总账数据】→【复核记账】，系统弹出"复核记账"窗口，如图 10-9 所示。

在窗口中可以设置复核的期间、科目范围和币别范围。

> 🐝 注　科目范围是"初始化"时"从总账引入科目"生成的。随着公司业务发展，可能会随时新增现金科目和银行存款科目，若这些新增科目需要"现金管理"时，可在"现金管理"系统的"初始数据录入"窗口，通过"从总账引入科目"引入新增的科目。

(2) 选择科目范围后，单击"确定"按钮，系统进入"复核记账"窗口，如图 10-10 所示。

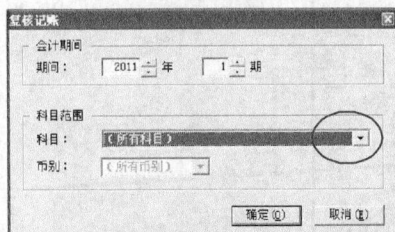

图 10-9

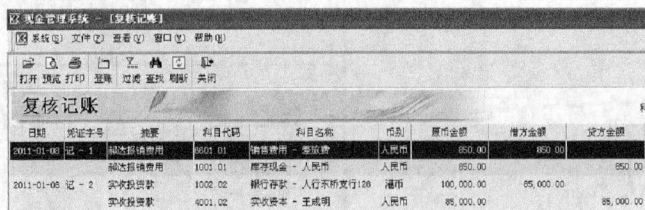

图 10-10

(3) 登账设置。单击菜单【文件】→【登账设置】，系统弹出"登账设置"窗口，如图 10-11 所示。

- **按现金科目、银行存款科目登账**：选择按现金科目或银行存款科目登账，系统会根据凭证中的现金、银行存款科目的第一个对应科目登记日记账。凭证是一对一分录形式时，按两种登账方式引入的记账是相同的；凭证是一对多、多对一分录形式时，登录现金和银行存款科目对应的摘要、金额、对方第一科目等内容；凭证是多对多分录形式时，不论登录形式如何，登录现金、银行存款科目对应的摘要、金额，对方科目为对方的第一科目。

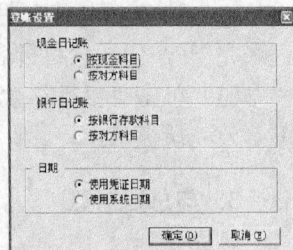

图 10-11

- **按对方科目登账**：选择按对方科目登账，系统会根据凭证中现金、银行存款科目的所有对应科目登记日记账。凭证是一对一分录形式时，按两种登账方式引入的记账是相同的；凭证是一对多、多对一分录形式时，登录对方科目对应的摘要、金额或是现金、银行存款科目对应的摘要、金额，对方科目是对方第一科目；凭证是多对多分录形式时，不论登录形式如何，登录现金、银行存款科目对应的摘要和金额，对方科目为对方的第一科目。

- 登账日期：登账日期方式有两种。使用凭证日期作为登账日期时，系统首先取凭证的业务日期，若业务日期为空，取凭证记账日期；若凭证日期和业务日期在相同月份，则取业务日期；若凭证日期和业务日期不在相同月份，则登账日期为凭证日期（月份加日 "01"）。使用系统日期作为登账日期时，日记账取电脑当前日期。

"登账设置"保持不变。选中要复核的凭证，单击工具栏上的"登账"按钮，稍后系统隐藏该条记录，表示登账成功。

2. 引入日记账

引入日记账是从总账系统中引入现金日记账和银行存款日记账。

（1）在主界面窗口，双击【财务会计】→【现金管理】→【总账数据】→【引入日记账】，系统弹出"引入日记账"窗口，如图 10-12 所示。选中现金日记账科目和银行存款日记账科目，并设置引入方式、日期和期间模式等条件。

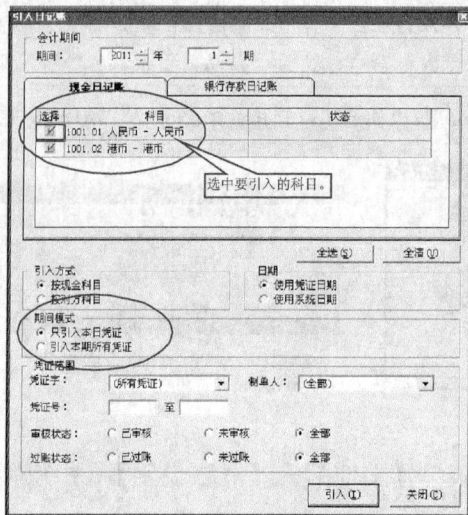

图 10-12

（2）选中"引入本期所有凭证"，单击"引入"按钮，稍后系统弹出提示"引入现金日记账完毕"，应注意科目名称后的"状态"栏。

（3）单击"银行存款日记账"选项卡，采用默认设置，单击"引入"按钮，稍后系统弹出引入成功提示。

3. 与总账对账

与总账对账是指现金管理系统中的现金、银行存款日记账与总账系统中的日记账进行核对，以保证现金管理系统的日记账和总账登账的一致性。

在主界面窗口，双击【财务会计】→【现金管理】→【总账数据】→【与总账对账】，系统弹出"与总账对账"窗口，勾选"显示明细记录"和"显示科目对账"，单击"确定"按钮，系统进入"与总账对账"窗口，如图 10-13 所示。

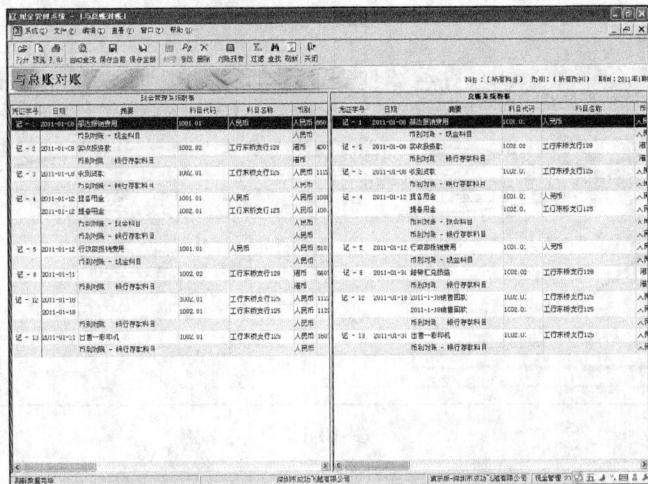

图 10-13

窗口左侧显示已登记的日记账数据，右侧显示总账系统的日记账数据。

若要修改、删除日记账，选中后单击工具栏上的相应按钮即可。日记账修改后，单击工具栏上的"对账报告"按钮，可以重新查看对账情况。

10.3.2 现金

现金模块主要处理现金日记账的新增、修改、盘点和对账等操作。

1．现金日记账

现金日记账处理现金日记账的新增、修改、删除和打印等操作，具体步骤如下。

（1）在主界面窗口，双击【财务会计】→【现金管理】→【现金】→【现金日记账】，系统弹出"现金日记账"过滤窗口，在窗口中选择要过滤的期间和在报表中要显示的项目。选中"显示已生成凭证记录"，单击"确定"按钮系统弹出"现金日记账"窗口，如图 10-14 所示。若账套中有多个现金日记账科目，单击工具栏上的"第一"、"上一"、"下一"和"最末"按钮可进行不同科目数据的查看。

图 10-14

（2）现金日记账新增方式有 3 种。第 1 种是"总账数据"下的"复核记账"；第 2 种是单击工具栏上"引入"按钮，从总账系统引入现金日记账，该方式与"总账数据"下的"引入日记账"相同；第 3 种是单击工具栏上"新增"按钮，系统进入"现金日记账录入"窗口，如图 10-15 所示。

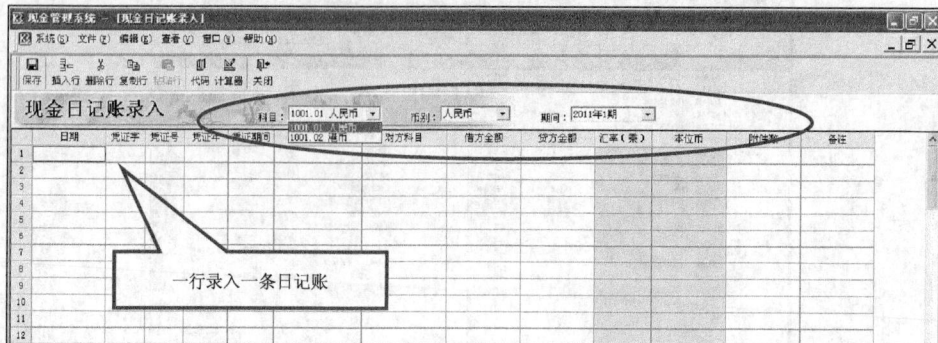

图 10-15

在窗口中选择科目、币别和期间后，双击表格中的日期栏修改日期，录入现金日记账的凭证字、凭证号和对方科目等内容。录入完成后单击工具栏上"保存"按钮保存录入数据。单击"关闭"按钮，退出录入窗口返回现金日记账管理窗口。

（1）若单独使用现金管理系统，不用录入凭证字、凭证号及对方科目。

（2）以上录入窗口称做多行录入窗口。系统同时提供单张记录录入窗口，前提是在"现金日记账"管理窗口，去掉菜单【编辑】→【多行输入】功能的勾选。单击工具栏上的"新增"按钮，系统弹出单张式"现金日记账—新增"窗口，如图 10-16 所示。

🐝 注

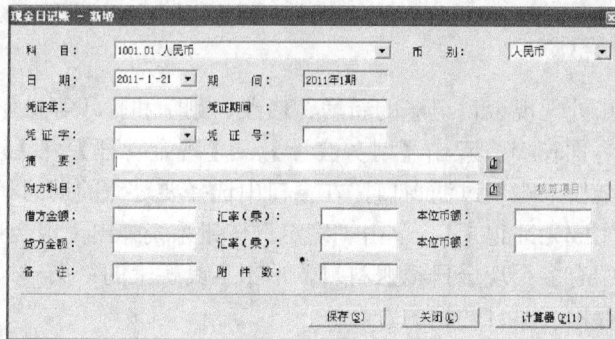

图 10-16

若要修改某条现金日记账的内容，则在"现金日记账"管理窗口选中记录后单击工具栏上"修改"按钮，系统弹出"现金日记账—修改"窗口，修改完成后，单击"保存"按钮保存修改工作。

若要删除某条日记账，则在"现金日记账"管理窗口选中记录，然后单击工具栏上"删除"按钮即可。若重新设置窗口项目，单击"打开"按钮，系统弹出"现金日记账"窗口，在窗口中重新设置所要显示的项目。

2. 现金盘点单

现金盘点单显示出纳人员在每天业务完成以后对现金进行盘点的结果。

下面以录入人民币的盘点单为例，介绍具体操作步骤。

（1）在主界面窗口，双击【财务会计】→【现金管理】→【现金】→【现金盘点单】，系统进入"现金盘点单"窗口，如图 10-17 所示。

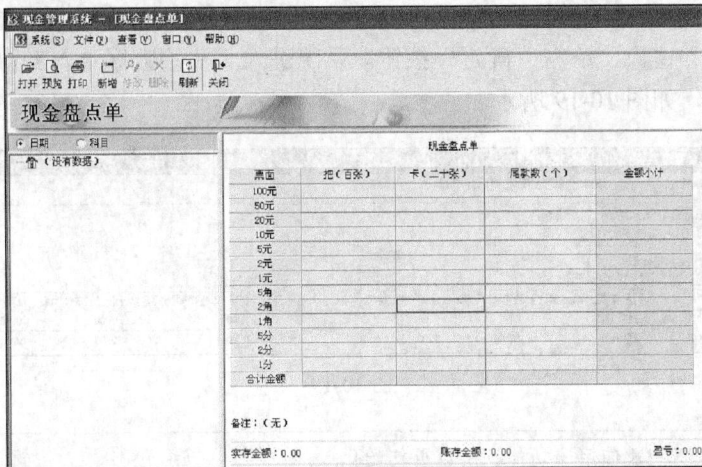

图 10-17

（2）单击工具栏上"新增"按钮，系统弹出"现金盘点单—新增"窗口，选择现金科目，修改正确的重点日期，在窗口中相应位置录入数据。在录入数据时，一定要注意把握尾款数的含义。

（3）单击"保存"按钮保存录入数据，并返回"现金盘点单"窗口，系统将刚才新增的盘点记录显示在窗口上。

若要修改、删除某日的盘点单，选中窗口左侧的日期或科目中的记录后单击相应按钮即可。

3. 现金对账

现金对账是指现金管理系统自动将出纳账与总账的日记账当期现金发生额和现金余额进行核对，并生成对账表。

在主界面窗口，双击【财务会计】→【现金管理】→【现金】→【现金对账】，系统弹出"现金对账"过滤窗口，在窗口上可以选择要对账的科目和期间范围。保持默认值，单击"确定"按钮进入"现金对账"窗口，如图 10-18 所示。单击工具栏上"第一"、"上一"、"下一"和"最末"按钮，可以进行不同科目的查询。

图 10-18

4. 现金日报表

现金日报表用于查询某日的现金借贷情况。

在主界面窗口，双击【财务会计】→【现金管理】→【现金】→【现金日报表】，系统弹出"现金日报表"过滤窗口，选择要查询日报表的日期，单击"确定"按钮，系统进入"现金日报表"窗口。

5. 现金收付流水账

现金收付流水账是根据现金收付时间顺序登记的流水账。在现金收付流水账中，系统可以根据收付款信息直接生成凭证，并将其传递到总账系统。

在主界面窗口，双击【财务会计】→【现金管理】→【现金】→【现金收付流水账】，系统弹出"提示"窗口，单击"确定"按钮，系统进入"初始数据录入"窗口，在各项目下录入相应的金额，如图 10-19 所示。

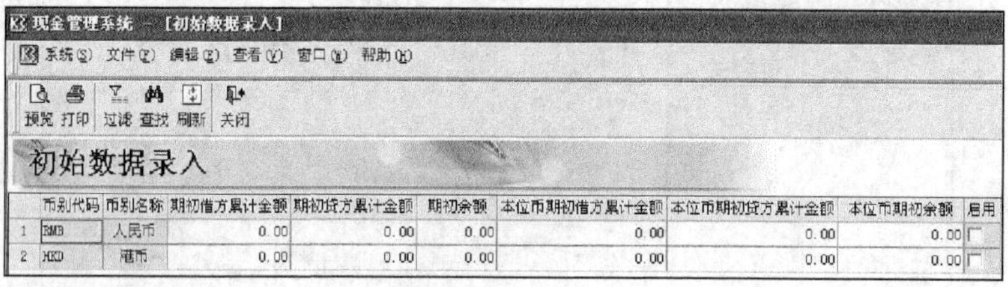

图 10-19

> 🐝 注　因是第一次使用该功能，所以要初始化。

初始数据录入完成，单击菜单【编辑】→【结束初始化】，系统弹出"启用会计期间"窗口，单击"确定"按钮，系统弹出提示，单击"确定"按钮结束初始化，稍后系统弹出结束成功的提示。

单击"关闭"按钮退出初始化窗口，双击"现金收付流水账"，系统弹出"现金收付流水账"过滤窗口。币别选择"人民币"，单击"确定"按钮，系统进入"现金收付流水账"窗口，单击工具栏上的"新增"按钮，系统进入"现金收付流水账录入"窗口，如图 10-20 所示。

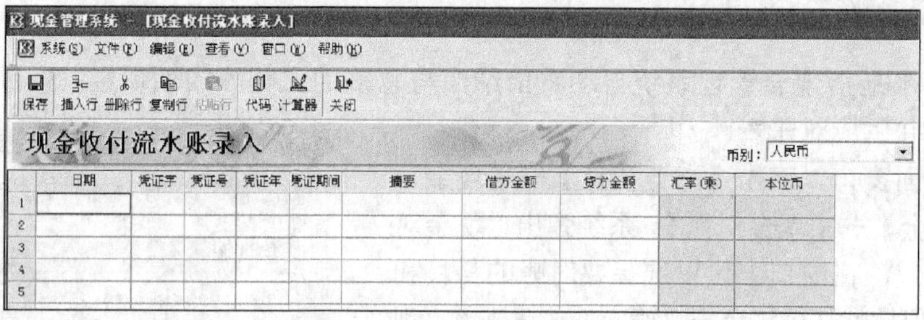

图 10-20

现金收付流水账的录入方法与"现金日记账"的直接新增类似，录入日期、凭证字、凭证号、摘要和金额等内容，录入完成后单击"保存"按钮保存录入资料。

> 🐝 注　录入的现金收付流水账若带有凭证字和凭证号时，系统会自动检测该记录是否与总账系统中的记录相匹配，若不匹配则不能保存。若录入的流水账经检测有凭证字和凭证号也可以保存，在返回的"现金收付流水账"窗口，选中该条目，单击工具栏上的"按单"、"汇总"按钮，则可以生成凭证传递到总账系统。

若要修改流水账记录，在"现金收付流水账"窗口选中记录，单击相应按钮即可，要查看、删除该记录的凭证时，单击工具栏上的相应按钮即可。

注　生成凭证时，操作员一定要有操作总账的凭证权限才行。

10.3.3　银行存款

银行存款主要处理银行存款日记账的新增、修改等操作，并与银行对账单进行对账。

1．银行存款日记账

银行存款日记账处理银行存款日记账的新增、修改、删除和打印等操作。录入方法请参照"现金日记账"。

修改、删除银行存款日记账的方法是选中要进行修改或删除的记录，单击工具栏上的相应按钮即可。

勾对项目下显示"未勾对"，是指该条日记账暂未与银行对账单进行对账。

2．银行对账单

银行对账单是银行出具给企业的有关该企业银行账户在一定时间内的收支情况表，可与企业的银行存款日记账进行核对。银行对账单既可以是打印文本，也可以是数据文件。

现金管理系统提供两种录入银行对账单方式，一种是根据银行对账单的打印文本手工录入，另一种是从银行取得对账单数据文件（要求必须转化成文本文件，即扩展名为 TXT 文件），直接引入对账单。在本账套中讲述第一种方式。

双击【财务会计】→【现金管理】→【银行存款】→【银行对账单】，系统弹出"银行对账单"过滤窗口，设定过滤条件后，单击"确定"按钮，系统进入"银行对账单"窗口，如图 10-21 所示。

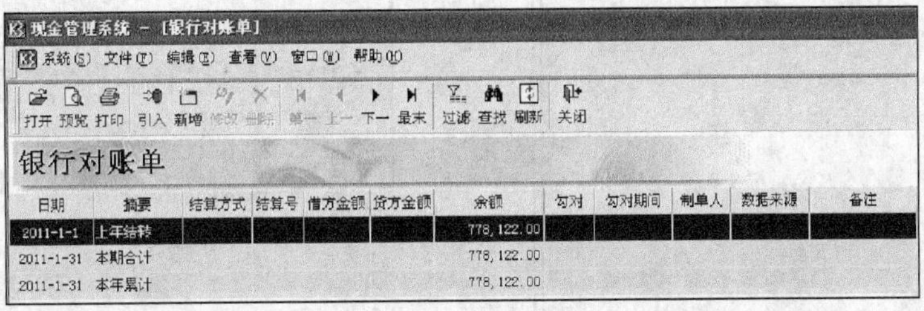

图 10-21

单击工具栏上的"新增"按钮，系统进入"银行对账单录入"窗口，选择正确的科目、币别和期间，录入银行对账单。

3．银行存款对账

银行存款对账是指银行对账单与银行存款日记账进行核对。

（1）在主界面窗口，双击【财务会计】→【现金管理】→【银行存款】→【银行存款对账】，系统弹出"银行存款对账"过滤窗口，在窗口中可以设置要对账的科目、期间范围和是否包含已勾对记录等选项。

（2）保持默认设置，单击"确定"按钮，系统进入"银行存款对账"窗口，如图 10-22 所示。窗口上部是"银行对账单"，窗口下部是"银行存款日记账"。

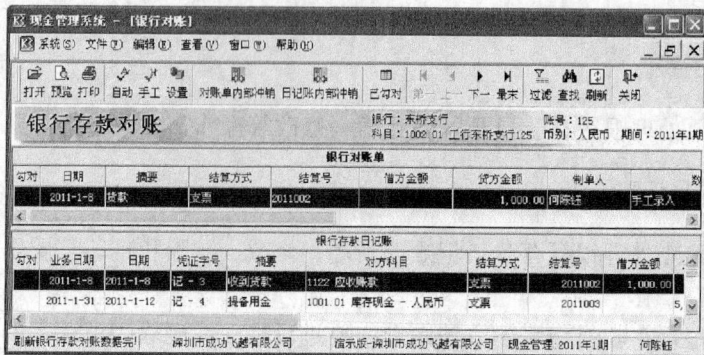

图 10-22

（3）对账设置。

单击工具栏上的"对账设置"按钮，系统弹出"银行存款对账设置"窗口，单击"表格设置"选项卡，在"表格设置"窗口中设置对账单和日记账的显示位置，如图 10-23 所示。

单击"自动对账设置"选项卡，窗口切换到"自动对账设置"窗口，如图 10-24 所示。在窗口中设置"自动对账条件"选中日期相同，表示对账时对账单中的日期与银行存款日记账的日期必须相同，否则不能自动对账；选中"结算方式及结算号都为空不允许对账"，则在对账时系统中的记录没有录入结算方式和结算号时不能对账。

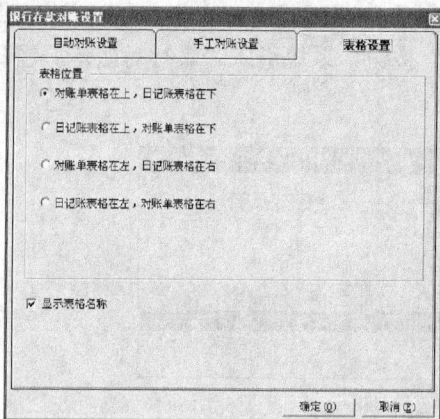

图 10-23

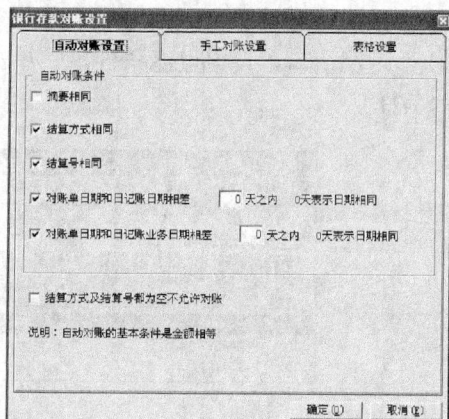

图 10-24

手工对账一般是处理不能自动对账的记录，手工对账设置可以设置记录的查找条件，以方便手工对账。对账设置完成，单击"确定"按钮，返回"银行存款对账"窗口。

（4）单击工具栏上"自动对账"按钮，系统弹出"银行存款对账设置"窗口，对账条件保持不变，单击"确定"按钮，稍后弹出信息提示窗口，单击"确定"按钮，系统返回"银行存款对账"窗口，系统同时将已经对上账的记录隐藏起来。

若要取消对账，在"已勾对记录列表"中，选中记录后单击"取消对账"按钮即可。单击"对账"按钮返回"银行存款对账"窗口，单击"第一"、"上一"、"下一"和"最末"按钮进行科目切换。

4. 余额调节表

余额调节表是在对账完毕后，为检查对账结果是否正确或查询对账结果，系统自动编制的银行存款报表。

在主界面窗口，双击【财务会计】→【现金管理】→【银行存款】→【余额调节表】，系统弹出"余额调节表"过滤窗口，可以选择"科目"，保持默认查询条件，单击"确定"按钮，系统进入"余额调节表"窗口，如图 10-25 所示。单击"第一"、"上一"、"下一"和"最末"按钮，切换不同科目。

5. 长期未达账

长期未达账可协助操作员查询长期未达账项，以辅助财会人员分析查找造成长期未达的原因，避免资金丢失。

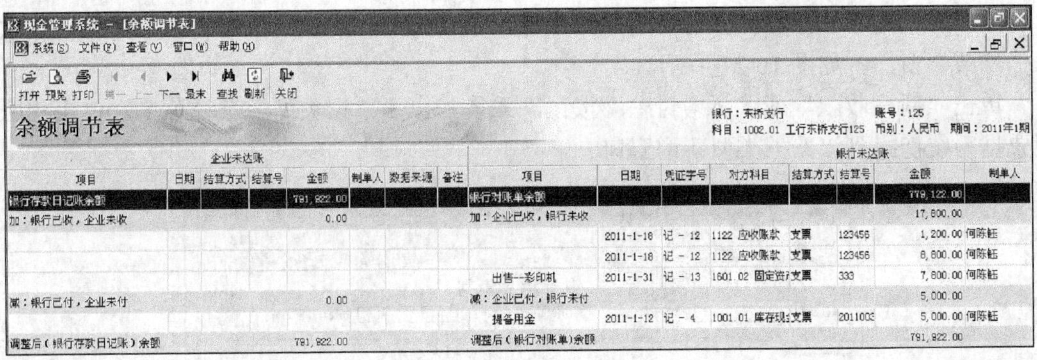

图 10-25

在主界面窗口，双击【财务会计】→【现金管理】→【银行存款】→【长期未达账】，系统弹出"长期未达账"过滤窗口，在窗口中可选择要查询的科目、会计期间和报表类型等内容。单击"确定"按钮进入"长期未达账"查询窗口。

长期未达账分为企业未达账和银行未达账，凡是上月末存在的未达账全部形成本月的长期未达账。企业未达账是根据未勾对的银行对账单自动生成的，银行未达账是根据未勾对的银行存款日记账自动生成的。

6. 银行存款报表

银行对账日报表、银行存款日报表和银行存款与总账对账的查询请参照前面章节的报表查询方法。

10.3.4 票据

票据主要用于管理企业往来账中使用的支票、本票和汇票等各种票据以及汇兑、托收承付、委托收款、贷记凭证和利息单等结算凭证，它还可以根据出纳录入的票据信息生成凭证。

1. 票据备查簿

票据备查簿功能用于对本账套中除空头支票以外的所有票据的信息进行登记和管理。

在主界面窗口，双击【财务会计】→【现金管理】→【票据】→【票据备查簿】，系统弹出"票据备查簿"过滤窗口，可以设置要查询的日期和各种核销情况，设置完成后单击"确定"按钮，系统进入"票据备查簿"窗口，如图 10-26 所示。

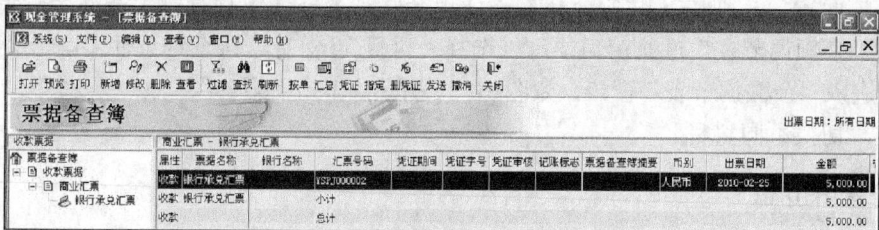

图 10-26

窗口左侧显示当前账套中所建立的票据类型，右侧显示所选类型下的详细票据信息。

（1）新增。在"票据备查簿"窗口，单击工具栏上的"新增"按钮，系统弹出"收款票据—修改"窗口，如图 10-27 所示。

单击"新增收款"或"新增付款"按钮，系统弹出"票据类型"选择菜单，单击相应类型票据系统切换到该票据类型新增窗口。

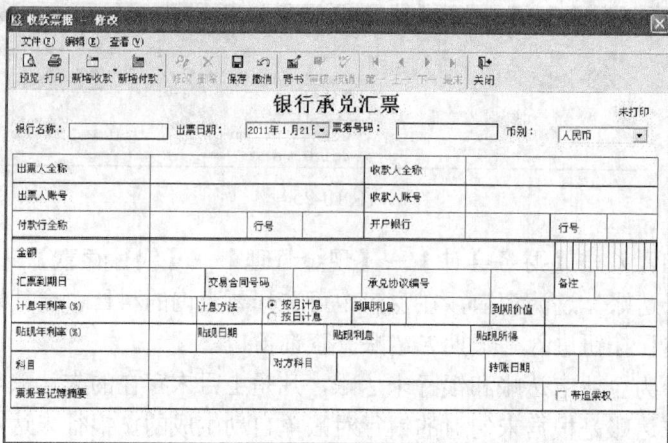

图 10-27

系统提供以下票据，如表 10-1 所示。

表 10-1   系统提供的票据类型

大　　类	票　据　类　型	备　　注
收款票据	现金支票，转账支票，普通支票，不定额本票，定额本票，银行汇票，商业承兑汇票，银行承兑汇票，电汇凭证，信汇凭证，托收承付结算凭证，委托银行收款结算凭证，贷记凭证，利息单	
付款票据	现金支票，转账支票，普通支票，不定额本票，定额本票，银行汇票，商业承兑汇票，银行承兑汇票，电汇凭证，信汇凭证，托收承付结算凭证，委托银行收款结算凭证，贷记凭证	现金支票、转账支票和普通支票只能在支票管理中处理

当票据录入完成后，要更换操作员，然后再次进入"票据备查簿"窗口。选中要审核的票据，单击工具栏上的"审核"按钮，这时窗口下"审核"处将显示审核人的名字，表示审核成功。若取消审核，单击菜单【编辑】→【反审核】即可。

（2）贴现、背书、删除。在"票据备查簿"窗口，选中要贴现、背书的票据，单击工具栏上的"修改"按钮，系统弹出"修改"窗口，在贴现年利率和贴现日期处录入相应内容，系统会自动算出贴现所得；在"修改"窗口，单击工具栏上的"背书"按钮，系统会切换到"背书"信息录入窗口。背书信息录入完成，单击"保存"按钮保存录入资料，单击"背书"按钮系统切换到票据查看窗口。

若要删除新增的票据，在"票据备查簿"窗口，选中相应票据后，单击工具栏上的"删除"按钮即可。只有未审核过的票据才能删除。

（3）核销。在"票据备查簿"窗口，选中要核销的票据，单击工具栏上的"查看"按钮，系统弹出"查看"窗口，单击工具栏上的"核销"按钮，这时窗口下部的"核销"处会显示核销人的名字，表示核销成功。若要取消核销工作，单击菜单【编辑】→【反核销】即可。

（4）凭证管理。若票据要生成凭证，在"票据备查簿"窗口，选中要生成凭证的票据，单击工具栏上的"按单"按钮，系统根据选中票据的金额弹出"记账凭证"窗口，修改记账凭证，单击"保存"按钮完成凭证的生成工作。

在"票据备查簿"窗口选中多张要生成凭证的票据，单击工具栏上的"汇总"按钮，系统将按汇总方式生成凭证。

单击"凭证"、"删除"按钮，可以查看或删除选中票据所生成的凭证。单击"指定"按钮，系统可以指定其他业务系统生成的凭证（如在应收应付系统和固定资产系统已经生成的凭证）。

注

（1）只有具有凭证操作权限的用户才能进行凭证管理工作。

（2）当票据备查簿管理的是商业承兑汇票和银行承兑汇票时，现金管理系统与应收款、应付款管理系统中的应收、应付票据完全共享。用户可在现金管理或应收款、应付款管理系统录入外来票据，这些票据会同时在另外系统出现。它们是启用后才同步的，票据最好在一个系统录入（如现金管理系统），这会更利于企业的管理和控制。初始化的信息必须在两个系统中分别建立。

2．支票管理

支票管理功能是对企业的现金支票、转账支票和普通支票进行管理，下面以表 10-2 和表 10-3 中数据为例介绍支票管理方法。

表 10-2　　　　　　　　　　　　　购置支票

银行名称	币别	支票类型	支票规则	起始号码	结束号码	购置日期
工行东桥支行 125	人民币	转账支票	XW****	0001	0010	2011-01-08

表 10-3　　　　　　　　　　　　　领用支票

银行名称	支票号码	领用日期	领用部门	领用人	对方单位	使用限额	领用用途	预计报销日期
工行东桥支行 125	XW0001	2011-01-11	采购部	张琴	东星文化	1000	付货款	2011-01-12

（1）购置支票。

① 以"何陈钰"身份登录本账套。在主界面窗口，双击【财务会计】→【现金管理】→【票据】→【支票管理】，系统进入"支票管理"窗口，单击工具栏上"购置"按钮，系统弹出"支票购置"窗口，如图 10-28 所示。

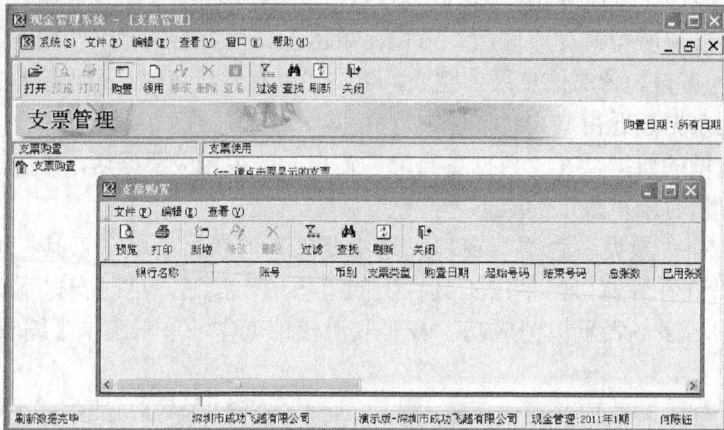

图 10-28

② 单击工具栏上的"新增"按钮，系统弹出"新增支票购置"窗口，选中账号"工行东桥支行 125"，选择支票类型"转账支票"，录入支票规则"XW****"、起始号码"0001"、结束号码"0010"，修改购置日期为"2011-01-08"，如图 10-29 所示。

③ 输入完成，单击"确定"按钮，系统保存当前录入资料并返回"支票购置"窗口，系统将新增的信息显示在窗口上。若要修改、删除购置记录，单击相应按钮即可。

（2）支票领用。

① 在"支票管理"窗口，选中要领用的"支票购置"记录，如图 10-30 所示。

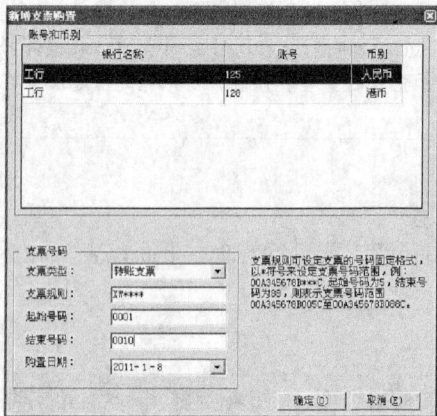

图 10-29

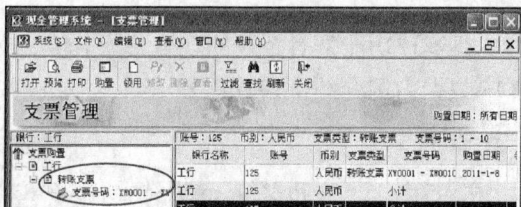

图 10-30

② 单击工具栏上的"领用"按钮，系统弹出"支票领用"窗口，保持支票号码不变，录入领用日期"2011-01-11"、预计报销日期"2011-01-12"、使用限额"1000"，获取领用部门"采购部"、领用人"张琴"、领用用途"付货款"，对方单位"东星文化公司"，如图 10-31 所示。

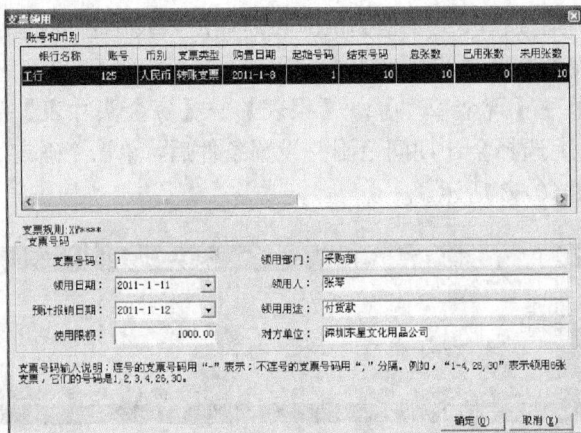

图 10-31

③ 单击"确定"按钮保存当前领用记录，系统弹出提示，单击"确定"按钮返回"支票管理"窗口，同时在窗口中显示领用的记录。

若要修改、删除领用记录，选中该记录后单击相应工具按钮即可。

（3）支票作废、审核与核销。

在"支票管理"窗口，选中要作废、审核、核销的支票记录，例如选中"XW0001"，单击工具栏上"查看"按钮，系统弹出"支票—查看"窗口，如图 10-32 所示。

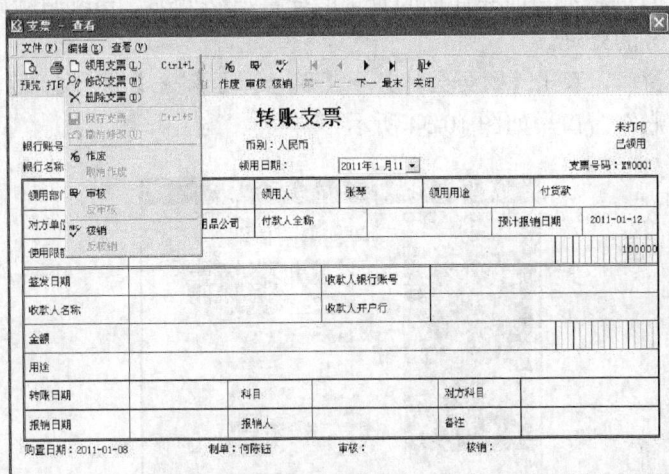

图 10-32

在查看窗口中单击作废、审核和核销按钮可完成相应功能，若取消相应操作，则单击菜单【编辑】下相应的取消功能即可。

注　　支票的审核人不能是制单人。

10.4　报　　表

报表包含资金头寸表和到期预警表。资金头寸表用于查阅各个日期或期间的资金（现金和银行存款）余额，到期预警表主要是提供应收商业汇票及应付商业汇票的到期预警功能。下面以查询资金头寸表为例，介绍报表的查询方法。

双击【财务会计】→【现金管理】→【报表】→【资金头寸表】，系统弹出"资金头寸表"过滤窗口，在窗口上选择会计期间范围并设置条件后，单击"确定"按钮，系统进入"资金头寸表"窗口，如图 10-33 所示。

图 10-33

10.5 期 末 结 账

期末结账的目的是总结当前会计期间资金的经营活动情况。系统结账后才能进入下一会计期间进行日常业务的处理。

（1）在主界面窗口，双击【财务会计】→【现金管理】→【期末处理】→【期末结账】，系统弹出"期末结账"窗口，如图 10-34 所示。

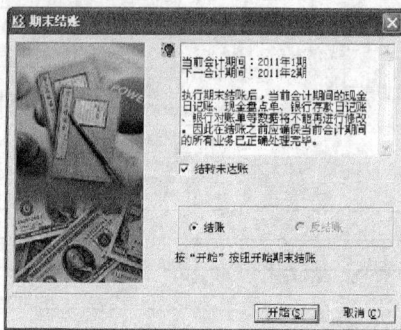

图 10-34

（2）选中"结账"项，单击"开始"按钮，系统弹出提示对话框，单击"确定"按钮，稍后"期末结账"窗口显示结账成功。

"结转未达账"是将本期（包括以前期间转为本期）未勾对的银行存款日记账和未勾对的银行对账单结转到下一期。结转未达账的选项必须打上标记，否则将造成下期余额调节表不能平衡。

系统同时提供反结账功能，操作方法与结账类似，在系统弹出"期末结账"窗口中勾选"反结账"即可，只有系统管理员才能反结账。

注　　进行反结账时，上期结转的银行存款日记账、银行对账单以及与这些记录进行勾对的银行
　　　存款日记账、银行对账单的勾对标志将被取消。结账返回上期后需要重新进行勾对。

凭证管理是指对现金管理系统生成的凭证进行管理，包括查看、修改、删除和审核等功能，操作方法与总账中凭证处理类似。本账套中现金管理系统没有生成凭证，在此不讲解该功能。

注　　操作凭证管理功能时，操作员一定要有操作记账凭证的权限。

10.6　课后习题

（1）现金日记账新增方式有哪几种？

（2）现金日记账有几种录入格式？

（3）银行对账单录入方式有哪几种？

（4）银行存款对账有哪几种方式？

第11章 业务系统

—— 学习重点 ——

通过本章学习，了解业务系统所包括模块，了解业务系统各模块间的数据传递关系，了解业务系统中单据的基本使用和各种报表的查询方法。

11.1 概　　述

在金蝶 K/3 系统中业务系统是指销售管理、采购管理、仓存管理、存货核算四大模块，俗称供应链系统。业务系统适用于有同步管理物料动态、即时了解销售订单情况、即时了解采购进度和即时核算材料成本等需求的企业。业务系统既适合于"工业会计人员"使用，也适合于各业务部门自行使用，如销售部负责销售管理模块的应用，采购部门负责采购管理模块的应用。

1. 业务系统与其他系统间的数据流向

业务系统数据传递关系如图 11-1 所示。

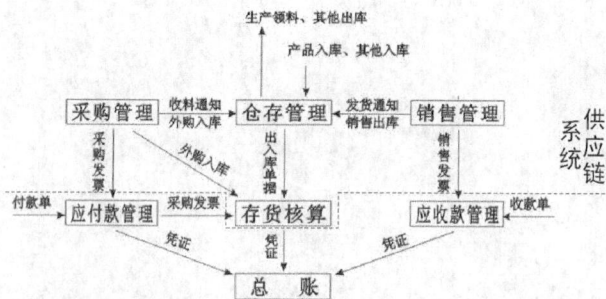

图 11-1

- 销售管理系统：主要负责销售业务处理，包括销售报价、销售订单、销售出库和销售发票等的处理。销售出库单与仓存管理连接使用，可以形成数据共享；销售发票传递到"应收款管理"中可以供"收款单"结算处理；可以随时查询跟踪销售订单执行情况等报表。
- 采购管理系统：主要负责材料采购业务，接收物料需求计划系统传递的"采购计划"，也可手工录入采购订单；根据订单生成采购入库单，由采购入库单生成采购发票以便正确核算材料成本；采购发票传递到"应付款管理"模块以供"付款单"结算处理；可以随时查询采购订单完成情况等报表。
- 仓存管理系统：主要负责企业物料管理业务，如从采购管理接收"采购入库单"，从销售管理接收"销售出库单"；处理日常生产领料业务、成品入库和其他物料业务，如盘点业务，盘亏盘盈处理等；可以随时查询即时库存情况、库存台账、收发存汇总等报表。

- **存货核算系统**：主要负责物料成本核算工作。接收从仓存管理系统传递的各种出入库单据，先核算入库成本，最后核算出库成本，从而即时了解企业"库存资金"是否合理。可以随时查询采购成本、销售成本和生产成本等报表。各种出入库单据可以生成凭证并传递总账系统，以供总账会计进行账务核算。

2. 需要设置的内容

- **公共资料**：包括科目、币别、计量单位、客户、供应商、部门、职员、物料及仓库等，公共资料是本系统所涉及的最基础资料，必须设置，否则在进行单据处理时会受到相应的限制。
- **初始化**：系统进行初始化时，需要设置的内容包括系统参数设置、初始数据录入、销售模块要录入启用期间前的未核销销售出库单、采购模块要录入启用期间前的暂估入库单、仓存模块要录入各仓库期初数量、存货核算模块要录入各仓库期初数量和金额。以上数据录入完成后方可启动业务系统。
- **系统设置资料**：系统设置是对该模块再次进行更详细的参数设置，包含单据类型、打印控制、系统设置、单据设置、多级审核管理和业务流程设计设置。

11.2　初　始　设　置

初始设置是对本系统的核算参数和基础资料进行设置，例如，只有设置本系统的开始使用时间（年、月），才能知道期初数据应该录入什么数据；只有基础资料设置成功后才能正常进行单据处理。

11.2.1　系统参数设置

系统参数设置是对供应链系统的启用期间和核算方式等进行设置。操作步骤如下。

（1）在主界面窗口，双击【系统设置】→【初始化】→【销售管理】→【系统参数设置】，系统弹出"核算参数设置向导"窗口，如图 11-2 所示。

- **启用年度和启用期间**：设置该系统何年何月开始使用，设置为 2011 年 1 期，表示录入的期初数据是 2010 年 12 期的期末数据。启用期间可以根据实际需要手工修改。

（2）单击"下一步"按钮，系统进入下一设置窗口，如图 11-3 所示。

① 核算方式：系统提供两种核算方式。

- **数量核算**：选择该项，系统以后只核算数量，不核算金额，所显示的金额可能不正确。
- **数量、金额核算**：选择该项，系统对材料数量和金额都核算。与财务各系统连接使用时，最好选择此项。

② 库存更新控制：系统提供两种选择。

- **单据审核后才更新**：系统在库存类单据进行业务审核后，才将该单据中物料的库存数量计算到即时库存中。

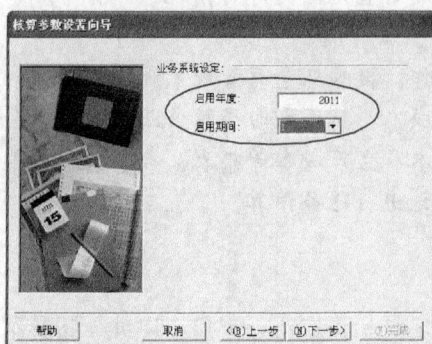

图 11-2

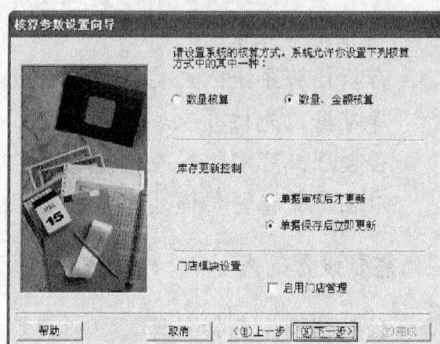

图 11-3

● **单据保存后立即更新**：系统将在库存类单据保存成功后就将该单据中物料的库存数量计算到即时库存中，并在修改、复制、删除、作废、反作废该库存单据时进行库存调整。

③ 启用门店管理：启用门店管理，系统会把门店管理系统和系统设置涉及门店管理之外的菜单屏蔽。该项主要应用于连锁店形式商业公司。

（3）保持默认值设置，单击"下一步"按钮，系统进入"完成"窗口，单击"完成"按钮，保存设置，并完成核算参数设置工作。

🐝 注

（1）只有进行"核算参数设置"后，才能进行日常业务处理和针对本系统的一些系统设置和基础设置。

（2）核算参数设置是针对所有业务系统的，即该参数设置后，采购、仓存和销售模块的核算参数也都被设置成一样的数值。

11.2.2　初始数据录入

初始数据录入是设置供应链系统启用时物料的期初数据，如某物料的期初数量、金额等。

在销售模块中，要录入启用期间前的未核销销售出库单，没有单据，可以不用录入。

在采购模块中，要录入启用期间前的暂估入库单，没有单据，可以不用录入。

在仓存模块中，要录入各仓库物料的期初数量。

以上功能位于【系统设置】→【初始化】→【仓存管理】下。

存货核算模块中，要录入各仓库期初数量和金额。功能位于【系统设置】→【初始化】→【存货核算】。

🍎 **11-1**：新增表 11-1 中物料初始数据。

表 **11-1**　　　　　　　　　　　　物料初始数据

仓 库 名 称	物 料 代 码	物 料 名 称	期 初 数 量	期 初 金 额
原材仓	1.01	笔芯	10 000	1 000
原材仓	1.02	笔壳	9 900	2 970
成品仓	3.01	笔	5 000	3 000

（1）双击【系统设置】→【初始化】→【仓存管理】→【初始数据录入】，系统弹出"初始数据录入"窗口，如图 11-4 所示。

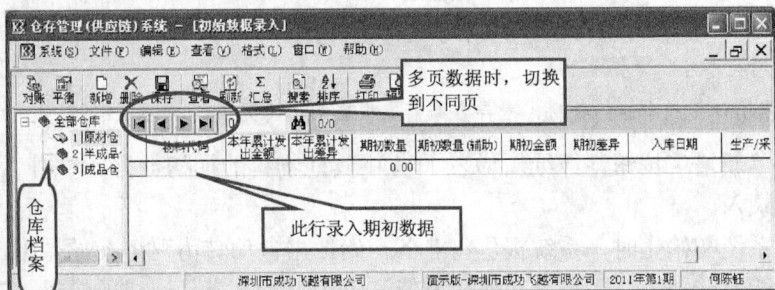

图 11-4

（2）录入初始数据。先选择"原材仓"，然后将光标放置到"物料代码"处，单击工具栏上"查看"按钮，系统弹出"核算项目—物料"窗口，如图 11-5 所示。

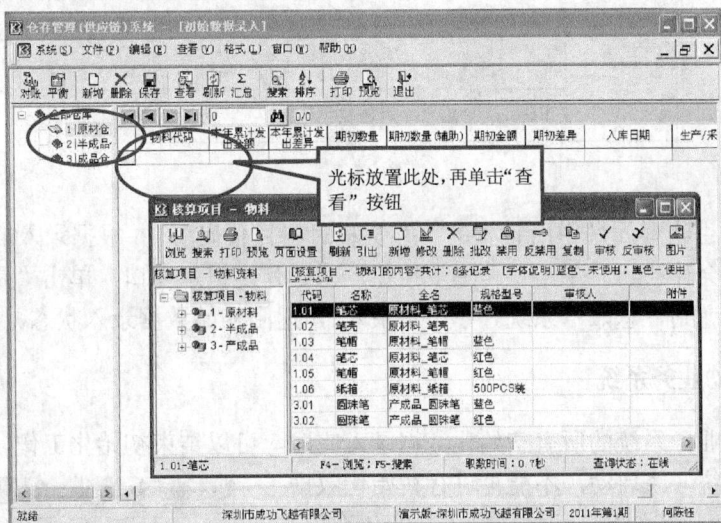

图 11-5

<table><tr><td>小技巧</td><td>光标放置"物料代码"处时，按下键盘上"F7"功能键，系统同样可以弹出"核算项目—物料"窗口，"F7"功能键被称为"万能查询键"。</td></tr></table>

在"核算项目—物料"窗口，可以对物料进行新增、修改和审核等操作。

（3）双击"1.01—笔芯"物料，将该物料引入到"初始数据录入"窗口，在期初数量处录入"10 000"，期初金额录入"1 000"，如图 11-6 所示。

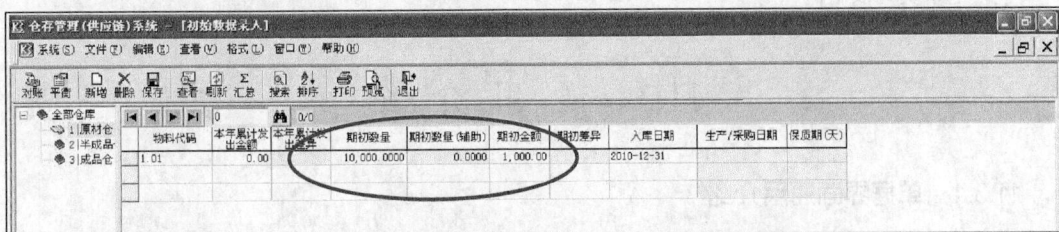

图 11-6

若为年中启用，本年累计收入和本年累计发出，这两项数据是否录入视各企业管理而定。

年初数＝期初数＋本年累计收入－本年累计发出

提示 当物料采用的计价方法为分批计价法、先进先出法、移动平均法和加权平均法等时，则"批次/顺序号"需要录入。

采用计划成本法的物料，差异金额需要根据实际情况录入。

（4）单击"新增"按钮，继续新增表 11-1 中其他物料的期初数据，单击"保存"按钮，保存初始数据录入。

在供应链系统初始化时，系统提供将业务初始数据自动转为财务初始数据，同时传递到总账系统的功能，减轻了总账系统工作，并能避免手工录入容易造成的错误。在"初始化数据"录入窗口，单击工具栏上"对账"按钮，系统进入"对账"窗口，如图 11-7 所示。

图 11-7

窗口中显示由物料属性中所设置的"存货科目科目代码"，并根据录入的初始数据汇总到"总账"中的会计科目。单击"传递"按钮，系统弹出提示窗口，单击"是"按钮，则系统将初始数据传递到"总账"系统。单击"录入"，返回初始数据录入状态。

11.2.3 启动业务系统

此功能是指业务系统的所有初始化数据录入完成，可以结束初始化工作，开始进行业务处理了。业务系统一经启动，不能再进行初始化数据录入工作，只有"反初始化"后才能录入初始化数据。双击【系统设置】→【初始化】→【仓存管理】→【启动业务系统】，系统弹出提示窗口，如图 11-8 所示。在此单击"是"按钮，启用业务系统。

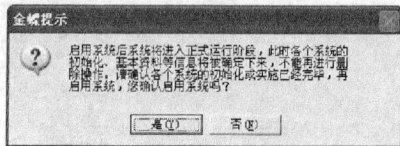

图 11-8

注 此功能是针对所有业务系统，即销售系统与仓存和采购系统在同一个启用期间使用时，必须待仓存和采购系统录入正确初始化数据后，才能启动业务系统；否则，销售系统一经启动，仓存和采购系统的初始化数据无法继续录入。反之，若"销售系统"单独使用，则不受此限制。

11.3 通 用 介 绍

11.3.1 单据界面通用介绍

在业务系统中，各模块中单据上的项目有所不同，但是基本处理方法类似，所以本节只介绍业务单据界面的基本处理方法。

恢复附书光盘":\k3 v11 多语言版\HELP\Demo\Demo"的演示账，再以"Administrator"登录该演示账套，双击【供应链】→【采购管理】→【外购入库】→【外购入库单—新增】，系统进入"采购入库"单据处理界面，如图 11-9 所示。

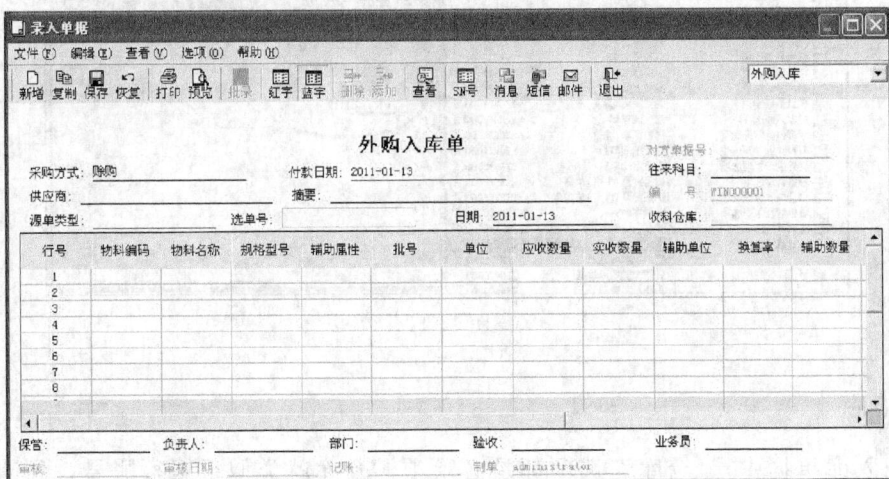

图 11-9

> 说明　单据快捷应用：在项目处按 F7 功能键可以从"基础资料"档案（如供应商、客户、仓库、部门和职员等项目）获取资料，F7 键等同于"查看"按钮。

1. 单据日期

新增单据时系统自动显示当前系统日期，用户可对日期进行修改，也可单击下拉按钮，系统弹出日历表供选择，如图 11-10 所示。在此不可以输入已结账期间的日期。

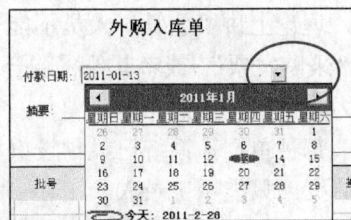

图 11-10

2. 单据编号

每张单据都有唯一编号，系统默认自动递增方式，系统按照在【系统设置】→【系统设置】→【采购管理】→【系统设置】中的编码规则自动生成每张单据的编号，在"选项"窗口选中"允许手工录入"时，单据编号可以手工修改。修改参数界面如图 11-11 所示。

3. 供应商或客户

采购类单据中的"供应商"以及销售类单据中的"客户"，属必须录入项目，可以按 F7 功能键，或单击工具栏上"查看"按钮，打开供应商档案或客户档案，选中单据关联供应商或者客户信息后，双击即可获取。

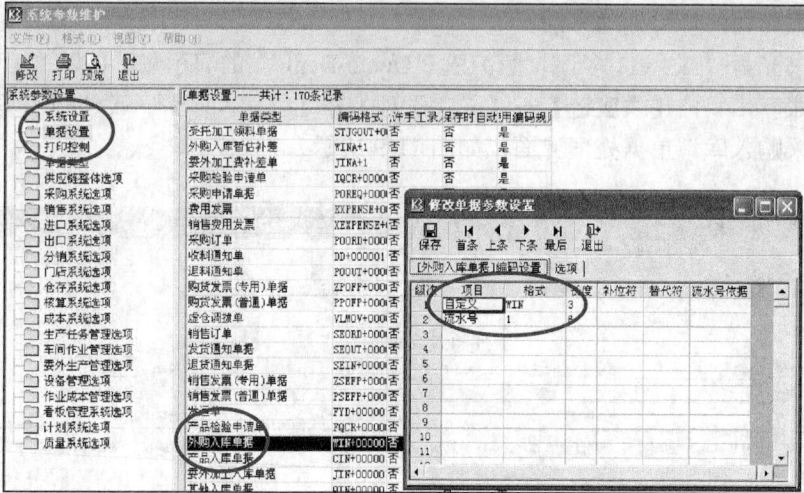

图 11-11

4. 仓库

在出入库单据中，"仓库"选项都是必录项，仓库就类似于银行账号，所有的存款（收料）和取钱（发料）业务都记录在正确的银行账号（仓库）上，从而保证库存台账和流水账等账簿报表的正确性。为更好地区分仓库代表的业务类型，单据录入界面中仓库可能会冠以业务说明，比如发货仓库、收料仓库、调出仓库、调入仓库、组装件仓库、子件仓库，等等。按 F7 功能键或双击鼠标左键，打开仓库列表，双击即可获取所需要的仓库档案。

5. 源单类型和选单号

源单类型在此是指可以与当前单据建立关联的单据，是单据来源查询的依据。如采购入库，理论上讲"仓管"人员不能无缘无故地收货，必须要看到采购员所下达的"采购订单"或"采购发票"，或者其他采购合同文件才能进行收货处理，在此我们把采购订单和采购发票称为采购入库单的源单。

每种单据，系统已经预设好相应的源单类型，单击下拉列表选择即可。无源单类型选择的单据，只能手工录入。

在单据处理时选择"源单"，既可以达到关联目的，又可以提高业务处理速度。如采购入库单当选择"采购订单"为源单时，查询"采购订单执行情况明细表"，可以一目了然地查询到该采购订单的数量，已经入库数量，未入库数量等情况。

选单号是源单类型的补充，当选择所需的"源单类型"后，在"选单号"项按 F7功能键，可以获取该源单类型下未完成任务的单据。选中要获取的单据号，双击或单击"返回"按钮返回单据处理界面，系统自动将源单中的信息引入单据中，如物料代码、名称、未完成任务的数量和单价等信息。按住 Shift 键或 Ctrl 键可以连续选中或间接选中要获取的单据。

源单类型和选单号处理窗口，如图 11-12 所示。

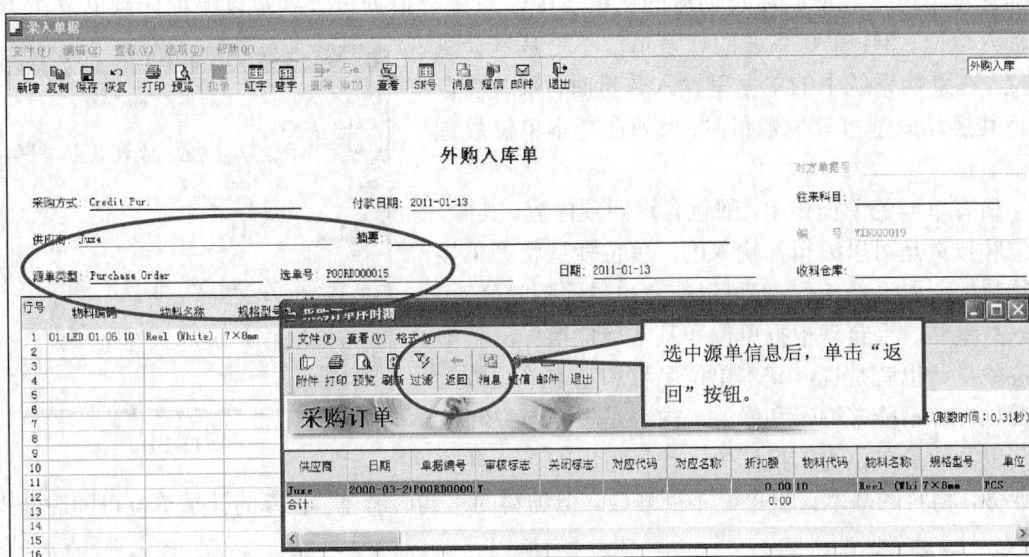

图 11-12

> **注**　源单并非必选项。例如，业务系统从 2011 年 1 月启用，但是现在要收一批 2010 年所采购的材料，由于系统中无该采购订单可关联，所以只能手工录入采购入库单。

6．选择物料

在所有业务单据中，均需要输入物料，可以选择输入物料代码，或按 F7 功能键让系统弹出"物料"档案窗口，如图 11-13 所示。

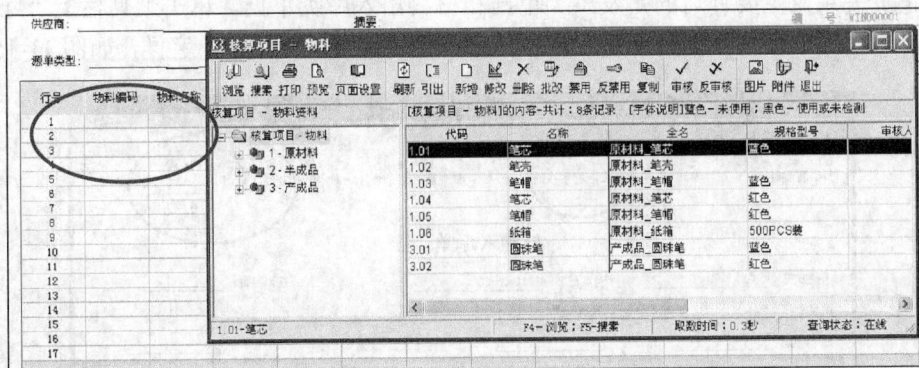

图 11-13

双击所需要的物料即可。当录入物料代码成功后，物料名称、规格型号和计量单位也同时带出。

7．基本单位名称、基本单位数量、单位和数量之间的关系

下面在物料的基本资料（如图 11-14 所示）处说明这四项内容的关系。

选择物料所属的计量单位组后，同时确定此物料的基本计量单位以及采购、销售、仓

库的计量单位，在所有涉及物料的单据体中，系统会根据设置确定以哪种计量单位作为数量输入单位。例：采购系统的计量单位不是基本计量单位，在采购系统中的单据里输入数量时，系统会自动将其换算成基本单位数量，并反映在基本单位数量列中。

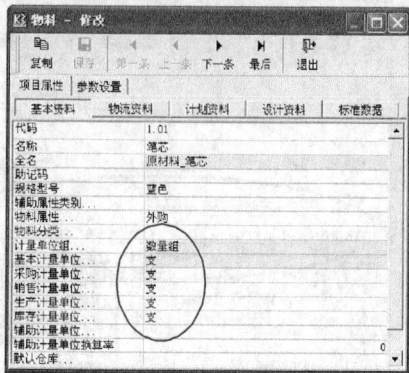

图 11-14

所有单据的单据体中，都包含这四项内容。其中，单位和数量是可以编辑和输入的，单位默认状态下显示物料的所属系统单位，但可以在录单界面随时修改，输入数量后，会自动根据单位和基本单位换算出基本单位数量。也就是说，基本单位名称和基本单位数量这两项内容不能够编辑和修改，内容是根据单位和数量，以及计量单位组的换算关系计算得出的。一旦发生业务，物料的基本计量单位不能修改，但物料的采购、销售、仓库的计量单位可随时修改。

8. 币别、汇率

币别是指结算时币别。系统默认为本位币，可以按 F7 功能键修改。采购订单和发票可以处理外币核算。销售订单、发票和报价单均可以处理外币核算业务。

汇率指当前币别的汇率，取自币别基础资料信息，可以根据实际情况改为业务发生日汇率。

9. 蓝字、红字

蓝字单据数量为正，红字单据数量为负，它们可以用作互相抵消冲减，也可用来表达账面上的正负关系，主要针对的是发票类单据和材料出入库类单据。单击工具栏上"红字"按钮，当前单据处于红字单据处理模式，并且在单据表头显示"红字"字样，如图 11-15 所示。

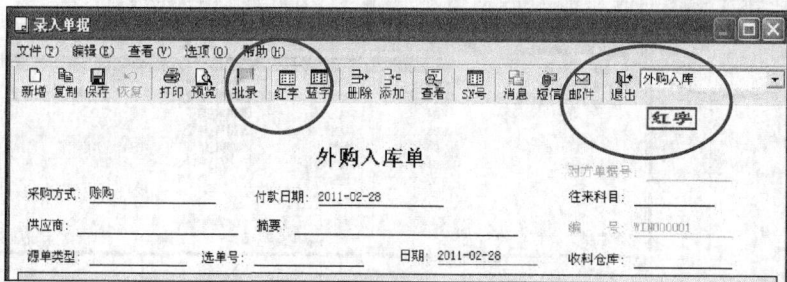

图 11-15

需要切换回蓝字单据则单击工具栏上"蓝字"按钮即可。

10. 结算方式、结算日期

结算方式是指订单结算采用何种处理方式，订单的结算方式可以在被发票引用后直接填入，保持信息的连续跟进，可以按 F7 功能键获取。

结算日期是指该笔业务结算时的日期，由用户手工录入。

11．摘要、备注、地址、开户行等

摘要、备注、地址、开户行等是业务的辅助性说明。用户通过业务摘要库维护摘要，备注、地址、开户行等信息都是单据的辅助性说明，可以在打印单据时选择这些信息。

12．主管、部门、保管、验收、业务员

这五项内容是指单据业务涉及的部门、主管、职员信息，可以通过使用 F7 功能键或单击"资料"按钮获取。

13．制单、审核、记账、审核日期

这四项内容是由系统根据当前单据的编制人、审核人、记账人和审核日期自动填入的，用以记录单据的操作人和操作日期。

11.3.2　业务单据操作介绍

1．单据保存后新增

在单据保存时，系统默认停留在当前编制的单据界面，只有单击工具栏上的"新增"按钮，系统才进入下一张新单据。为提高单据录入效率，在单据制作保存后，系统立刻进入下一张单据的录入窗口，可以连续录单选项。该控制位于菜单【选项】→【保存后立即新增】下，选中，保存后立即新增，否则，必须单击"新增"按钮才能新增单据。

2．单据可查看的信息数据

在单据录入过程中，可能需要参考很多库存信息和价格信息，可以通过"查看"菜单查询当前物料的库存信息、历史价格信息和采购价格信息等。

3．审核与反审核

审核是再次检查单据内容的正确性。在已保存单据界面，单击工具栏上"审核"即可，也可以选择菜单【查看】→【审核】。审核快捷键为 F4。

在【系统设置】→【系统设置】→【仓存管理】→【系统设置】窗口中的"供应链整体选项"中，若选中"审核和制单可为同一人"，则操作员本人可以审核自己的单据；反之，审核人和制单人不能为同一人。

已审核后的单据不能修改和删除，若发现审核后的单据有错误时，必须"反审核"后才能修改单据。反审核位于菜单【查看】→【反审核】下。反审核快捷键为 Shift+F4。

4．删除

删除是在账套中清除当前单据。要删除的单据只能是未审核单据。删除功能位于"单据序时簿"窗口中，选中要删除的单号，单击工具栏上"删除"按钮即可。删除单据后，系统会将删除单号空置。

5. 作废和反作废

为保证单据编号的连续性，不因"删除"操作造成单据编码断号情况，金蝶 K/3 系统提供单据的作废和反作废功能。单据保存未审核状态下，单据可以执行"作废"，单据作废后不参与报表的统计汇总。处理方法是：单击菜单【查看】→【作废】，系统会作废该张单据，并给予相应提示信息；对已作废的单据选择【查看】→【反作废】，系统会自动反作废该单据，并给予相应提示。需要说明的是，在当月期间报表汇总时不包括作废单据，结账时不检查作废单据是否审核。如果对已结账期间的作废单据进行反作废操作，需要首先更改单据日期，然后才可以审核和加以使用。

6. 复制单据及批量复制

在日常工作中，录入单据的工作量很大，系统提供复制单据和批量复制单据的功能，可以最大程度地减少录入单据的工作量。

单据编辑界面和单据序时簿查询界面有两个复制单据的功能，在编辑界面的复制是一对一的复制，且复制后还要录入和确认其他无法复制的信息；在序时簿查询界面是多对多的复制，复制后的单据即是一张已完整保存的单据，这就是在编制订单时复制和序时簿里的批量复制的区别。下面说一下复制的具体规则。

- 在单据序时簿上只提供整单复制的功能。
- 单据复制时单据号自动顺序递增，即不能复制原单的单据号。
- 复制单据日期自动默认为当前系统日期；交货日期默认为当前系统日期。
- 复制时默认被复制单据的必录项齐全，不进行必录项的检查。
- 所有的单据，无论被复制单据的状态如何，都可以进行单据复制，且复制后的单据都处于可编辑的状态，且审核人、记账人等字段应置为空值，源单据为作废状态的单据复制后为正常单据。
- 复制相当于手工新增，如果被复制单据是关联生成的，则不复制该单据的源单据号码。
- 在初始化设置中，不提供复制功能。
- 一旦出现保存时条件不能满足，不能保存时（例如不允许负库存，却出现了负库存），系统中断目前单据的处理，并由用户选择是否继续进行其他单据的复制处理。

7. 单据打印

单据打印是资料的另一种备份形式，同时在实际业务中也会经常使用到。金蝶 K/3 系统提供两种打印方式，即普通打印和套打打印。

（1）普通打印。使用普通打印时，当前单据项目是否打印要在"金蝶 K/3 客户端工具包"的【辅助工具】→【单据自定义】功能下进行设置。

例如，进入任意一张"采购入库单"界面，不选中菜单【文件】→【使用套打】，单击"预览"按钮，进入"打印预览"窗口，当前即为普通打印格式，如图 11-16 所示。

（2）套打打印。套打打印是预先在"金蝶 K/3 客户端工具包"的【单据套打工具】→【供应链单据套打】中设置好"套打文件"，然后在单据界面选中菜单【文件】→【使用套打】，则打印输出时系统按照设置的套打格式输出当前单据。使用套打的优点是格式统一，界面美观。

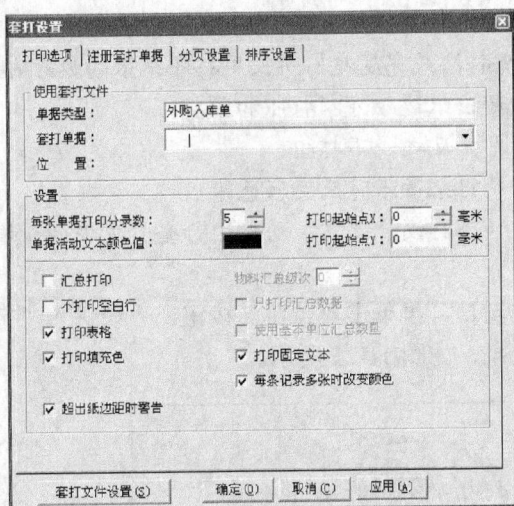

图 11-16

例如，进入任意一张"采购入库单"界面，选中菜单【文件】→【使用套打】，再单击菜单【文件】→【套打设置】，系统弹出"套打设置"窗口，如图 11-17 所示。

第一次使用时要注册"套打文件"。切换到"注册套打单据"窗口，单击"自动搜索"按钮，系统弹出"请选择套打单据存放路径"，双击打开金蝶 K/3 系统安装目录下的"Advance"文件夹，如图 11-18 所示。

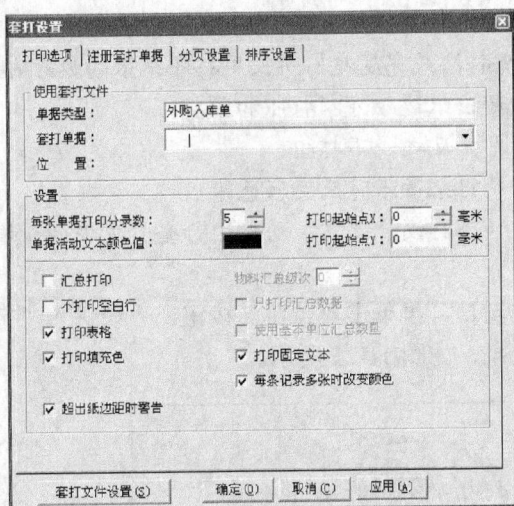

图 11-17

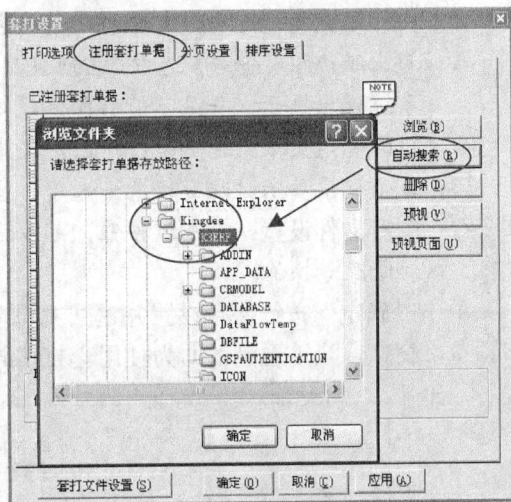

图 11-18

单击"确定"按钮，系统搜索后会将所有找到的套打显示在窗口中，如图 11-19 所示。

切换到"打印选项"窗口，单击"套打单据"下拉按钮，系统会把对应的单据显示出来，选中"K/3 外购入库单"，取消选中"超出纸边距时警告"，如图 11-20 所示。

- **单据类型**：当前的单据类型名称。
- **套打单据**：选择要使用的套打格式，同一种单据类型可有多种套打单据格式选择。
- **每张单据打印分录数**：设置打印时每张单据体要打印的行数。例如，现设置为"5"行，当单据中有 6 行记录时，则分 2 页打印，第 2 页的其他 4 行以空白表格打印。
- **单据活动文本颜色值**：设置活动文本的颜色。

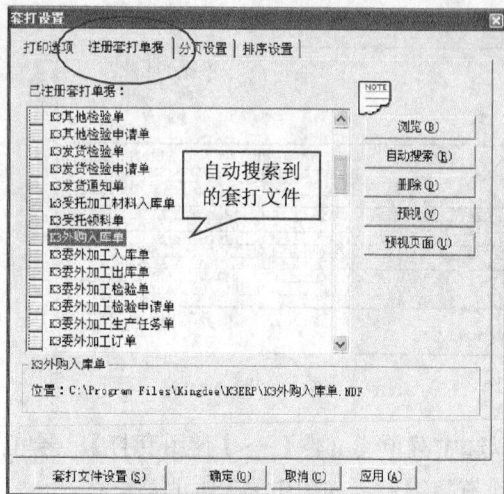

图 11-19

图 11-20

- **打印起始点**：设置打印的起始点。
- **打印表格**：选中，需要将表格打印，反之，不打印表格。
- **打印填充色**：选中，需要打印填充色，反之，不打印。
- **超出纸边距时警告**；选中，当所使用的套打格式宽度超出所使用打印纸张的边距时，系统弹出提示，并且不能打印；反之，超出纸边距可以打印和预览。
- **打印固定文本**：选中，打印固定文本项目，反之，不打印。
- **每条记录多张时改变颜色**：选中，当每条记录多张时改变颜色输出。
- **套打文件设置**：单击该按钮，可以进入"套打设计工具"功能进行套打文件的新增和修改等操作。

单击"确定"按钮保存设置并返回编辑单据窗口，再单击"预览"按钮，系统进入"打印预览"窗口，当前看到的即为使用套打格式效果，如图 11-21 所示。

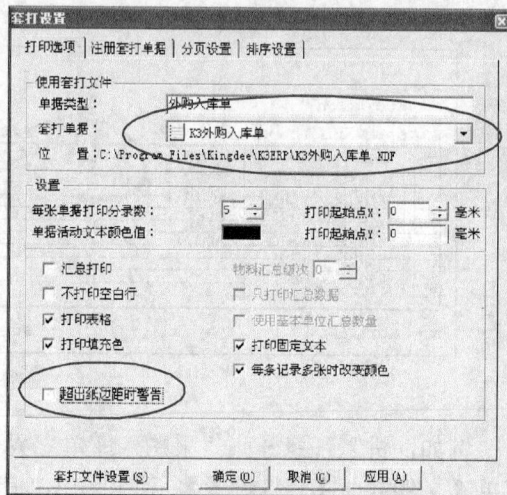

图 11-21

11.3.3　序时簿查询操作说明

序时簿在业务系统中应用最广泛，类似流水账簿。如采购订单有采购订单序时簿，采购入库单有采购入库单序时簿，销售出库单有销售出库单序时簿。使用序时簿的重点是查询条件的设置，只有设置正确的条件才能查询所需要的单据序时簿。

下面以查询"外购入库单序时簿"为例，介绍序时簿的查询方法。

（1）在主界面窗口，双击【供应链】→【采购管理】→【外购入库】→【外购入库单—维护】，系统弹出"过滤"窗口，如图 11-22 所示。

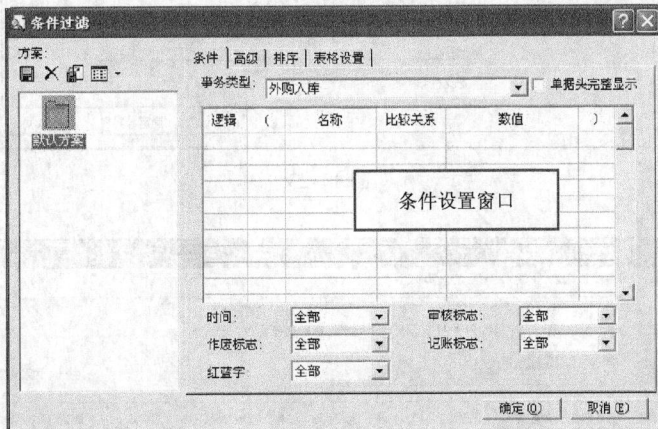

图 11-22

① **条件选项卡**。

● **事务类型**：选择要查询的单据类型名称，如在查询仓存管理中的"入库类序时簿"时使用。

● **单据头完整显示**：选中，所显示的序时簿中每一条记录都显示详细的单据头信息，反之，则一张单据中只有首行显示单据头信息。

● **条件设置窗口**：设置详细过滤条件，如单据日期大于、等于、包含等某某日期范围，供应商等于某某，或者制单人等于某某的详细过滤条件。

● **时间**：条件窗口未设置过滤条件时，选择"当天"，则只显示当前系统日期的单据；选择"本周"，则只显示当前系统日期所在周的单据；选择"本期"，则只显示当前系统日期所在月的单据；选择"全部"，则显示当前全部日期的单据。

开票标志、记账标志、审核标志、作废标志、红蓝字都有三个选项，可以自由组合选择，默认为显示"全部"单据。

② **高级选项卡**：设置更详细的过滤条件。

③ **排序选项卡**：设置当显示序时簿数据时，按照什么字段排序，默认为"单据编号"排序。

④ **表格设置选项卡**：设置所显示的数据项列是否显示，所处顺序和对齐方式，如图 11-23所示。

当过滤条件设置好后，可以保存为方案，以便下次使用。

（2）在"条件"选项卡，选中"时间"下的"全部"项，其他保持默认值，单击"确定"

按钮，系统进入"外购入库单序时簿"窗口，如图 11-24 所示。

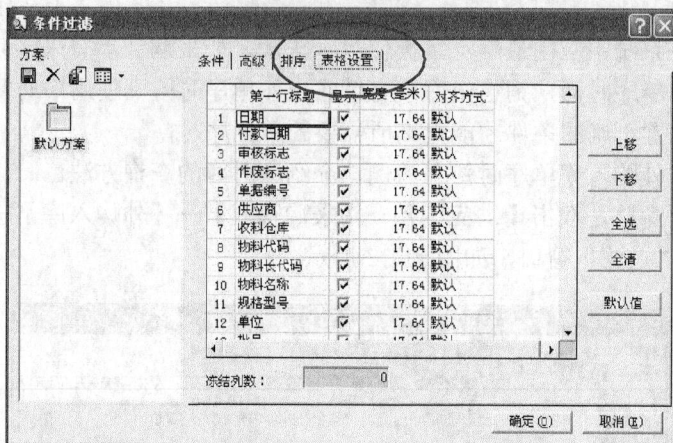

图 11-23

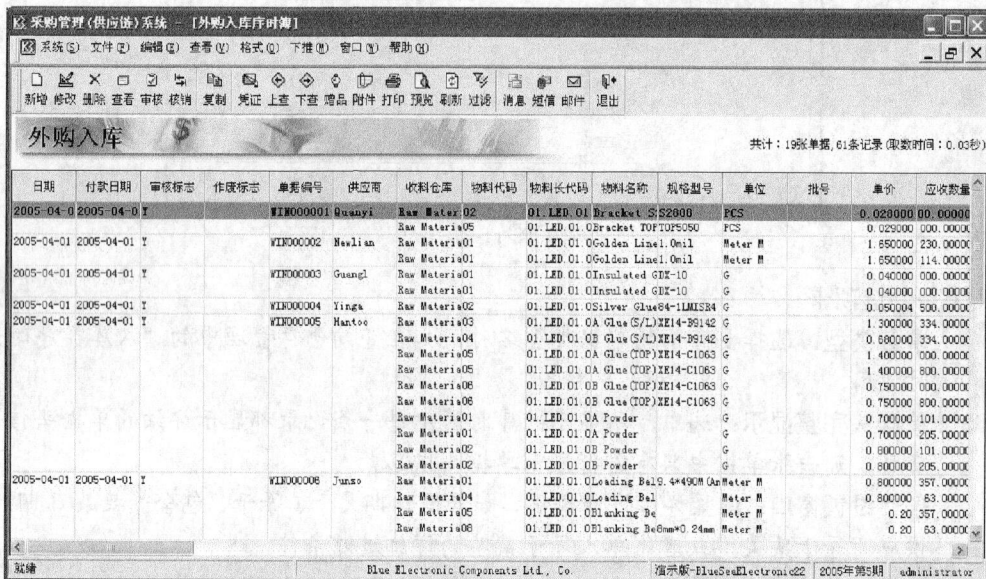

图 11-24

- **新增**：单击"新增"按钮，系统进入一张空白单据以供录入数据。
- **复制**：对选中的单据复制生成一张新的单据。
- **修改**：选中要修改的单据，单击"修改"按钮，进入单据编辑界面，修改相应内容后，再单击"保存"按钮保存修改内容。要修改的单据必须未审核。
- **查看**：以单据编辑界面模式显示单据信息，查看状态下不能进行修改。
- **删除**：删除选中的单据。要删除的单据必须未审核。
- **上查**：查询该张单据有什么源单关联生成。
- **下查**：查询该张单据关联生成了什么单据。
- **过滤**：重新弹出"过滤"窗口，设置条件后，再查询满足条件的单据。

- 刷新：重新根据设置条件显示序时簿数据。
- 凭证：若单据生成凭证时，单击"凭证"按钮显示该张单据生成的凭证信息。
- 下推：将当前单据作为"源单"，下推生成相应的单据。在单据处理窗口，可以选择源单类型或选单号，目的一样，但操作方向相反。

11.4   业务系统实例练习

业务系统除开发票和存货核算模块是作为会计人员经常需要应用的功能，其他如采购入库和销售发货等业务通常是由业务部门负责，但作为会计人员必须了解业务系统的应用方法，才能有效地操作会计电算化软件。

本小节将从实战出发，讲解接销售订单、下达采购单、采购入库、生产领料、销售发货、挂应收应付账款、核算材料成本和材料单据生成凭证的流程，讲述业务系统的应用方法。

11.4.1   销售订单处理

销售订单是将客户所采购的我公司产品信息录入 ERP 系统中，作为销售发货凭据和收款凭据依据。销售订单的录入方法有两种：一种是直接手工录入，另一种是参照"销售报价单"录入。

例11-2：2011-1-10 接到"深圳科林"订购"3.01—圆珠笔—蓝色"产品，数量 10 000，含税单价 9.00 元，要求交货日期 2011-1-17。

（1）以"郝达"登录账套，切换到"主界面"窗口模式，双击【供应链】→【销售管理】→【销售订单】→【销售订单—新增】，系统弹出"销售订单"录入窗口，如图 11-25 所示。

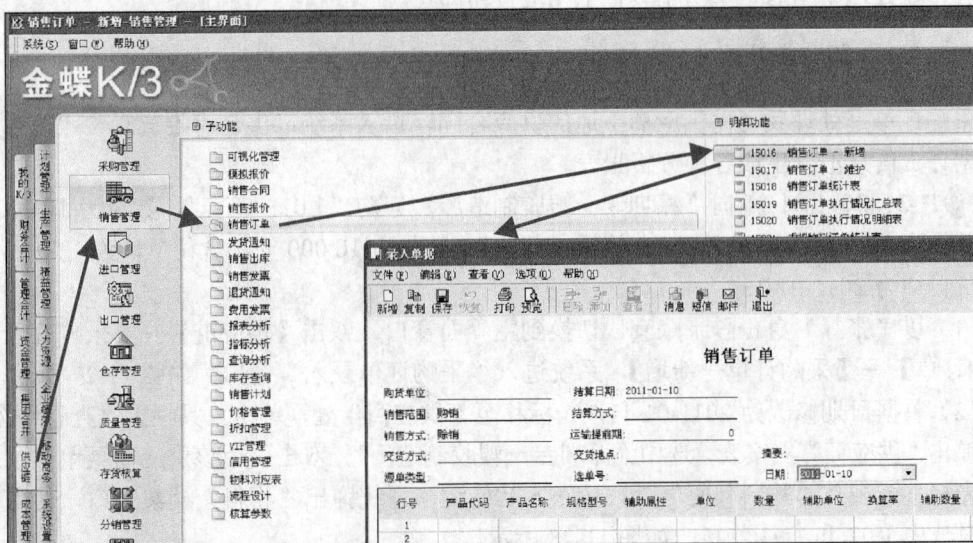

图 11-25

（2）单据日期修改为 2011-1-10，光标放置在"购货单位"处按 F7 功能键，系统弹出"客户"档案窗口，双击"01 深圳科林"记录，将其引用到单据录入窗口，光标移至表体"产品

"代码"处，按 F7 功能键，系统弹出"物料"档案窗口，选中"3.01—圆珠笔"记录，双击并返回单据录入窗口，请注意窗口的变化，数量录入"10 000"，含税单价录入"9"，交货日期修改为 2011-1-17，部门获取"销售部"，业务员获取"郝达"，如图 11-26 所示。

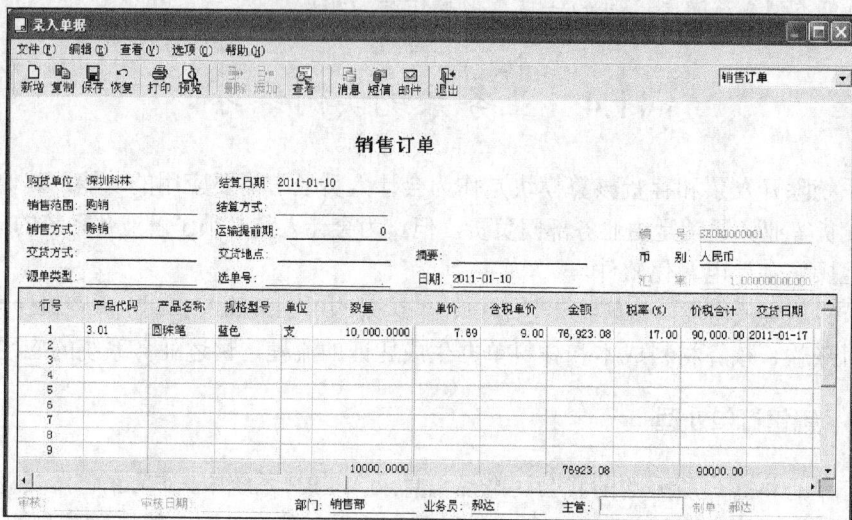

图 11-26

> **说明** 在购货单位、产品代码和部门等位置获取信息时，也可以单击工具栏上"查看"按钮。

（3）单击"保存"按钮保存当前单据，单击"审核"按钮审核当前单据以供发货时使用。若要修改或处理销售订单，则使用"销售订单—维护"功能进入"销售订单序时簿"窗口，选择要处理单据后，单击工具栏上相应按钮即可。

11.4.2 采购订单处理

采购订单是处理我司向供应商下达的供应合同，录入系统以供仓库收货时参照使用，并且根据订货信息汇总生成各种分析报表。

例11-3：2011-01-11 向"深圳专一塑胶制造厂"订购"1.02—笔壳"，数量为 10 000 支，含税单价为 3.50 元，订购"1.03—笔帽—蓝色"，数量为 10 000 支，含税单价为 1.50 元，要求交货日期为 2011-01-13。

（1）以"张琴"身份登录账套，切换到主界面窗口，双击【供应链】→【采购管理】→【采购订单】→【采购订单—新增】，系统进入"采购订单录入"窗口，如图 11-27 所示。

（2）单据日期修改为 2011-01-11，光标移至"供应商"处，单击工具栏上"查看"按钮，系统弹出"供应商"档案表，选中"深圳专一塑胶制造厂"，双击引用该供应商至单据录入窗口，光标移至表体"物料代码"处，按 F7 功能键，系统弹出"物料"档案窗口，使用 Ctrl 键同时选中 1.02 和 1.03 物料，如图 11-28 所示。

（3）双击选中记录，引用并返回单据录入窗口，请注意单据窗口的变化，数量分别录入10 000，含税单价分别录入 3.50 和 1.50，交货日期修改为 2011-01-13，部门获取"采购部"，业务员获取"张琴"，保存并审核当前单据，审核成功如图 11-29 所示。

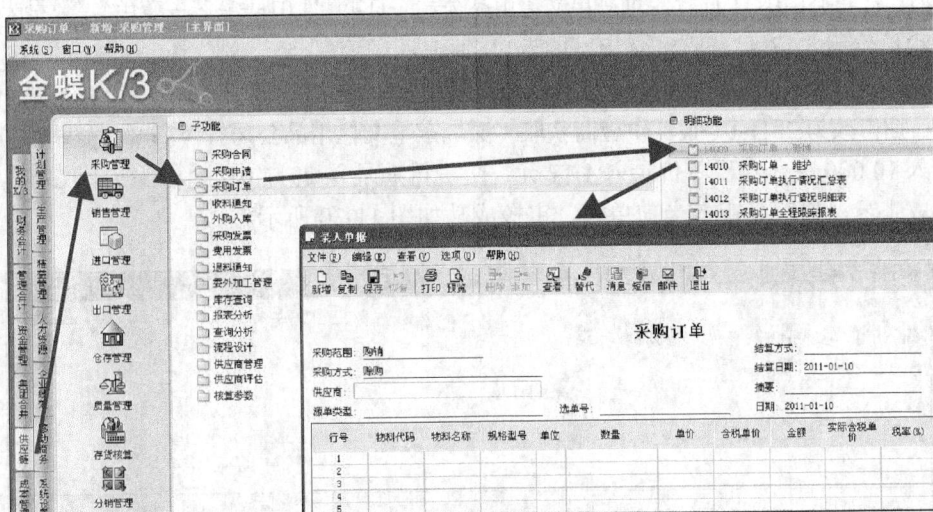

图 11-27

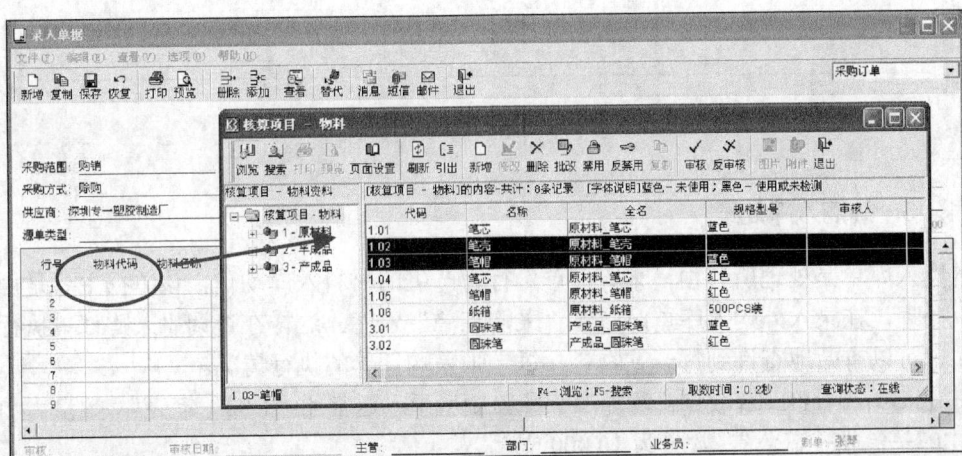

图 11-28

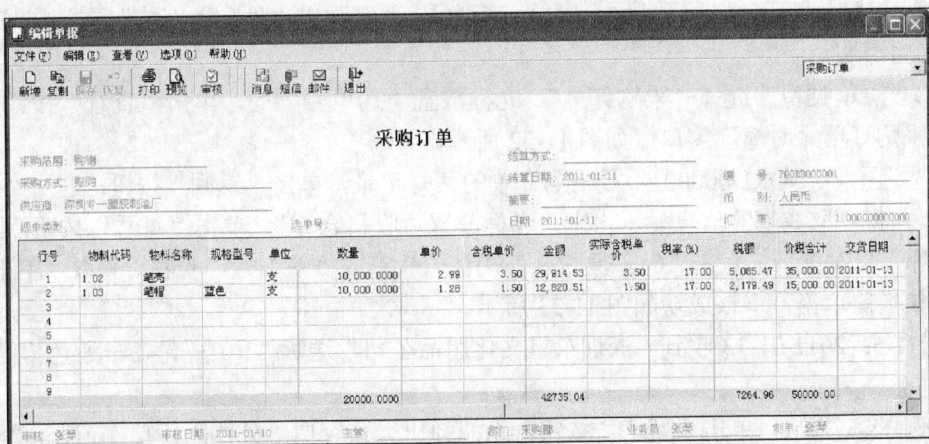

图 11-29

例11-4：2011-01-11 向"深圳东星文化用品公司"订购"1.01—笔芯—蓝色"，数量为 10 000 支，含税单价为 1.17 元，要求交货日期为 2011-01-13。

接例 11-3 操作，在"采购订单录入"窗口，单击"新增"按钮，系统弹出一张空白单据窗口，日期修改为 2011-01-11，供应商获取"深圳东星文化用品公司"，物料代码获取"1.01"，数量录入 10 000 支，含税单价录入 1.17 元，交货日期录入 2011-01-13，部门获取采购部，业务员获取张琴，保存并审核当前单据，审核成功如图 11-30 所示。

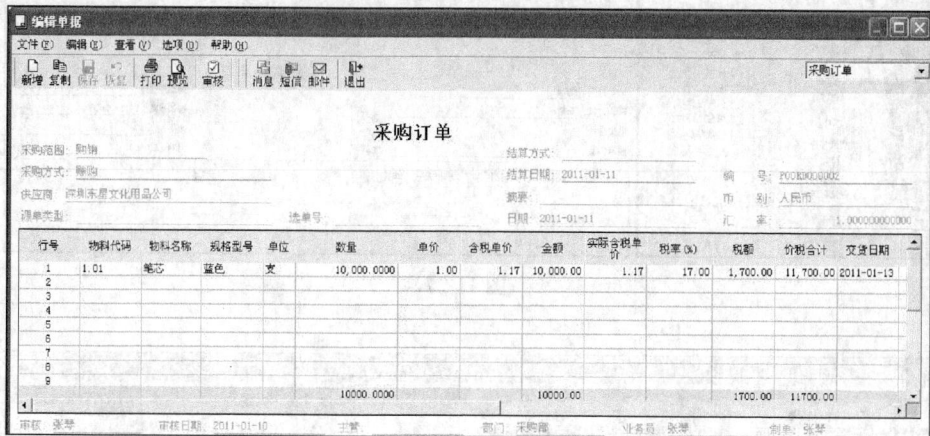

图 11-30

11.4.3　外购入库处理

外购入库单是处理所有由"采购订单"行为产生的材料入库动作，该单据主要是由"仓库员"处理，在录入外购入库单时参照"采购订单"入库，这样在查询"采购订单执行明细表"时，可以有效地查询到每一款物料，每一张采购订单的执行情况。

例11-5：2011-01-13 收到"深圳专一塑胶制造厂"送货的"1.02—笔壳"，数量为 10 000 支，"1.03—笔帽—蓝色"，数量为 10 000 支。

（1）假设"何陈钰"负责仓库业务，以"何陈钰"身份登录账套，双击【供应链】→【仓存管理】→【验收入库】→【外购入库单—新增】，系统弹出"外购入库单"录入单据窗口，如图 11-31 所示。

（2）"源单类型"选择"采购订单"，光标放置"选单号"处，单击"查看"按钮，系统弹出"采购订单序时簿"窗口，如图 11-32 所示。

（3）选中"POORD000001"号采购订单的两行记录，单击"返回"按钮，返回"外购入库单"，并将获取成功的信息显示出来，光标放置"收料仓库"，单击"查看"按钮，系统弹出"仓库"档案窗口，双击"01—原材仓"，"保管"获取"王平"，"验收"获取"王平"，保存并审核当前单据，审核成功如图 11-33 所示。

例11-6：2011-01-13 收到"深圳东星文化用品公司"送货"1.01—笔芯—蓝色"，数量为 10 000 支。

接例 11-5 方法，单击"新增"按钮，系统弹出一张空白"外购入库单"窗口，"源单类型"选择"采购订单"，"选单号"获取"POORD000002"号采购订单，单击"返回"按钮，

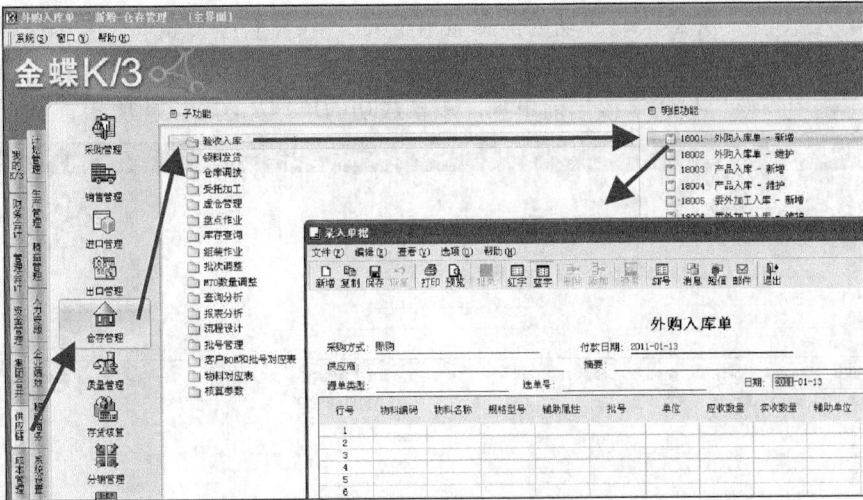

图 11-31

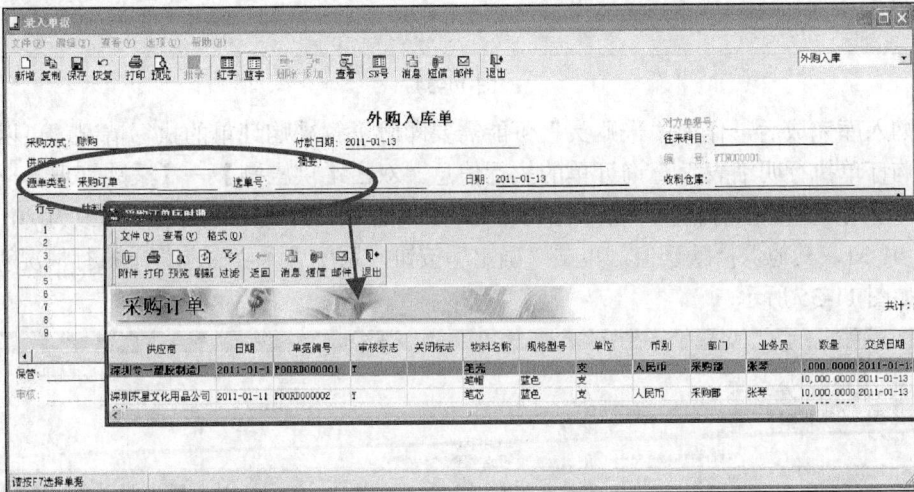

图 11-32

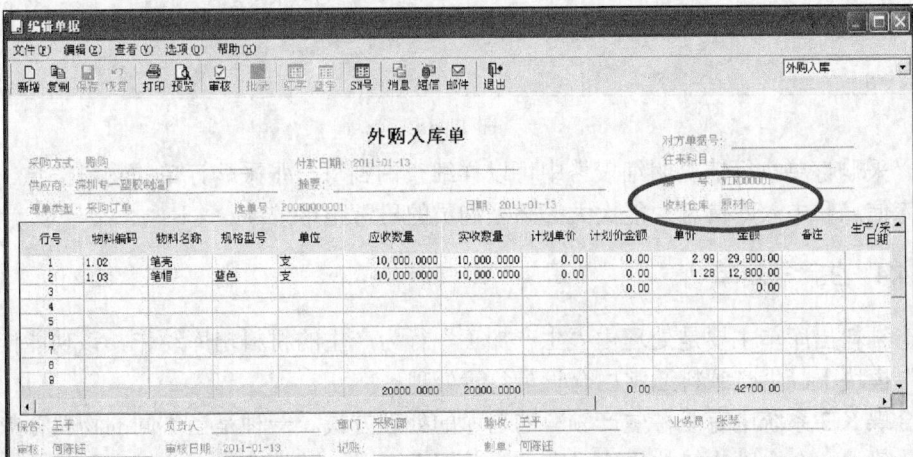

图 11-33

返回"外购入库单"，并将获取成功的信息显示出来，"收料仓库"获取"01—原材仓"，"实收数量"保持不变，"保管"获取"王平"，"验收"获取"王平"，单击"保存"按钮保存单据录入，单击"审核"按钮审核当前单据，审核成功的单据如图 11-34 所示。

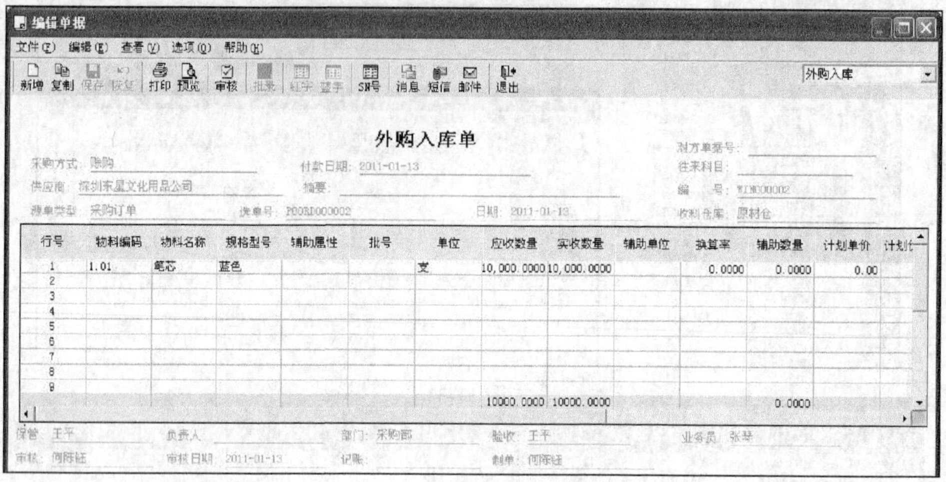

图 11-34

外购入库完成后，作为"采购员"可能需要即时了解采购订单的执行情况，可以通过查询"采购订单执行明细表"查询订单的执行信息。双击【供应链】→【采购管理】→【采购订单】→【采购订单执行情况明细表】，系统弹出"过滤"窗口，日期范围修改为 2011-01-01 至 2011-01-31，其他保持默认值，单击"确定"按钮，系统进入"采购订单执行情况明细表"窗口，如图 11-35 所示。

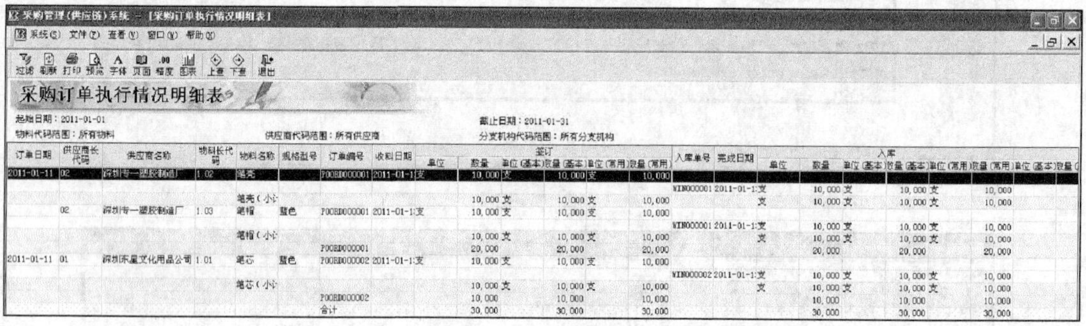

图 11-35

在"采购订单执行情况明细表"中可以详细查询到每一张采购订单的物料信息、数量信息、入库信息和未入库信息，能大大提高采购员的日常跟单效率。

11.4.4 生产领料单

生产领料出库单主要是处理由"生产加工"行为产生的材料出库动作，该功能位于"仓存管理"模块下，生产领料通常由仓管员负责处理。

在金蝶 K/3 系统中有两种生产领料的仓库的处理方式。一种是当不同的物料存放在不同仓库时，建议一个仓库物料的出库录在一张单据上；另一种是直接在单据录入时，在表体项目中选择该物料正确的出库仓库。

⑭11-7：2011-01-13 生产部前来领料"1.01—笔芯—蓝色"，数量为 10 000 支，"1.02—笔壳"，数量为 10 000 支，"1.03—笔帽—蓝色"，数量为 10 000 支。

双击【供应链】→【仓存管理】→【领料发货】→【生产领料—录入】功能，系统进入"领料单"录入单据窗口，领料部门获取"生产部"，在表体物料代码处分别录入 1.01、1.02、1.03，系统引出正确的物料信息，实发数量都录入 10 000，发料仓库都获取"原材仓"，领料获取"李小明"，发料获取"王平"，如图 11-36 所示。单击"保存"按钮保存当前出库单，单击"审核"按钮审核当前单据。

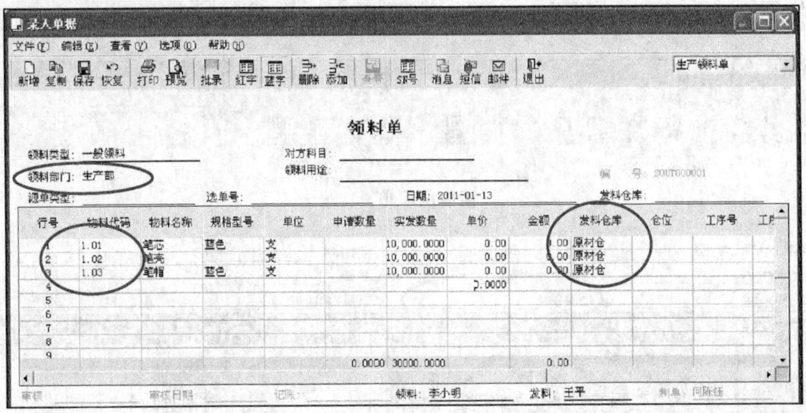

图 11-36

11.4.5　产品入库单

产品入库单是处理由本公司加工生产任务发生的产品（半成品或成品）入库业务。

⑭11-8：2011-01-17 生产部将组装完工的"3.01—圆珠笔—蓝色"，数量为 10 000 支，交回仓库。

双击【供应链】→【仓存管理】→【验收入库】→【产品入库—新增】，系统进入"产品入库单"录入单据窗口，交货单位获取"生产部"，收货仓库获取"成品仓"，在表体物料编码处录入 3.01，系统自动带入物料信息，实收数量录入 10 000 支，验收和保管获取"王平"，如图 11-37 所示。保存并审核当前单据。

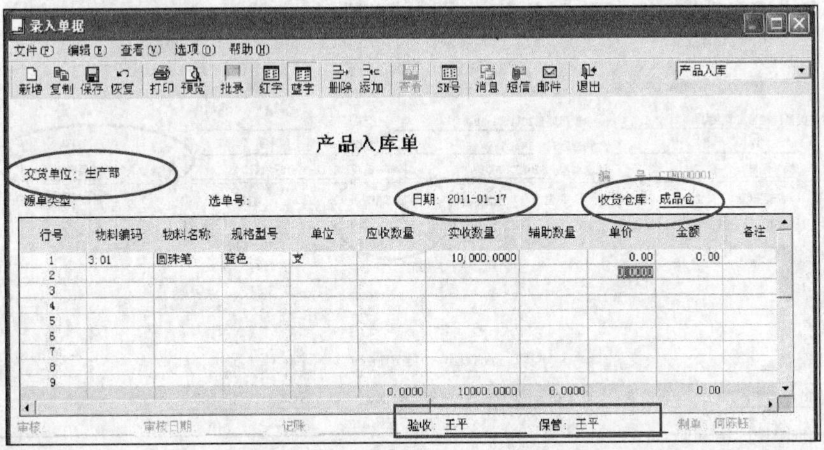

图 11-37

11.4.6 销售出库单

销售出库单是处理由销售发货行为产生的产品出库业务。

11-9：2011-01-18 销售部参照 2010-01-10 接到"深圳科林"销售订单，发货"3.01—圆珠笔—蓝色"，数量为 10 000 支。

（1）双击【供应链】→【仓存管理】→【领料发货】→【销售出库—新增】功能，系统进入"销售出库单"录入单据窗口，源单类型选择"销售订单"，光标放置"选单号"处，单击"查看"按钮，系统弹出"销售订单序时簿"窗口，如图 11-38 所示。

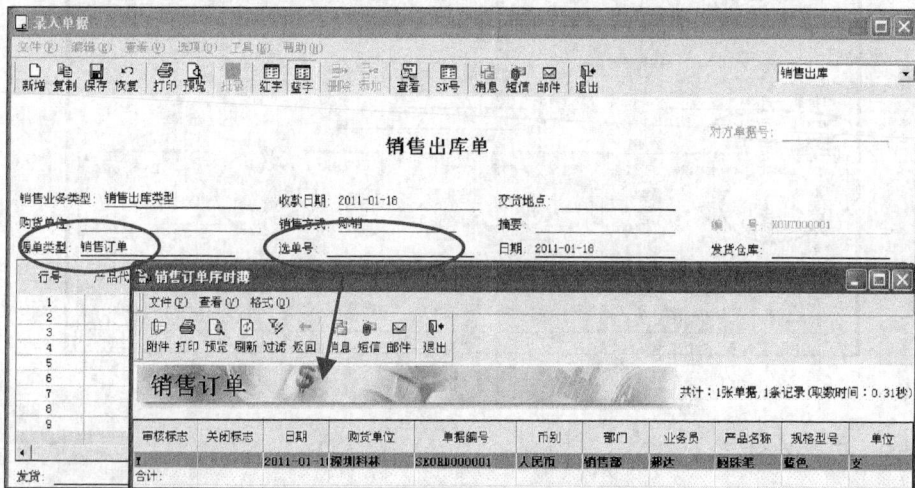

图 11-38

（2）选中"SEORD000001"记录，单击"返回"按钮返回"销售出库单"录入窗口，并将获取成功的信息显示在窗口中，"发货仓库"获取"成品仓"，发货获取"郝达"，保管获取"王平"，如图 11-39 所示。

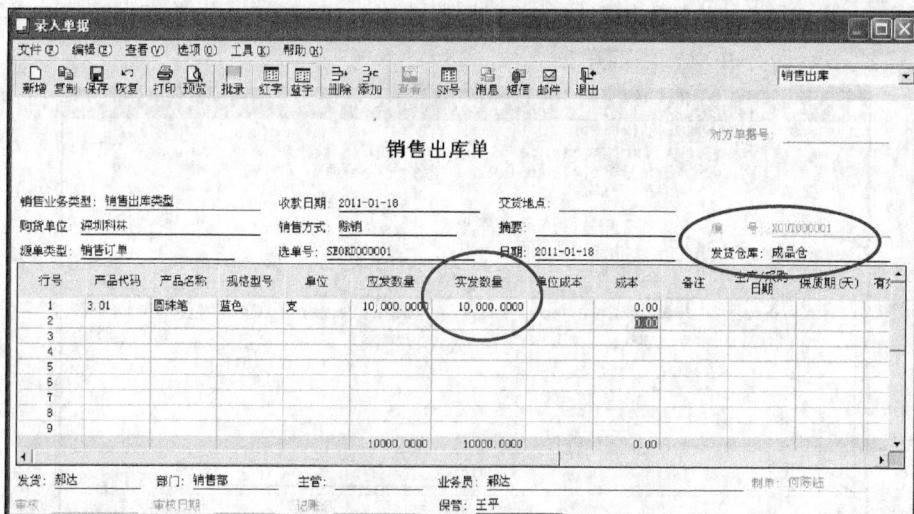

图 11-39

（3）单击“保存”按钮保存当前出库单，单击“审核”按钮审核当前单据。

销售人员需要跟踪销售订单进度时，可以在“销售管理”下的“销售订单执行情况明细表”中查询。

双击【供应链】→【销售管理】→【销售订单】→【销售订单执行情况明细表】，系统弹出“过滤”条件窗口，窗口中的三个日期范围都设置为 2011-01-01 至 2011-01-31，其他条件保持默认值，单击“确定”按钮，进入“销售订单执行情况明细表”窗口，如图 11-40 所示。

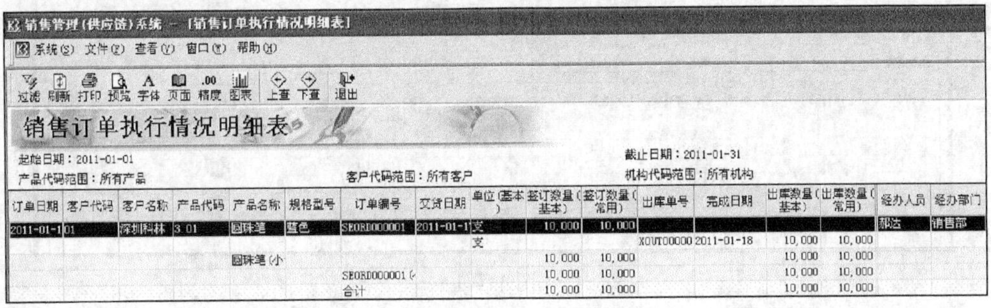

订单日期	客户代码	客户名称	产品代码	产品名称	规格型号	订单编号	交货日期	单位(基本)	签订数量(基本)	签订数量(常用)	出库单号	完成日期	出库数量(基本)	出库数量(常用)	经办人员	经办部门
2011-01-1	01	深圳科林	3.01	圆珠笔	蓝色	SEORD000001	2011-01-1	支	10,000	10,000					郝达	销售部
								支			XOUT00000	2011-01-18	10,000	10,000		
				圆珠笔(小					10,000	10,000			10,000	10,000		
						SEORD000001(4			10,000	10,000			10,000	10,000		
						合计			10,000	10,000			10,000	10,000		

图 11-40

在窗口中可以查询到每一张销售订单的数量和每次销售出库情况。

11.4.7　采购发票

采购发票是进行应付账款和采购入库成本核算的基本凭据，同时是采购管理系统和应付款管理系统进行数据传递的单据。金蝶 K/3 系统能够处理采购专用发票、采购普通发票和费用发票。

- **采购专用发票**：通常是指日常业务中处理的“增值税发票”，当某物料的外购入库单是采购专用发票时，则该物料的入库成本为“不含税单价”。
- **采购普通发票**：当某物料的发票是“采购普通发票”时，该物料的入库成本为“含税单价”。
- **费用发票**：是与某笔“采购业务”对应产生的费用而开具的发票，如运输费、报关费和保险费等，是据以付款、记账、纳税的依据，同时是核算原材料的“入库成本”重要凭证。

采购发票可以是在“实际发生业务时间”的时候处理，例 11-5 和例 11-6 中 2011-01-13 的外购入库单，可以“参照”入库单生成采购发票，也可以“月底”一次性处理。本书选择第二种方式。

当“采购管理”与“应付款管理”模块连接使用时，发票是在“采购管理”中处理，处理好的发票在“应付款”下的“发票处理”处查询，付款时直接在“应付款管理”处理。

1．采购发票录入、审核

例 11-10：2011-01-31 收到“深圳专一塑胶制造厂”送货的“1.02—笔壳”，数量为 10 000 支，“1.03—笔帽—蓝色”，数量为 10 000 支的增值税票。

（1）仍然以“何陈钰”登录账套。双击【供应链】→【采购管理】→【采购发票】→【采购发票—新增】，系统进入“采购发票”录入窗口，如图 11-41 所示。

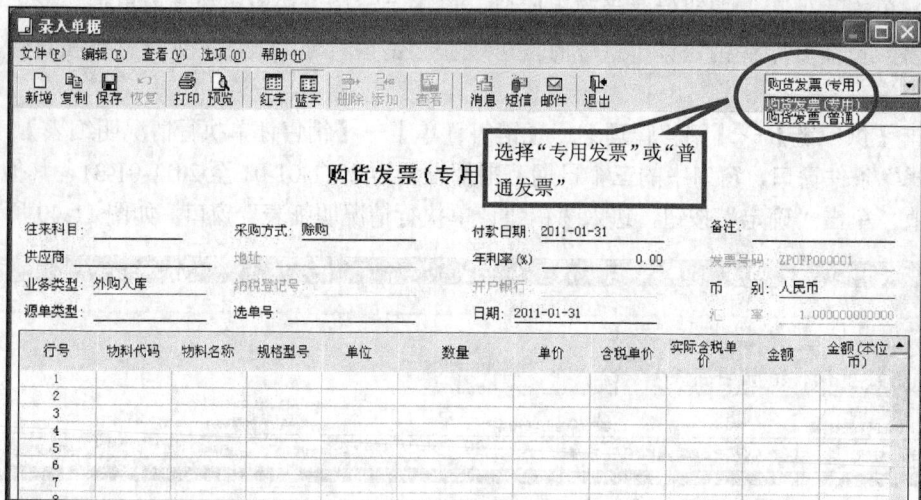

图 11-41

在窗口右上角切换处理不同的发票类型。

（2）选择"购货发票（专用）"，源单类型选择"外购入库"，光标放置"选单号"处，单击"查看"按钮或按F7功能键，系统弹出"外购入库单序时簿"，选中"深圳专一塑胶制造厂"的两行外购入库单记录双击，或单击"返回"按钮，系统自动将"参照"的外购入库单信息显示出来，往来科目获取"2202—应付账款"科目，其他项目保持不变，如图11-42所示。保存并审核当前发票。

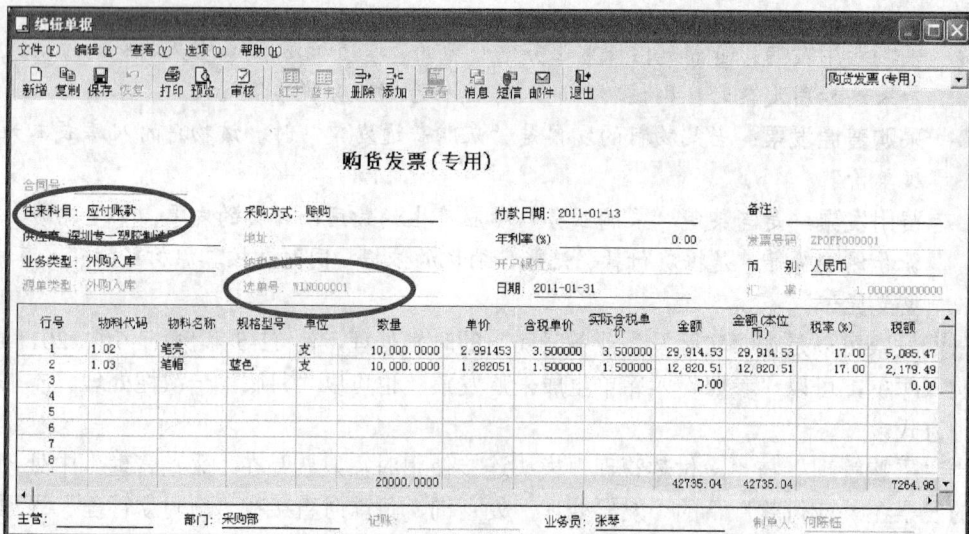

图 11-42

2. 采购发票钩稽

采购发票钩稽是采购发票和费用发票与入库单确认的标志，是核算入库成本的依据。只有钩稽后的发票才能进行入库成本核算、根据凭证模板生成记账凭证等操作，无论是本期或以前期间的发票，钩稽后都作为当期发票来核算成本。

采购发票钩稽的前提条件如下。

（1）两者供应商相同。

（2）两者单据状态必须是已审核、尚未完全钩稽（即钩稽状态是部分钩稽或未钩稽）。

（3）对于受托入库采购方式的单据进行钩稽时，两者的采购方式必须一致。

（4）对于委外加工类型的入库单进行钩稽时，两者的业务类型必须一致。

（5）如果系统选项"允许钩稽以后期间单据"未选中，单据或采购发票两者都必须是以前期间或当期的单据，否则，前期、当期和以后期间的单据均可钩稽。

（6）两者的物料、辅助属性、本次钩稽数量必须一致。

接例 11-10，练习采购发票的钩稽操作，操作步骤如下。

（1）双击【供应链】→【采购管理】→【采购发票】→【采购发票—维护】，系统弹出"条件过滤"窗口，事务类型选择"购货发票（专用）"，其他保持默认条件，单击"确定"按钮，系统进入"采购发票序时簿"窗口，如图 11-43 所示。

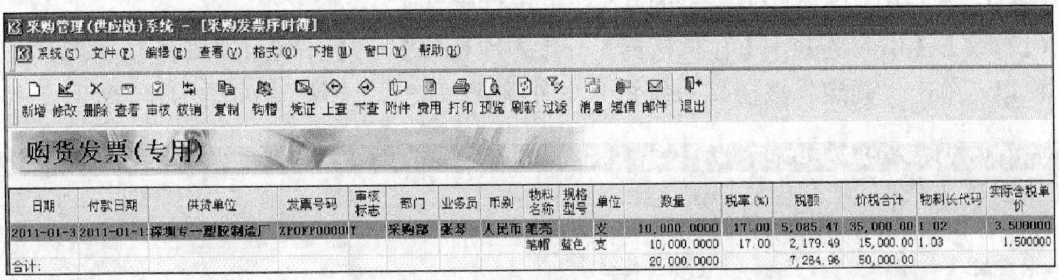

图 11-43

在序时簿窗口可以进行采购发票的新增、修改、删除、审核和钩稽等操作，在菜单"编辑"下可以进行相应的反操作，如反审核和反钩稽等。

（2）选择刚才录入的"ZPOFP000001"采购发票，单击"钩稽"按钮，系统进入"采购发票钩稽"窗口，如图 11-44 所示。

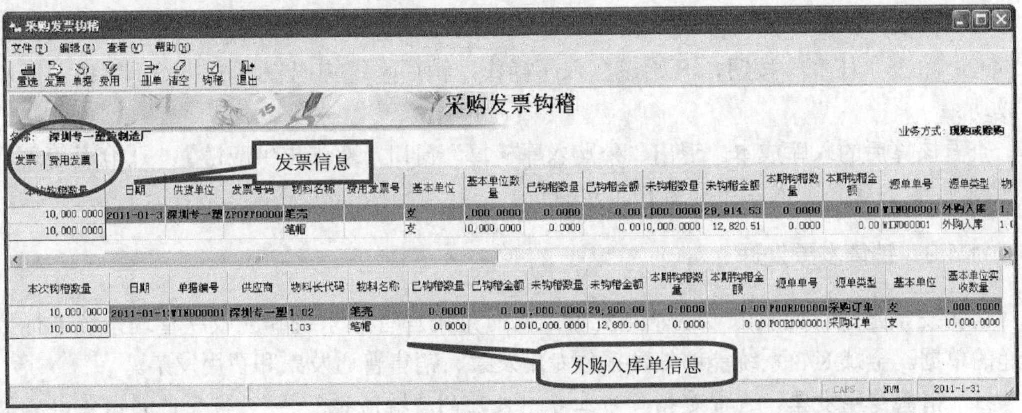

图 11-44

在窗口上部可以进行"采购发票"与"采购费用发票"窗口的切换。

（3）选中发票信息中的记录，再选择外购入库单信息窗口记录，单击工具栏上"钩稽"

按钮，稍后系统弹出钩稽成功提示，并将钩稽成功的单据隐藏。

当发票上的数量与入库单上的数量不一致时，可以修改相应窗口中的"本次钩稽数量"后再进行钩稽。

例11-11：2011-01-31 收到"深圳东星文化用品公司"送货"1.01—笔芯—蓝色"，数量为 10 000 支的增值税发票，参照例 11-10 录入、审核并钩稽该张发票。

11.4.8　外购入库成本核算

外购入库成本核算是核算材料外购入库的实际成本，包括购买价和采购费用两部分。买价由与外购入库单相钩稽的发票决定，采购费用由用户录入后，可按数量、按金额或手工先分配到发票上每一条物料的金额栏，再通过核算功能，将买价与采购费用之和根据钩稽关系分配到对应的入库单上，作为外购入库的实际成本。

在金蝶 K/3 系统中入库成本核算的流程是，录入采购发票和费用发票→审核→钩稽→入库成本核算。

例11-12：2011-01-31 对所有外购入库单进行核算。

（1）双击【供应链】→【存货核算】→【入库核算】→【外购入库核算】，系统弹出"过滤"窗口，单击"确定"按钮，系统进入"外购入库核算"窗口，如图 11-45 所示。

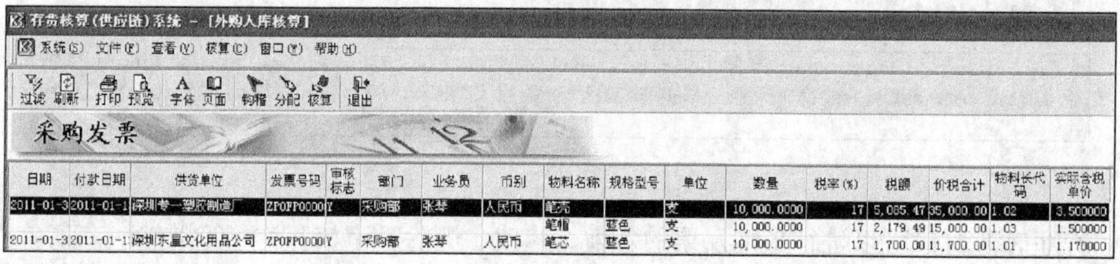

图 11-45

- **钩稽**：查看选中"采购发票"的钩稽日志情况。
- **分配**：分配费用。分配方式在"核算"菜单下选择。
- **核算**：开始外购入库成本核算。

（2）单击"核算"按钮，开始核算入库操作，稍后系统弹出核算成功提示窗口，表示核算成功。

查看核算后的入库成本。退出"外购入库核算"窗口，双击【供应链】→【仓存管理】→【验收入库】→【外购入库单—维护】可查询。

11.4.9　销售发票处理

销售发票是进行应收账款的基本凭证，同时是销售管理系统和应收款管理系统进行数据传递的单据。金蝶 K/3 系统能够处理销售专用发票、销售普通发票和费用发票。

- **销售专用发票**：通常是指日常业务中处理的"增值税发票"，当某产品销售出库录入销售专用发票时，则该产品的税额进入"销项税"科目。
- **销售普通发票**：当某产品录入的发票是"销售普通发票"时，该产品的税额不能计入"销项税"科目。

○ **费用发票**：是与某笔"销售业务"对应产生的费用而开具的发票，如运输费、报关费和保险费等，是据以收款、记账的依据。

例11-13：2011-01-31 参照 2010-01-18 向"深圳科林"发货"3.01—圆珠笔—蓝色"，数量为 10 000 支生成销售专用发票。

（1）双击【供应链】→【销售管理】→【销售发票】→【销售发票—新增】，系统进入"销售发票"录入窗口，如图 11-46 所示。

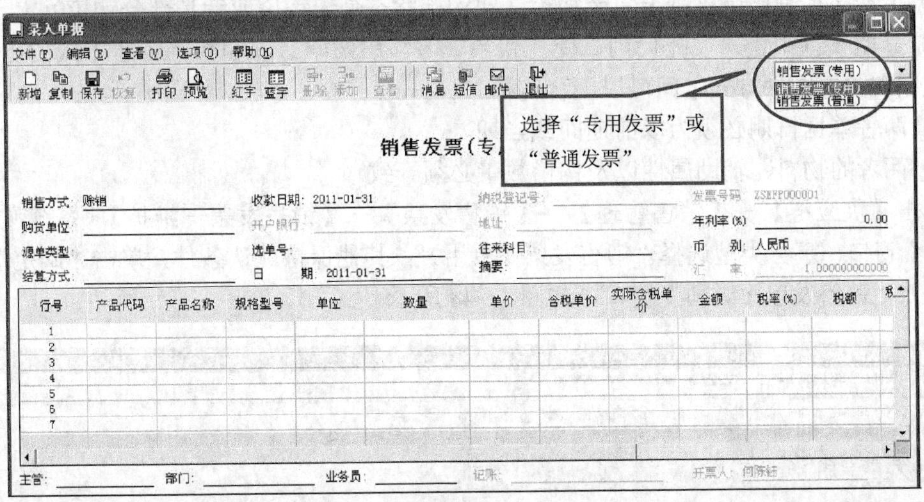

图 11-46

（2）选择"销售发票（专用）"，源单类型选择"销售出库"，光标放置"选单号"处，单击"查看"按钮或按 F7 功能键，系统弹出"销售出库单序时簿"，选中"XOUT000001"号销售出库单双击，或单击"返回"按钮，系统自动将参照的销售出库单信息显示出来，往来科目获取"1122—应收账款"科目，单击"保存"保存当前发票，单击"审核"并审核当前发票，审核成功的发票如图 11-47 所示。

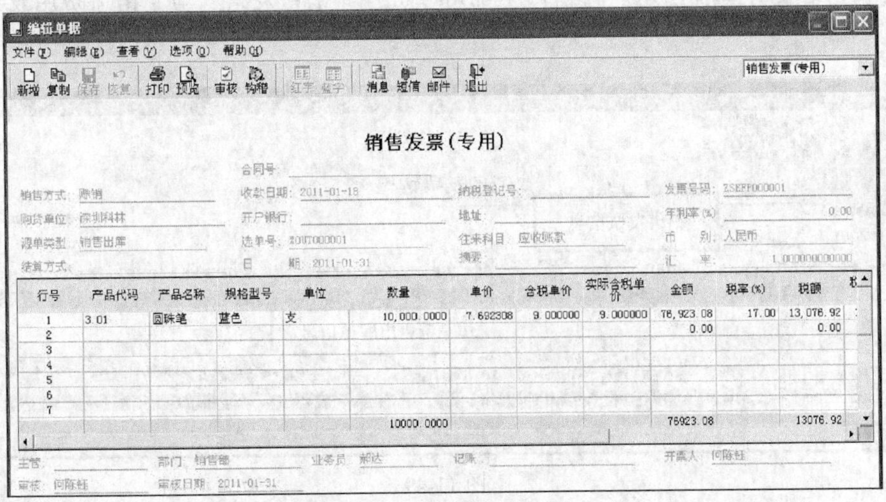

图 11-47

（3）销售发票钩稽。销售发票的钩稽主要是指销售发票同销售出库单的钩稽。如果销售属于分期收款或委托代销方式，则销售发票只有钩稽后才能生成凭证，且无论是本期或以前期间的发票，钩稽后都作为钩稽当期发票来计算收入；如果是现销和赊销发票，钩稽的主要作用就是进行收入和成本的匹配确认，对于记账没有什么影响。

销售发票钩稽的前提条件如下。

① 两者的客户相同。

② 单据必须是已审核且未完全钩稽（即钩稽状态是未钩稽或者是部分钩稽）。

③ 分期收款销售、委托代销、受托代销、零售的发票必须和相同销售方式的出库单钩稽，现销和赊销两种方式之间可以混合钩稽。

④ 两者单据日期必须为以前期间或当期。

⑤ 两者的物料、辅助属性以及钩稽数量必须一致。

双击【供应链】→【销售管理】→【销售发票】→【销售发票—维护】，系统弹出"条件过滤"窗口，事务类型选择"销售发票（专用）"，其他保持默认条件，单击"确定"按钮，系统进入"销售发票序时簿"窗口，如图 11-48 所示。

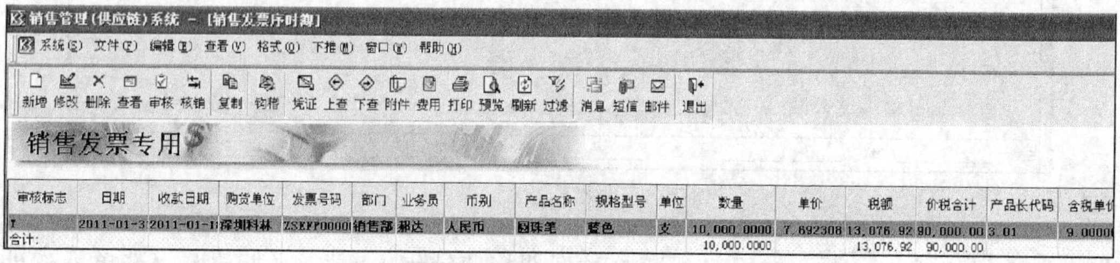

图 11-48

在序时簿窗口可以进行销售发票的新增、修改、删除、审核和钩稽等操作，在菜单"编辑"下可以进行相应的反操作，如反审核和反钩稽等。

选择刚才录入的"ZSEFP000001"销售发票，单击"钩稽"按钮，系统进入"销售发票钩稽"窗口，如图 11-49 所示。在窗口上部可以进行"销售发票"与"销售费用发票"窗口的切换。

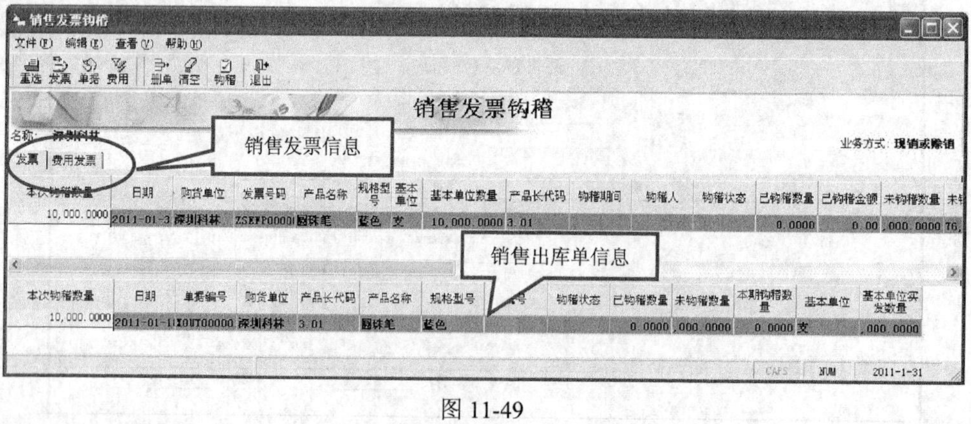

图 11-49

选中发票信息窗口中的记录，再选择销售出库信息窗口的记录，单击工具栏上"钩稽"

按钮，稍后系统弹出钩稽成功提示，并将钩稽成功的单据隐藏。

当发票上的数量与入库单上的数量不一致时，可以修改相应窗口中的"本次钩稽数量"后再进行钩稽。

该张销售发票会自动传递到"应收账款管理"模块中，在【财务会计】→【应收款管理】→【发票处理】→【销售发票—维护】中查询。

11.4.10　材料成本核算

材料成本核算功能由"存货核算"模块完成。操作流程是，先核算材料入库成本，然后再核算材料出库成本。入库成本通常包括以下几类。

- ● **外购入库核算**：是核算"采购"行为的入库单据，并且已经收到"采购发票"，然后进行钩稽，可以正确计算材料入库成本的核算。操作方法参照前面章节。
- ● **存货估价入账**：是处理"外购入库"行为的入库单，但是对应的"采购发票"未送到的情况，而不能正确计算材料的入库成本，采用估价入账的行为。
- ● **自制入库核算**：是处理"产品入库"单据的材料成本核算，在未使用"成本系统"的情况下，该入库单价由手工录入。
- ● **其他入库核算**：是处理"其他入库"单据的材料成本核算，入库单价可以通过手工录入和更新无单价单据。
- ● **委外加工入库核算**：是处理"委外加工入库"单据的材料入库成本，它主要由材料费用和加工费用组成。

出库成本是必须在已经有入库成本的情况下，系统自动根据"物料档案"中的"计价方式"，如先进先出、加权平均等，计算出该张出库单据上的单价，从而核算正确的出库成本。材料出库成本核算主要包括以下内容。

- ● **材料出库成本核算**：核算材料（物料属性为外购类的物料）出库成本。
- ● **产成品出库核算**：该模块主要用来核算产品出库成本（产品是指物料属性为非外购类的物料）。
- ● **特殊出库单据核算**：核算不确定单价的单据。

材料成本核算的流程通常是，外购入库核算→材料出库核算→自制入库核算→产成品出库核算。

因前面章节已经讲述过外购入库成本核算，在此讲述自制入库核算、材料出库成本核算和产成品出库核算。

1．材料出库核算

例11-14：2011-01-31 进行材料出库核算。

（1）双击【供应链】→【存货核算】→【出库核算】→【材料出库核算】，系统弹出"结转存货成本—介绍"窗口，如图 11-50 所示。

（2）单击"下一步"，系统进入"第一步"窗口，选择"结转本期所有物料"，如图 11-51 所示。

（3）单击"下一步"，系统进入"第二步"窗口，如图 11-52 所示。单击"下一步"按钮，系统开始计算材料成本，稍后系统进入"完成"窗口，如图 11-53 所示。

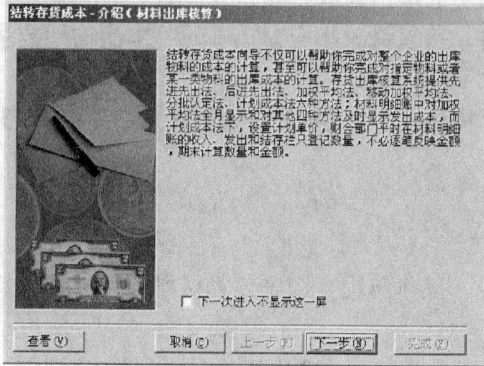
图 11-50

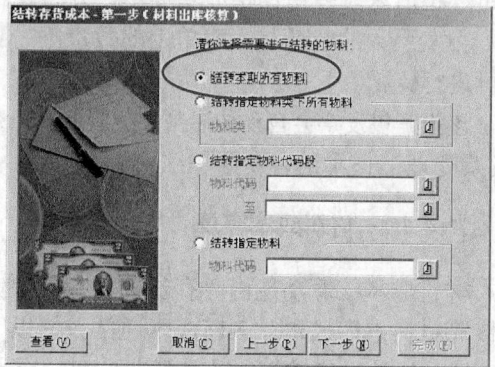
图 11-51

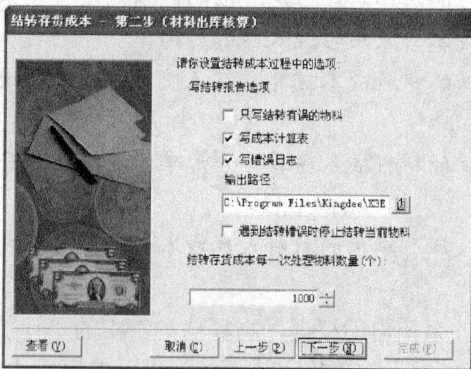
图 11-52

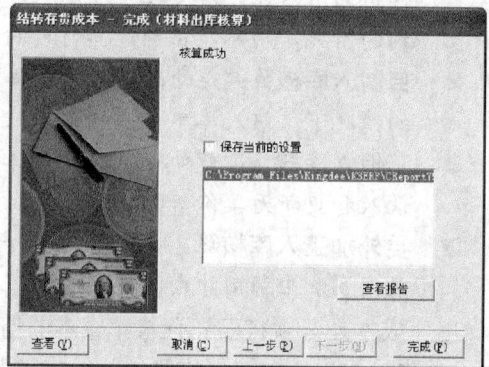
图 11-53

若需要查询某个物料的成本计算过程，可以单击"查看报告"按钮，系统进入 IE 浏览器，并且将对应的报告文件打开，如图 11-54 所示。

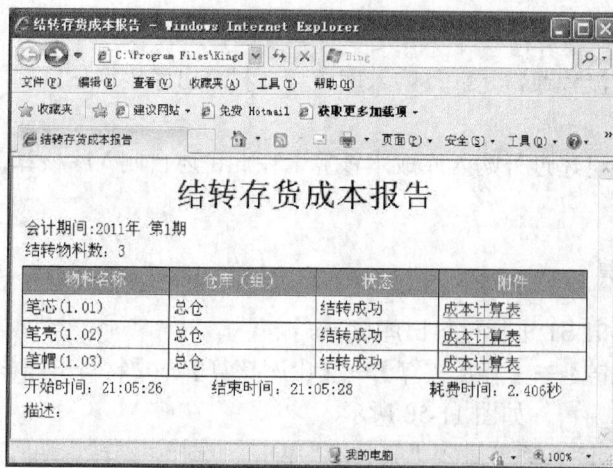
图 11-54

单击"附件"项目下的"成本计算表"，系统进入该物料的计算表窗口，如图 11-55 所示。

图 11-55

2．自制入库核算

例11-15：2011-01-31 进行自制入库核算。

（1）双击【供应链】→【存货核算】→【入库核算】→【自制入库核算】，系统弹出"过滤"窗口，如图 11-56 所示。

保持默认条件，单击"确定"按钮，系统进入"自制入库核算"窗口，如图 11-57 所示。

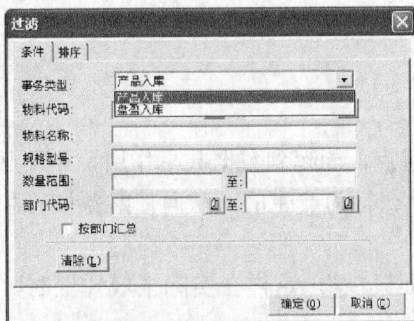

图 11-56

图 11-57

在"自制入库核算"窗口，系统会将相同物料代码的所有制造入库单行为汇总为一行，而非明细行，每一行物料代码的单价必须手工录入或者使用"引入"功能引入。

（2）在"3.01—圆珠笔—蓝色"物料的"单价"下录入"5.03"，单击"核算"按钮，开始进行自制入库核算，稍后弹出提示，表示核算成功。

若要查询制造入库单是否有单价返回，可以双击【供应链】→【仓存管理】→【验收入库】→【产品入库—维护】查询。

3．产成品出库核算

例11-16：2011-01-31 进行产成品出库核算。

双击【供应链】→【存货核算】→【出库核算】→【产成品出库核算】，系统弹出"介绍"窗口，单击"下一步"，系统进入"第一步（产成品出库核算）"窗口，选择"结转本期所有物料"，单击"下一步"按钮，系统进入"第二步"窗口，单击"下一步"，开始计算出库成本，稍后进入"完成"窗口，单击"查看报告"按钮，系统打开"查询报告"文件，单击"成本计算表"，进入计算表窗口，如图11-58所示。

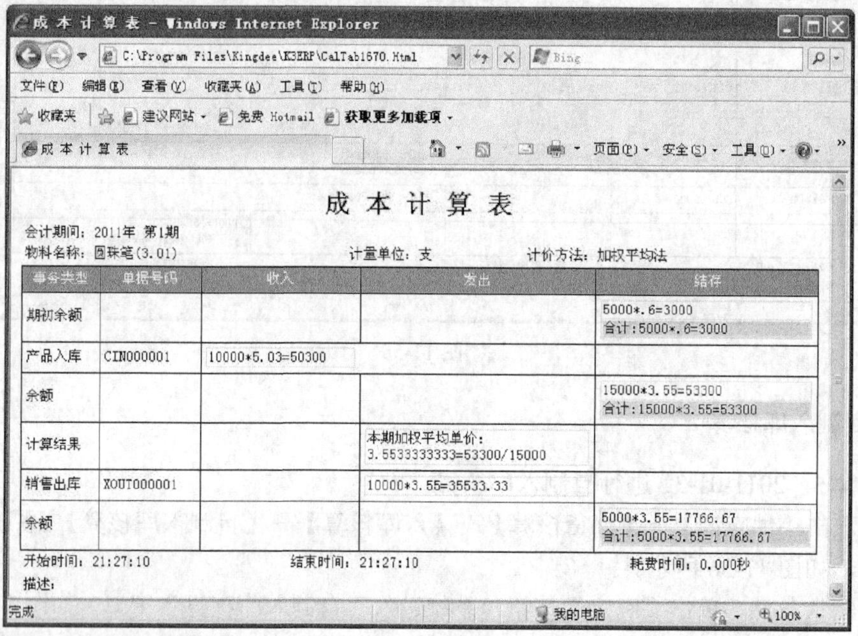

图 11-58

11.4.11 供应链单据生成凭证

以"供应链单据"生成凭证是ERP系统的一大特点，能起到数据共享作用，并且财务人员可以从"凭证"联查到源单据以及该源单据是由什么行为产生的，从而使财务核算和公司管理达到有据可查的目的。

供应链单据生成凭证前，需要设置对应的"凭证模板"，这样在实际生成凭证时，系统将引用该模板，从而轻松快速地完成工作。

通常所有供应链单据都需要生成凭证，但实际业务处理中，只选择有需要的单据生成凭证即可。本节以"生产领料"单为例介绍单据生成凭证的操作方法。

🔘11-17：2011-01-31生产领料单生成的凭证如下。

借：生产成本

贷：材料档案中的科目

（1）先新增"生产领料单"生成凭证模板。双击【供应链】→【存货核算】→【凭证管理】→【凭证模板】，系统进入"凭证模板设置"窗口，选择"生产领用"项目，单击"新增"按钮，系统进入"凭证模板"新增窗口，如图11-59所示。

（2）模板编号录入"Z004"，模板名称录入"生产领料凭证"，凭证字选择"记"，如图11-60所示。

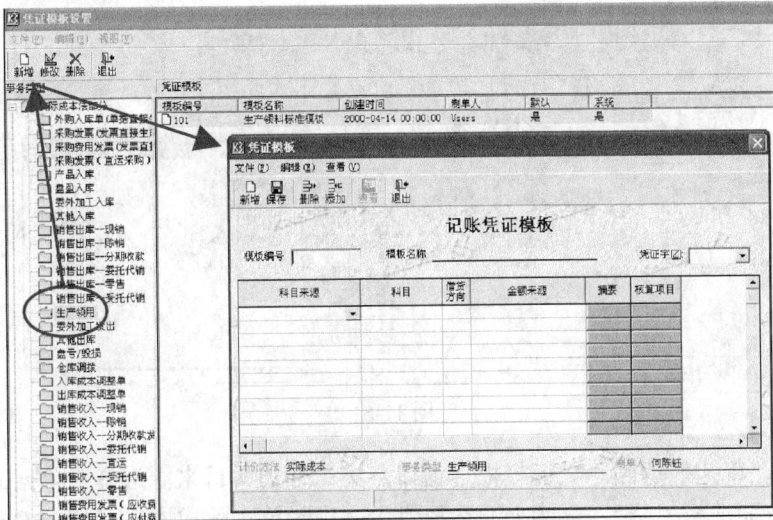

图 11-59

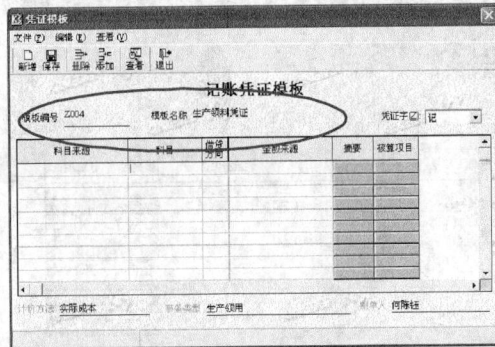

图 11-60

（3）单击第一行"科目来源"项，选择"凭证模板"，科目处按 F7 功能键，系统弹出"会计科目"档案窗口，如图 11-61 所示。

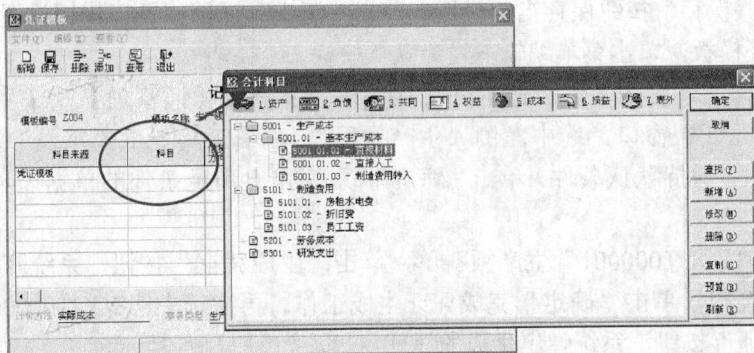

图 11-61

（4）获取"5001-01-01—直接材料"科目，借贷方向选择"借"，金额来源选择"生产领料单实际成本"，单击"摘要"按钮，系统弹出"摘要定义"窗口，在"摘要公式"中录入"生产领料"，如图 11-62 所示。

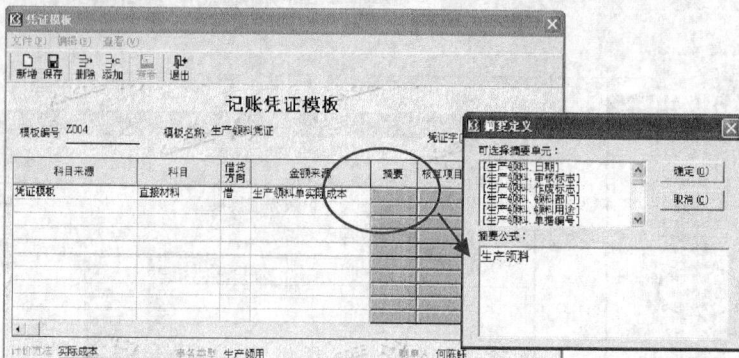

图 11-62

（5）单击"确定"返回"凭证模板"窗口，第二行的科目来源选择"单据上物料的存货科目"，借贷方向选择"贷"，金额来源选择"生产领料单实际成本"，如图 11-63 所示。

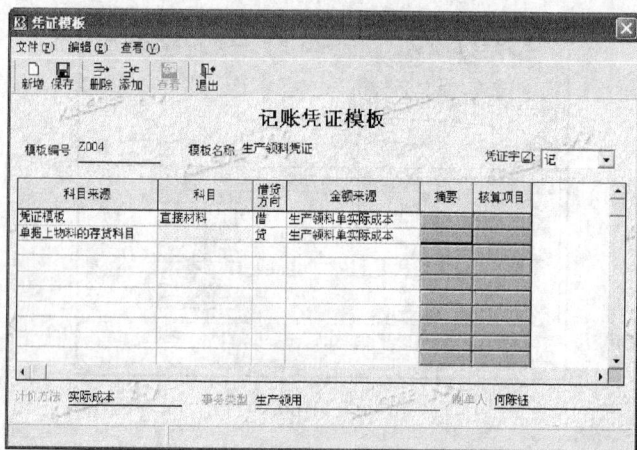

图 11-63

（6）单击"保存"按钮保存当前模板，单击"退出"返回"凭证模板设置"窗口。选中"Z004"号凭证模板，单击菜单编辑→设为默认模板。

（7）生成凭证。双击【供应链】→【存货核算】→【凭证管理】→【生成凭证】，系统进入"生成凭证"窗口，选中左侧"生产领用"，单击工具栏上"重设"按钮，系统弹出"过滤"窗口，保持默认条件，单击"确定"，系统弹出满足条件的单据显示，如图 11-64 所示。

（8）选中"SOUT000001"生产领料单，单击"生成凭证"按钮，系统开始自动处理，稍后弹出提示窗口，单击"确定"完成凭证生成工作。再次选中"SOUT000001"生产领料单，单击"凭证"按钮，系统弹出生成的凭证窗口，如图 11-65 所示。

在"生成凭证"管理窗口，可以单击"选项"按钮，系统弹出选项设置窗口，在窗口可以设置异常处理、科目合并选项和计量单位设置等选项，如图 11-66 所示。

当供应链与财务连接使用时，存货核算中生成的凭证会自动传递到"总账"系统，审核、过账后，可以生成相应的报表和账簿。这就体现出会计电算化数据共享的优点。

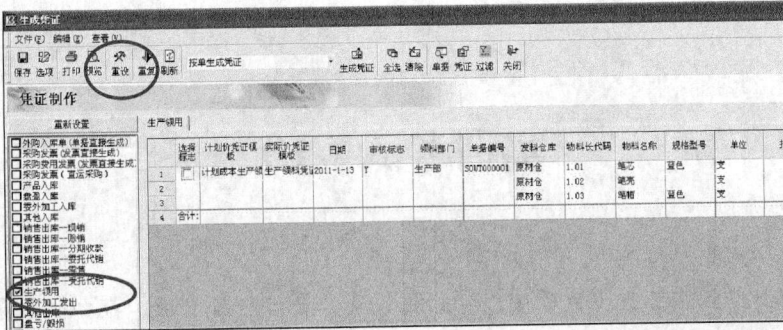

图 11-64

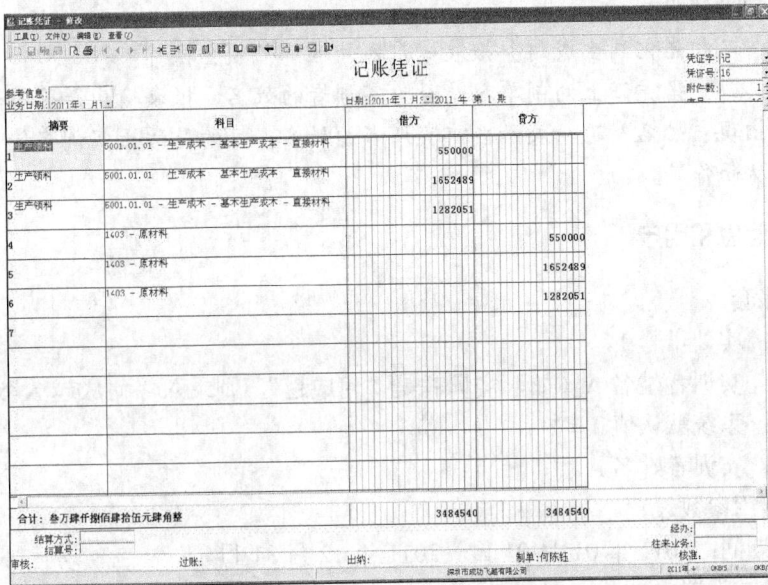

图 11-65

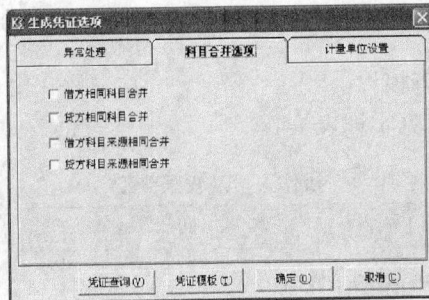

图 11-66

11.5 课后习题

（1）画出业务系统数据传递关系图。

（2）获取基础档案有哪几种方法？

（3）单据中的源单是否为必选项？

实训考试（1）

涉及模块： 总账、报表

涉及内容： 建立账套，用户管理，初始化设置，会计科目管理，期初数据录入，各类凭证录入，凭证查询，凭证审核，凭证过账，期末转账，期末调汇，账表查询，生成资产负债表、损益表和期末结账。

实训要求： 从初始化到生成财务报表一系列处理都必须会操作。

检查要点： 每一张凭证上的制单人是否为实训者的姓名，报表输出是否符合要求。

说明： 当出现"姓名"时，表示当前实训者的姓名。目的是防止实训者使用账套恢复功能互相导入，从而作弊。

一、账套信息和用户

1. 建立账套。

账 套 号：实训学号1。

账套名称：实训者姓名A（如，实训者是"何成越"，则录入"何成越A"）。

账套路径：系统默认值。

公司名称：实训者姓名A。

2. 系统启用参数设置。

设置会计期间：2011年01月01日—2011年12月31日。

3. 总账参数设置。

启用会计年度：2011年。

启用会计期间：1月。

选中"凭证过账前必须审核"。

4. 操作人员及权限分工见实训表1-1。

实训表 1-1　　　　　　　　　　操作人员及权限分工

用　户　名	用　户　组	权　　限	分　　工
实训者姓名 A	Administrators	所有权限	负责审核"实训者姓名 B"录入的业务数据和生成报表
实训者姓名 B	财务组	基础资料、总账、报表	负责凭证录入等日常业务

二、基础设置

5. 导入"新会计准则科目"。

6. 新增 HKD—港币，汇率为 0.88。

7. 新增"记"凭证字。

8. 建立客户和供应商档案，见实训表1-2。

实训表 1-2　　　　　　　　　　　客户和供应商

客　户		供　应　商	
代　码	名　称	代　码	名　称
01	深圳 A 客户	01	A 供应商
02	深圳 B 客户	02	B 供应商

9．新增和修改会计科目，见实训表 1-3。

实训表 1-3　　　　　　　　　新增和修改会计科目

科 目 代 码	科 目 名 称	币 别 核 算	期 末 调 汇	核 算 项 目
1002.01	工行东桥支行 125	否	否	
1002.02	工行东桥支行 128	单一外币（港币）	是	
1122	应收账款			客户
2202	应付账款			供应商
4001.01	何成越			
4001.02	王成明			
5001.01	基本生产成本			
5001.01.01	直接材料			
5001.01.02	直接人工			
5001.01.03	制造费用转入			
5101.01	折旧费			
5101.02	员工工资			
6601.01	差旅费			
6601.02	业务招待费			
6601.03	业务员工资			
6602.01	办公费			
6602.02	伙食费			
6602.03	管理员工资			
6602.04	折旧费			

三、期初数据

10．客户期初余额，见实训表 1-4。

实训表 1-4　　　　　　　　　客户期初数据

客　户	日　期	应 收 账 款	预 收 账 款	期 初 余 额
深圳 A 客户	2010-12-31	13 000.00		13 000.00
深圳 B 客户	2010-12-31	25 000.00		25 000.00

11．供应商期初余额，见实训表 1-5。

实训表 1-5　　　　　　　　　　供应商期初数据

客　户	日　　期	应 付 账 款	预 付 账 款	期 初 余 额
A 供应商	2010-12-31	8 000.00		8 000.00

12. 科目期初余额，见实训表 1-6。

实训表 1-6　　　　　　　　　　科目期初数据

科 目 代 码	科 目 名 称	方　　向	期 初 余 额
1001	人民币	借	5 000.00
1002.01	工行东桥支行 125	借	285 000.00
1122	应收账款	借	38 000.00
1403	原材料	借	56 000.00
1601	固定资产	借	156 000.00
1602	累计折旧	贷	32 000.00
2202	应付账款	贷	8 000.00
4001.01	何成越	贷	250 000.00
4001.02	王成明	贷	250 000.00

四、日常业务资料

13. 以"实训者姓名 B"用户录入实训表 1-7 中所有凭证，注意部分科目的新增和客户档案的新增。

实训表 1-7　　　　　　　　　　凭证

凭证号	日期	摘　　要	会 计 科 目	币别	汇率	原币金额	借方	贷方
记-1	2011-01-08	实收投资款	1002.02 工行东桥支行 128	HKD	0.88	100 000	88 000	
			4001.02 王成明					88 000
记-2	2011-01-12	业务部经理报销招待费	6601.02 业务招待费				2 350	
			1001 现金					2 350
记-3	2011-01-13	向A供应商采购原材料一批	1403 原材料				45 000	
			2221.01.01 进项税				7 650	
			2202 应付账款——A 供应商					52 650
记-4	2011-01-15	给A供应商付部分货款	2202 应付账款——A 供应商				30 000	
			1002.01 工行东桥支行 125					30 000
记-5	2011-01-17	销售A客户产品	1122 应收账款——A 客户				81 900	
			6001 主营业务收入					70 000
			2221.01.05 销项税					11 900
记-6	2011-01-18	收到A客户货款	1002.01 工行东桥支行 125				13 000	
			1122 应收账款——深圳A客户					13 000
记-7	2011-01-22	购买荣威 350	1601 固定资产				95 600	
			1002.01 工行东桥支行 125					95 600

续表

凭证号	日期	摘　要	会 计 科 目	币别	汇率	原币金额	借方	贷方
记-8	2011-01-31	本期生产领料	5001.01.01 直接材料				38 970	
			1403 原材料					38 970
记-9	2011-01-31	期末固定资产计提折旧	5101.01 折旧费				1 200	
			6602.04 折旧费				2 150	
			1602 累计折旧					3 350

14. 以"实训者姓名 A"进行凭证的审核和过账。

15. 期末调汇，港币期末汇率为 0.876。

16. 自定义期末结转凭证模板，并且生成相应的凭证。

17. 期末结转损益。

18. 生成资产负债表和损益表，调整格式，以 A4 纸张作为打印纸张输出。

19. 查询各种账簿和报表。